HISTOIRE DE SAINT-OUEN-SUR-SEINE
PREMIÈRE PARTIE : MOYEN-AGE

LA NOBLE-MAISON
DE SAINT-OUEN

LA VILLA CLIPPIACUM
ET L'ORDRE DE L'ÉTOILE

D'APRÈS LES DOCUMENTS ORIGINAUX

PAR

LÉOPOLD PANNIER

Ancien élève pensionnaire de l'École des Chartes,
Employé au département des manuscrits de la Bibliothèque Nationale.

PARIS
LIBRAIRIE A. FRANCK
(F. WIEWEG, propriétaire)
67, RUE DE RICHELIEU.

LIBRAIRIE A. AUBRY
18, RUE SÉGUIER.

1872.

LA NOBLE-MAISON

DE SAINT-OUEN

POITIERS. — IMP. A. DUPRÉ.

HISTOIRE DE SAINT-OUEN-SUR-SEINE

PREMIÈRE PARTIE : MOYEN-AGE

LA NOBLE-MAISON
DE SAINT-OUEN

LA VILLA CLIPPIACUM

ET L'ORDRE DE L'ÉTOILE

D'APRÈS LES DOCUMENTS ORIGINAUX

PAR

LÉOPOLD PANNIER

Ancien élève pensionnaire de l'École des Chartes,
Employé au département des manuscrits de la Bibliothèque Nationale.

PARIS
LIBRAIRIE A. FRANCK
(F. WIEWEG, propriétaire)
67, RUE DE RICHELIEU.

LIBRAIRIE A. AUBRY
18, RUE SÉGUIER.

1872.

PRÉFACE

Les Environs de Paris ne sont pas seulement remarquables par la simple beauté de leur paysage, par la variété d'aspects qu'offrent tour à tour leurs bois, leurs collines, leurs rivières, par l'inépuisable fertilité de leur sol : les circonstances politiques ont encore ajouté à ces dons naturels. Situés près de la ville qui est depuis mille ans la capitale de la France, ils ont dû à ce voisinage, à la fois pour eux profitable et nuisible, d'être le théâtre de grands événements et de jouer un rôle dans l'histoire, en même temps qu'ils recevaient, à cause de lui, le contre-coup de bien des secousses. Parmi les nombreux villages qui ont ainsi tantôt souffert, tantôt bénéficié de leur proximité de Paris, comme parmi ceux qu'on vante pour l'agrément de leur site et la richesse de leur culture, Saint-Ouen-sur-Seine mérite une mention particulière.

Son admirable position sur les bords de la Seine, admirable encore aujourd'hui malgré les ravages que la dernière guerre et ses terribles suites y ont laissés, en a fait rechercher le séjour par les plus anciens de nos rois, et lui a valu une importance historique dès les temps mérovingiens, alors même que Paris n'était pas encore capitale. La monarchie une fois établie, et à une époque du moyen âge plus rapprochée de nous, cinq générations de princes se prirent d'affection pour Saint-Ouen, et en firent le témoin de leurs fêtes ou de leurs discordes; puis, pendant les deux derniers siècles, dans les châteaux qui remplacèrent alors les habitations royales, ou près d'eux, on vit tour à tour Molière enfant courir par les chemins, la Pompadour nouer des intrigues, Necker travailler, Mme de Staël écrire. Enfin, après qu'au commencement du nôtre, un grand acte s'y fut accompli, — je veux dire la déclaration de Saint-Ouen, — après qu'un roi, attiré par je ne sais quel charme, y eut fait encore de fréquentes visites, le village subit une dernière transformation. L'industrie envahit ses champs et ses villas, et l'importance de la commune s'en est, dans les récentes années, considérablement accrue.

L'un des derniers maires de Saint-Ouen, M. Alexis Godillot, à qui revient en partie l'honneur de cette prospérité et de ce développement, eut alors, à propos de la construction d'une nouvelle mairie plus digne de notre temps et plus en rapport avec l'accroissement de la population, l'idée de faire écrire l'histoire du pays auquel il s'intéressait si vivement. Je n'ai pas à raconter ici quelles formes diverses a prises cette idée, par quelles combinaisons successives elle a passé, quelles difficultés elle a eu à vaincre, depuis le jour où M. Godillot vint demander des renseignements à l'École des Chartes, jusqu'au moment où, après cinq ans et demi, elle aboutit enfin à l'ouvrage qu'on va lire. Le lecteur doit seulement savoir que, le sujet s'agrandissant à mesure qu'on l'étudiait davantage, cette histoire d'un petit coin des environs de Paris a pris des proportions assez étendues pour fournir la matière de deux volumes et nécessiter les soins de deux personnes différentes.

On pourra s'étonner d'une si grande attention consacrée à un si mince objet. Qu'on veuille bien considérer cependant que de ces recherches de détails il est souvent résulté, et c'est précisément notre cas, des découvertes qui servent à fixer des points encore incertains de l'histoire générale, et à faire pénétrer plus avant dans la vie intime de la nation. Le compositeur de ces petites monographies rencontre aussi, chemin faisant, des questions qui n'avaient été traitées que superficiellement par les auteurs des grands ouvrages, et peut, en donnant à l'étude de ce sujet déterminé le temps et les efforts qu'il réclame, arriver à trouver des faits nouveaux ou à éclairer d'un jour plus vif des événements déjà connus.

Chargé pour ma part de raconter les annales de Saint-Ouen au moyen âge, je dois dire comment j'ai compris la tâche qui m'incombait.

Il faut l'avouer tout d'abord : ce livre n'est pas ce que j'eusse souhaité qu'il fût. Il y a de la faute des circonstances, il y a aussi de la mienne. Ainsi, complétement étranger au pays dont j'écrivais l'histoire, et n'en ayant, malgré de fréquentes visites, qu'une connaissance insuffisante, j'ai eu, cela est vrai, l'esprit plus libre pour relever quelques erreurs encore accréditées dans le village ; mais il m'a été impossible de faire tous les rapprochements, toutes les appropriations que les habitants de Saint-Ouen avaient le droit d'exiger de moi.

Dans ces conditions, une obligation m'était imposée : je devais surtout m'efforcer de réunir des faits, et de grouper un grand nombre de documents, pour former en quelque sorte un cartulaire de Saint-Ouen. Tout en ne prétendant pas tirer de ce dossier, relativement considérable, tout ce qu'il contenait, j'ai tenu à le faire le plus complet que j'ai pu ; et j'ose dire que ce n'était pas là une besogne sans difficulté, avec le désir que j'avais de remonter à toutes les sources indiquées par mes prédécesseurs, et de ne travailler que sur les actes originaux. Je suis arrivé ainsi, non sans peine, à rassembler plus de 90 pièces inédites (1), sans compter les anciens récits contrôlés et les renseignements nouveaux, moins considérables, qui sont seulement mentionnés dans les notes.

---

(1) Elles sont presque toutes tirées des Archives Nationales. Nul doute que mon butin n'y eût été plus riche encore si j'avais pu me servir de l'*Inventaire sommaire* qui vient d'être publié; nul doute aussi que je n'eusse fait une ample moisson à la Bibliothèque Nationale si j'en avais eu plus tôt l'immense collection de manuscrits à ma disposition.

Voici maintenant, à l'aide de ces preuves, complétées par les recherches de mes devanciers et les plus récentes publications relatives à l'histoire du pays et du temps dont je m'occupais, les résultats que j'ai obtenus, et qu'il ne me semble pas inutile d'énumérer ici :

1° Je parle seulement pour mémoire de la dissertation qui forme le premier chapitre, et où, par des raisons purement historiques et surtout philologiques, j'ai cherché à établir que la villa mérovingienne *Clippiacum* avait son siége à Saint-Ouen, et non à Clichy ou à un point quelconque de la plaine.

2° Grâce aux actes, inconnus de l'abbé Lebeuf, que j'ai tirés des différents cartulaires de l'abbaye de Saint-Denis, j'ai réussi à donner une idée de l'administration du puissant monastère dans un de ses innombrables domaines, et j'ai fourni quelques matériaux à qui voudra étudier l'état des cultures et le prix des terres au xiiie siècle dans la campagne environnant Paris. De leur côté, les derniers chapitres offriront plusieurs faits relevés dans les chroniques et dans les chartes, sur les lourdes charges des habitants de Saint-Ouen pendant la dernière période du moyen âge, sur les désastres que les guerres étrangère et civile leur firent alors souffrir, enfin sur les rapports du village avec la célèbre foire du Lendit.

3° La charte de construction que je publie page 45 des *Preuves* est une intéressante contribution à l'étude de l'architecture civile au commencement du xive siècle.

4° Sur l'ordre de chevalerie de l'Étoile, j'ai pu donner, d'après les Comptes de l'Argenterie, de nombreux détails, pour la plupart inédits, relatifs aux fêtes de l'inauguration, et je pense avoir établi, d'après Froissart, la prompte décadence de cette institution qui tient une place dans l'histoire de France.

5° Enfin, j'ai tâché de rassembler tous les souvenirs des nombreux séjours qu'ont faits à Saint-Ouen les rois de France de la troisième race, dans un manoir qu'ils avaient appelé la *Noble-Maison*, et d'où sont datées beaucoup de leurs ordonnances. C'est même cette demeure royale qui fait à la fois le fond et le lien de mon récit, et motive le titre que j'ai mis en tête de ce premier volume.

Je sais bien que ce n'est pas là un butin bien considérable; et surtout, si ceux qui habitent le pays peuvent me reprocher ma connaissance insuffisante des lieux et des personnes, je crains que le public savant qui aura à juger mon livre ne se montre sévère pour la manière dont j'aurai mis en œuvre, scientifiquement parlant, les documents que j'ai pu réunir. Je prierai seulement cette classe de lecteurs de prendre garde que ce livre, entrepris sur les bancs de l'école, est un début dans la science historique, et que, complétement terminé depuis plus deux ans, il a été mis sous presse dès cette époque; je n'ai pas eu, au milieu des épreuves que la France a traversées, l'esprit assez libre pour le rendre moins imparfait. Quelles que soient les erreurs et les lacunes de mon travail, je n'hésite pas cependant à le publier, pensant qu'il peut encore être de quelque utilité.

Sur la forme de narration que j'ai adoptée, un mot est nécessaire. Le travail qui m'avait été primitivement demandé ne comportait pas, on le sait déjà, les développements qu'il a reçus. Mais, tout en tâchant de rendre cette monographie à peu près complète, et de la traiter selon les règles de la critique historique, je ne devais pas oublier qu'elle ne s'adresse pas qu'à des érudits: elle est destinée aussi à être lue par le grand public, et même par des personnes de la campagne. C'est ce qui fait que j'ai d'abord séparé soigneusement les notes du texte, et que j'ai renvoyé tout document diplomatique parmi les *Pièces Justificatives*. En outre j'ai dû, sans entrer dans des digressions étrangères à mon sujet, ne pas me borner à relever seulement les faits relatifs à Saint-Ouen, mais les relier par quelques mots aux événements généraux de l'histoire de France, montrer qu'ils faisaient partie d'un tout, et de quelle manière. C'est pourquoi j'ai suivi autant que possible l'ordre chronologique, et que je suis entré dans quelques explications qui n'eussent pas trouvé place dans un ouvrage de pure érudition. Il ne pouvait y avoir d'hésitation sur la façon scientifique d'établir les faits : mais la façon de les présenter demandait à être mise à la portée de ceux qui peut-être trouveront le plus d'intérêt à me lire.

Je ne puis terminer cette préface sans payer une double dette. M. Georges Augé, que ses liens de famille rattachent à Saint-Ouen, avait fait de nombreuses recherches sur le village, et se proposait d'en écrire l'histoire entière. Quand il a bien voulu partager le travail avec moi et se contenter de raconter les *temps modernes*, il m'a libéralement abandonné toutes ses notes sur la partie que je faisais.

Que ne dois-je pas aussi à l'abbé Lebeuf? Tous ceux qui se sont occupés des environs de Paris savent quelle érudition sûre, quelle critique exercée il a apportée, voilà déjà plus de cent ans, aux questions d'histoire et d'archéologie. C'est surtout quand on a travaillé sur un sujet déjà traité par lui, qu'on sait combien il a vu juste et combien il a peu laissé à glaner sous ses pas. Je l'ai quelquefois contredit, et souvent complété; mais, au fond, je le sens bien, moi qui ai eu à ma disposition tant de secours qu'il ne possédait pas, c'est à lui, c'est à ce guide éprouvé que je suis redevable du meilleur de mon livre.

Paris, mars 1872.

LA NOBLE-MAISON

DE SAINT-OUEN

CHAPITRE Ier.

De l'emplacement de la villa mérovingienne, ou palais de Dagobert, appelée CLIPPIACUM.

Le fameux roi Dagobert Ier habita, ainsi que ses prédécesseurs et ses successeurs immédiats, un palais, ou plutôt, — pour employer le terme consacré, — une *villa,* que les diplômes, les chroniques, les médailles et les vies de saints s'accordent à nommer *Clippiacum.* Tant à cause du séjour qu'y firent plusieurs de nos plus anciens rois, qu'à raison des faits importants dont il fut le théâtre, *Clippiacum,* entre tous les manoirs mérovingiens, a été un des premiers à attirer l'attention de la critique. Mais dès le début un problème fut posé, qui n'a pas encore reçu de solution satisfaisante : où était située cette villa ?

Tout le monde, il est vrai, s'accorde à dire que Clippiacum se trouvait au nord de Paris, sur les bords de la Seine, dans l'espace compris entre Saint-Denis et l'avenue de Neuilly actuelle; toutefois, sur quel point précis s'élevait la villa, voilà où les controverses commencent. Celui-ci la place à Clichy, celui-là à Saint-Ouen-sur-Seine; un troisième vient qui, pour tout accorder, suppose plusieurs palais du même nom, donne le premier à Clichy, le second à Saint-Ouen, et le reste à d'autres.

Je vais proposer une conjecture nouvelle, que je déclare ne donner que pour ce qu'elle vaut. En l'absence de restes inhérents au sol et de preuves matérielles, en l'absence surtout de nouveaux textes diplomatiques inconnus aux précédents historiens, on ne peut toujours faire que des suppositions; cependant je dois dire que, étranger au pays, je fonde mon opinion non sur une rivalité de clocher, mais sur un examen impartial des faits déjà connus et les travaux historiques les plus récents. Je tirerai surtout mon principal argument de l'interprétation philologique des noms de lieux, à laquelle on doit, dans ces tout derniers temps, de si curieuses et importantes découvertes.

Avant tout, précisons l'état actuel de la question, et relevons les principaux avis précédemment émis sur ce sujet.

Il est inutile de remarquer qu'on ne doit tenir aucun compte de l'affirmation banale des trop nombreux compilateurs ou auteurs de *Guides*, tels que Dulaure, Hurtaut et Magny, Flamant Grétry, Delort, Girault de Saint-Fargeau, de Gaulle, Joanne, etc., qui, depuis près de cent ans, se contentent de copier les conjectures embrouillées de Lebeuf, ou admettent avec assurance une ou même plusieurs des autres opinions.

Je n'ai rien à dire non plus de l'attribution des savants, que l'on voit, du xviie siècle jusqu'à nos jours, trompés par la similitude des noms, placer sans commentaires Clippiacum à Clichy-la-Garenne (1).

Occupons-nous seulement des deux dissertations les plus considérables et par la science de leurs auteurs et par les développements qu'elles ont reçus.

Dom M. Germain (2) croit que ce palais occupait un territoire très vaste, dont le *centre était à Clichy*, et que c'est seulement une partie de ce territoire, et non une villa distincte, qui a pris depuis le nom de Saint-Ouen. Cette supposition a été admise sans discussion par M. Guérard, dans ses *Prolégomènes du Polyptique d'Irminon* (3).

L'opinion contraire est celle de l'abbé Lebeuf, que cette question a visiblement embarrassé, qui l'a étudiée longtemps, mais sans pouvoir, selon moi, par-

---

(1) Pour n'en citer que quelques-uns, je nommerai Ducange, Doublet, Félibien, Mabillon, Bollandus, Pertz, Dom Bouquet, MM. Alf. Jacobs, Ponton d'Amécourt, Tardif, Guadet, Guérard, Pardessus, etc. Quant à Ad. de Valois, il n'a eu garde de négliger cette question. Mais son argumentation tendant à prouver que Clichy et Saint-Ouen ont toujours été deux localités différentes repose tout entière sur la distinction faite dans les actes du concile de Soissons de 862. On verra par la suite de cet ouvrage que ce qui était vrai en 862 ne l'était pas deux siècles auparavant.

(2) *De Re diplomatica*, livre IV, pages 273 et suivantes.

(3) T. II, page 46.

venir à la résoudre. D'après lui, Clippiacum aurait bien aussi occupé une grande étendue de terrain, mais il en conclut que c'est parce qu'il y avait sur cet emplacement deux et même trois villas dont les noms ont été confondus ; et encore aucune d'elles ne répondrait-elle au village moderne de Clichy (1) : « Un grand nombre des faits que je vais rapporter dans cet article, parce que Clichy y est nommé, dit-il, ne sont pas pour cela arrivés précisément dans le canton où sont situées les maisons qu'on appelle aujourd'hui Clichy, ni dans celles qui sont sur l'étendue de cette paroisse du côté de Paris, mais quelquefois dans la partie de Clichy qui s'étendait jusqu'auprès de Saint-Denis, connue maintenant sous le nom de Saint-Ouen, quelquefois aussi dans la partie qui en a été détachée du côté de Paris pour agrandir la paroisse du Roulle, d'autres fois même dans celle de Villiers, que le voisinage et la ressemblance du terrain ont fait surnommer Villiers-la-Garenne (2). » Et plus loin, *ibid.*, p. 294, art. *Saint-Ouen*, il ajoute : « Clichy était une terre

---

(1) *Histoire de la banlieue ecclésiastique de Paris*, t. III, p. 63, art. *Clichy*.

(2) Cette dernière assertion est particulièrement inadmissible : d'abord Villiers a reçu la qualification de *la Garenne*, non à cause de la ressemblance du terrain, mais parce que, comme Clichy, il se trouvait alors au milieu des bois ; puis il est aujourd'hui reconnu que ce qu'on désignait sous le nom de *Villaris*, d'où *Villiers*, n'était, sous les Mérovingiens, qu'une petite dépendance de villa royale, une ferme, et ne s'est jamais confondu avec la *villa* (voir Guérard, *Polypt.*, loc. Jaud.). Quant à supposer une villa au Roule, en traduisant par ce mot Romiliacum et Crioilum, c'est faire une double erreur. Romiliacum, c'est *Reuilly*, et Crioilum, *Ruel*.

d'une vaste étendue; le palais que nos rois y avaient était composé de différentes maisons. Il y en avait une au bas de Montmartre, proche le lieu dit le Roulle ; un autre manoir était situé sur la petite élévation qui est entre Clichy proprement dit et Saint-Denis. »

La cause de Clichy, on le voit déjà, est bien mauvaise, si mauvaise qu'elle est abandonnée par son historien lui-même, l'abbé Lecanu.

En effet, après avoir constaté que « les villages de Clichy et de Saint-Ouen se disputent l'emplacement du palais de Dagobert(1), » M. Lecanu passe à l'examen des titres des deux localités. Comme Lebeuf, il croit à l'existence de deux ou trois villas sur le même territoire, et, après une interminable et peu sérieuse distinction entre les *vieux*, *haut* et *bas* Clichy, il finit par en placer un à Neuilly et un autre à Saint-Ouen ou à « un point quelconque de l'angle formé vers Saint-Denis par la Seine d'un côté et la grand'route de l'Estrée de l'autre (2). » Chemin faisant, il avait déjà fait, dans une note, un aveu précieux à recueillir (3) : « Nous ne disons pas que le palais de Dagobert n'était pas situé au village de Saint-Ouen ; nous disons seulement que rien ne le prouve. *Quant au village de Clichy, il doit renoncer à toute prétention à cet égard* (4). »

---

(1) *Histoire de Clichy-la-Garenne*, Paris, 1848, in-8°, p. 71.
(2) *Ibid.*, p. 84.
(3) *Ibid.*, p. 74, note.
(4) Une note sur ce livre, dans la *Bibliothèque de l'École des Chartes*, t. x, p. 320, relève cet aveu et constate « l'inutilité de tous les efforts qui ont été faits pour retrouver l'habitation que le roi Dagobert avait à Clichy. »

En résumé, les uns prétendent que Clippiacum ne comprenait qu'une seule villa, dont le centre était à Clichy ; mais les contradicteurs arrivent et disent que, bien que le territoire de Clippiacum renfermât plusieurs villas, aucune cependant ne se trouvait à Clichy. L'hypothèse que je vais proposer, prenant une partie de chacune des deux opinions précédentes, admet avec la première qu'il n'y avait qu'une villa, avec la seconde que cette villa n'était pas située à Clichy, et pense enfin qu'étant données ces deux conditions, tout concourt à établir que le siége du palais de Dagobert ne peut être mieux placé qu'à Saint-Ouen-sur-Seine.

Mais d'abord, on me demandera si j'ai découvert à Saint-Ouen quelques traces, quelques preuves matérielles inconnues à mes prédécesseurs. J'ai déjà répondu que non. Malgré l'activité qu'apporte notre époque aux recherches archéologiques, on n'a encore rien trouvé de concluant à Saint-Ouen, pas plus qu'à Clichy. L'abbé Lecanu a eu raison de n'attacher aucune importance aux prétendues découvertes faites dans ces deux pays. Pour ce qui est de Clichy, on ne peut que rire de l'opinion de Flamant Grétry (1), d'après lequel le château de Dagobert existait encore en 1812, et aurait alors été démoli par un M. Vauquelin, blanchisseur et adjoint au maire.

De même, on ne doit ajouter aucune foi au *puits*,

---

(1) *Itinéraire de la vallée de Montmorency*, Paris, 1835, in-8°, t. I, Clichy-la-Garenne, § VII.

dit *de Dagobert*, qui se voit encore à Saint-Ouen, dans la propriété de M. Legentil. Ce puits, qui est en effet ancien, ne remonte certainement qu'au xiv⁰ siècle et nous servira à fixer l'emplacement de la *Noble-Maison*. Mais sous les Mérovingiens, on ne connaissait pas encore ou on ne connaissait plus l'art de faire d'aussi beaux puits, aussi profonds et communiquant avec des souterrains.

Une autre légende, admise, — en hésitant, il est vrai, — par Lebeuf (1), est celle d'après laquelle on aurait trouvé, vers 1750, en bâtissant l'habitation de M. Dauriac (aujourd'hui à M. Legentil), une pierre sur laquelle on lut ces mots : « *Icy estoit la maison du roi Dagobert.* »

Selon Delort, cette inscription était en lettres *gothiques*, du temps de Dagobert. Mais voyez la male chance ! Cette pierre si précieuse, personne ne songea à la conserver, et on ne sait ce qu'elle est devenue !

Ainsi, point de preuves matérielles ! point non plus, je le répète, de chartes inédites à produire ! Force nous est donc de nous contenter d'inductions et de conjectures. Mais pour étudier plus sûrement où pouvait être la villa de Dagobert, il est nécessaire de rappeler en quelques mots ce qu'était une villa *royale* (2) sous les Mérovingiens.

---

(1) P. 304, loc. laud., mais acceptée sans contestation par Delort et bien d'autres.

(2) Il faut, en effet, distinguer alors les *villas royales*, — *villæ regales* ou *palatia*, — des villas *ordinaires*. (Voir *Alf. Jacobs*, p. 274, et *Guérard*, p. 45.) Il n'en était peut-être plus tout à fait de même sous la seconde race ; on ne trouve plus, à cette époque, le nom général de *villa* que pour désigner surtout des fermes chargées

On est aujourd'hui d'accord pour penser qu'aux VIe et VIIe siècles ces villas étaient, en quelque sorte, de simples maisons de campagne, disséminées dans tout le royaume des Francs ; les rois se transportaient de l'une à l'autre, selon la nécessité politique ou l'abondance du gibier.

Or il arrivait que, vu le goût prononcé des Mérovingiens pour la chasse, ces villas étaient toujours établies près des immenses et nombreuses forêts qui couvraient encore, à cette époque, une grande partie de la Gaule : telle était la villa Clippiacum (1).

En effet, on sait que le bois de Boulogne, appelé

---

d'entretenir la maison royale. (Voir Ducange, au mot *palatia*, et Guérard, *Bibl. de l'École des Chartes*, t. XIV, p. 201, *Explication du Capitulaire de villis.*)

(1) Après les explications fantaisistes de M. Lecanu, et eu égard à l'ignorance où l'on est encore des vrais principes de la linguistique et de l'étymologie, il est nécessaire de nous arrêter un instant pour montrer la façon dont *Clichy* dérive de *Clippiacum*. Nous ne nous occuperons pas du radical *clip* ou *cli* qui reste en français, et dont le sens peu certain n'importe nullement ici; il ne s'agit que de la terminaison. Pour que *piacum* se soit changé en *chy*, il a suffi que se produisissent deux accidents phonétiques ordinaires dans la formation des noms de lieux français :

1° De très-bonne heure, l'*i* latin, précédé d'une consonne, devint souvent consonne à son tour et prit le son de *j*. On écrivait encore *sapiam* et *Gamopium*, alors qu'on prononçait depuis longtemps *sapjam* et *Gamapjum*. Mais, par suite de la rencontre de ces deux consonnes *p j* (dont l'une était forte et l'autre douce), la première ne devait pas tarder à disparaître. Le *j*, resté seul, prit alors en français le son fort et se changea en *ch* * : l'on eut ainsi (*que je*) *sache* et *Gamache*.

2° Le suffixe gaulois latinisé *acum* ou *iacum* s'est toujours changé, dans le nord et le centre de la France, en *y* : *Victoriacum*, Vitry, *Liberiacum*, Livry, *Attipiacum* (*Attipjacum*), Attichy. (Voir Quicherat, *Formation française des noms de lieux*, p. 37.)

* Il persista, au contraire, quand il était précédé d'une douce : *Abbreviare*, *abbrevjare*, abréger; *Dibionem*, *Dibjonem*, Dijon.

alors forêt de Rouvray, s'étendait bien davantage du côté de Saint-Denis. La vérité de ce fait, sur lequel il serait superflu d'insister, a été signalée par tous les historiens de cette contrée, et les dénominations fort anciennes de Clichy *la Garenne*, Villiers *la Garenne*, en sont des souvenirs encore vivants (1). Il est presque certain que Clippiacum était dans une clairière de cette forêt.

Du reste, ces villas si nombreuses étaient simples, presque toujours construites en bois, composées d'un corps de logis principal pour le Roi (2), avec des habitations tout autour pour les officiers, le tout occupant un espace assez restreint et limité justement par la forêt et les terres incultes.

Je dis que ces palais étaient en bois (3); cela explique qu'il n'en soit resté aucune trace et montre l'inutilité de rechercher des ruines en pierre de ces villas. Elles ont partout disparu, et très-anciennement; la place n'en est marquée (cela rarement, et tel n'est malheureusement pas notre cas) que par des découvertes de

---

(1) Au XVIIe siècle, le chemin qui conduisait de Saint-Ouen à Saint-Denis était encore nommé le *chemin du Bois*, bien que, comme le fait remarquer l'auteur du livre, il n'y eût plus, et cela depuis longtemps, de trace de forêt en cet endroit. (Voir *la Vie de monsieur Saint-Ouen*, avertissement; Paris, René Ruelle, s. d. in-8°.)

(2) Voir la description d'une villa mérovingienne dans Augustin Thierry, *Récits des temps mérovingiens*. Début du premier récit. palais de Braisnes, près Soissons. Édition de *Paris*, Furne, 1864, in-8°, p. 197.

(3) Ce fait ne peut être révoqué en doute. Voyez, entre autres, les vers de *Fortunat* cités par A. Thierry, *ibid.*:

" Æthera mole sua tabulata palatia pulsant.
Singula *silva* favens ædificavit opus. „

monnaies, de bijoux ou de quelque ustensile mérovingien ; mais de constructions, point ou presque point.

Le cas de Clippiacum est celui de toutes les autres résidences des rois de la première race, pour lesquelles on en est encore réduit aux conjectures. Dès le IXe siècle, elles furent rasées, détruites, brûlées par les Normands, et les rares débris qui purent résister à la dévastation ne tardèrent pas à être dispersés ; car les mœurs étaient autres.

En effet, les Mérovingiens, maîtres dès le VIe siècle du territoire de la Gaule, et n'ayant plus, surtout dans la partie centrale, à redouter d'invasions, n'avaient pas établi leurs demeures dans les mêmes lieux que les Gallo-Romains. Ces derniers, on le sait, pour se défendre contre les Barbares, avaient improvisé des redoutes sur tous les points élevés. C'est là aussi qu'avant eux les Romains avaient construit leur *castra stativa*, dont il reste de nombreux vestiges sur presque tous les promontoires qui dominent la rencontre de deux vallées ; et ce n'est qu'au IXe siècle, lors des nouvelles terreurs causées par les ravages des Normands, que les populations menacées recherchèrent de nouveau les hauteurs, les endroits escarpés, pour y rétablir des enceintes fortifiées, lieux de refuge ouverts par les propriétaires à leurs serfs (1). Telle est, pour le dire en passant, l'origine des châteaux féodaux.

---

(1) Ces faits sont établis à l'École des Chartes, dans les cours professés par M. Quicherat et, tout récemment encore, par le regrettable M. Bourquelot.

Mais, quand Dagobert et Clotaire II eurent assuré la frontière, les Mérovingiens, n'ayant plus à se défendre que contre les discordes intestines, se remirent à chasser de plus belle : ils revinrent donc aux contrées giboyeuses, aux situations agréables. Or (et je rentre ainsi dans mon sujet par un détour un peu long, mais nécessaire), or, dans toute cette vaste plaine qui s'étend de Neuilly à Saint-Denis, est-il une position plus belle que celle qu'occupe le village actuel de Saint-Ouen? De cette légère éminence, aujourd'hui couverte de maisons, on dominait alors sans obstacle tout le pays d'alentour et le cours de la Seine ; la vue en était aussi étendue et l'abord plus facile que celui des redoutes escarpées des Gallo-Romains ; en même temps, nous l'avons vu, on était (chose importante) à la lisière, ou plutôt au milieu même d'une forêt.

Voilà le premier motif pour lequel je placerais Clippiacum à Saint-Ouen plutôt qu'en un autre point quelconque de la plaine. Disons tout de suite que, en admettant cette première supposition, il est facile de se figurer que l'enceinte proprement dite de la villa, enceinte assez resserrée, comprenait seulement le sommet même de l'éminence, tandis que le nom de Clippiacum s'étendait au pays environnant, à deux lieues au moins (1).

On voit que, dans mon hypothèse, je n'admets qu'une seule villa, au lieu de trois comme font Lebeuf et

---

(1) Entre Neuilly et Saint-Denis, la Seine et Montmartre.

M. Lecanu. C'est qu'en effet, malgré ces deux historiens, il ne me semble pas qu'il y ait des preuves suffisantes pour supposer que, sur le territoire dont je viens de parler, il y ait eu plusieurs villas.

J'ai déjà dit (1) que, selon moi, contrairement à ce que pense Lebeuf, il n'y a aucune ressemblance entre *Crioilum* ou *Romiliacum*, qu'il place au Roule, et *Clippiacum*. Quant à Lecanu, il croit pouvoir arguer des mots *Clippiacum vetus*, *Clippiacum superius*, qu'il trouve dans les textes, pour décider que les Mérovingiens possédèrent, entre Saint-Denis et Neuilly, plusieurs palais du même nom. Comme ces mots *vetus* et *superius* se trouveront tout naturellement expliqués dans le cours du récit, j'y renvoie le lecteur.

Pour le moment, un seul point me semble important à déterminer.

Selon mes contradicteurs, dans le territoire assez peu étendu que je viens de dire, il y eut au moins une villa du nom de Clippiacum. J'estime que si je parviens à déterminer d'une manière un peu certaine l'emplacement de cette villa, l'inutilité des autres se trouvera nécessairement démontrée. Qui ne voit, en effet, que ce qui les a amenés, en présence de l'apparente obscurité des textes, à imaginer plusieurs emplacements différents, c'est justement qu'ils n'avaient pas réussi à en trouver un bon? N'est-il pas plus simple de penser qu'ils ont préféré appliquer les expressions

---

(1) Voir note 2, p. 1.

dissemblables des textes à autant de villas distinctes, — mais toutes également incertaines, — uniquement parce qu'ils n'avaient pu découvrir un emplacement unique qui s'appliquât également bien à toutes?

D'ailleurs d'autres raisons, tirées aussi de l'examen des lieux, viennent encore à l'appui de l'attribution que je propose.

D'abord, tout le monde reconnaît que le palais dont il s'agit était voisin de la Seine (1). C'est le cas, je le sais, de Neuilly et de Clichy, aussi bien que de Saint-Ouen. Mais ces deux premières localités sont déjà écartées par M. Lecanu (2); je ne m'en occuperai donc pas, tandis que tous les motifs que donne cet abbé (p. 83 et 84) pour placer, ainsi qu'on l'a vu, son *Clippiacum vetus* « à un point *quelconque* de l'angle formé, vers Saint-Denis, par la Seine d'un côté et la grand'route de l'Estrée de l'autre, » tous ces motifs me feraient préférer Saint-Ouen. On verra plus loin, à l'historique, ce qu'il faut penser de ces raisons (3); mais, si elles peuvent servir à montrer que Clippiacum était fort rapproché de Saint-Denis, elles n'autorisent nul-

---

(1) La charte de Chilpéric de 717 l'établit péremptoirement : « *Quæ est in Parisiaco pago, super flumen Sigona.* » (D. Bouq., t. IV, p. 694.) — Voir, plus bas, *Preuves*, n° 1.

(2) Clichy, au moins, car il suppose une villa à Neuilly, mais sans aucune espèce de preuves à l'appui.

(3) Il s'agit de la réclamation des moines de Saint-Denis au sujet du bruit que l'on faisait à la cour du Roi, et aussi du passage de Frédégaire, où l'on voit les envoyés gascons quitter brusquement le palais de Clippiacum et chercher un asile dans la basilique de Saint-Denis, *sur le lieu même*. Des deux raisons, la première est sans valeur, puisqu'elle s'appuie uniquement sur un diplôme reconnu faux; quant à la seconde, je la discuterai.

lement à penser pour cela qu'il était situé en un point *quelconque*, où aucun souvenir ne serait resté.

Et me voilà ainsi ramené à m'occuper de la tradition. Je sais que j'ai déjà déclaré qu'en général j'en faisais peu de cas ; cependant il y a en faveur de Saint-Ouen une tradition tellement continue qu'il est impossible, alors même qu'on ne peut l'appuyer sur aucun vestige matériel ni sur aucun texte précis, de n'en pas tenir compte.

Dès le xvie siècle, l'opinion populaire qui place le palais de Dagobert à Saint-Ouen est recueillie par Belleforest dans ses *Annales de France* (1).

Un historien plus digne foi, Dubreuil, s'en est fait aussi l'interprète : « Le village de Saint-Ouen, dit-il, s'appelait anciennement *Clippiacum*, et en français Clichy (2). »

Au début du siècle suivant, un curé de notre village, appelé Prévost (3), écrivit une compilation de l'histoire du saint patron de son église, et, esquissant dans son *Avertissement au lecteur*, les chroniques du pays, dit encore que « l'Hostel de Clichy » était à Saint-Ouen (4).

Plus loin, le bon curé parle du « fondement et vestige » du château de Dagobert, que l'on aurait encore vu de son temps « sur le bord de la rivière,

---

(1) Paris, 1579, f°, p. 89, b.
(2) *Théâtre des Antiquités de Paris*, 1612, in-4°, p. 1184.
(3) D'après les registres encore conservés à la mairie de Saint-Ouen, M. Prévost aurait été curé de 1614 à 1622.
(4) *La Vie de monsieur Saint-Ouen*.

derrière l'église. » A moins qu'il ne s'agisse du puits achevé en 1308 par Charles de Valois, comme on le verra plus loin, je ne sais trop de quoi il veut parler, et il est possible que ce fussent là des pierres sans intérêt archéologique ; mais on reconnaît encore dans ce passage la marque de l'opinion reçue à cette époque.

Un peu plus tard, Sauval, ayant à parler du village de Saint-Ouen, dit : « C'était une maison royale qu'on appelait Clichy, et qui n'a changé de nom que depuis que saint Ouen y a été enterré (1). »

Enfin, même en n'attribuant aucune valeur historique au *puits* dit de *Dagobert* et à la pierre à inscription *gothique* dont j'ai parlé, même en les rejetant comme preuves matérielles, on ne peut pas ne pas voir, dans la dénomination même de ces débris, une preuve morale de l'existence et de la persistance de la tradition.

Mais, outre son ancienneté, ce qui donne encore plus de valeur à cette tradition, c'est qu'elle se confond avec la légende d'après laquelle l'évêque saint Ouen serait mort au village même qui porte encore son nom.

Et ici, les souvenirs populaires s'appuient sur des textes très-nombreux dont je parlerai plus tard ; on ne les a, du reste, pas contestés ; mais on a fait d'autres objections, selon la façon dont on les interprétait.

---

(1) *Ant. de Paris*, t. III, table. — *Enterré* est une erreur ; Sauval a voulu dire : depuis que saint Ouen y est mort.

Dom M. Germain, qui fait de Clichy le siége exclusif du palais mérovingien, pense que l'on a appelé chapelle Saint-Ouen la partie du territoire de Clippiacum où serait mort le saint, et, d'après lui, il faut en conclure que la chapelle et le palais étaient non pas dans le même lieu, mais un peu distants l'un de l'autre (1).

Lebeuf, qui croit au contraire à la coexistence de plusieurs villas sur le territoire de Clippiacum, est d'avis que c'est dans celle de ces villas à la place de laquelle est construit le Saint-Ouen moderne qu'aurait rendu l'âme le ministre de Dagobert (2).

Il en est même qui vont plus loin et qui prétendent prouver ainsi que la maison où l'évêque vécut et mourut était distincte de la cour du roi ; l'auteur de la Vie de saint Judocus, disent-ils, nous montre expressément le roi des Bretons, Judicaël, quittant la table de Dagobert pour aller dîner chez saint Ouen, dans la demeure même du référendaire (3).

Et pourtant, ici encore, n'est-il pas plus simple et plus logique de continuer à admettre avec moi que la terre de Clippiacum fut très-étendue ; qu'elle ne comprenait qu'une villa unique couvrant seulement le sommet du monticule où est le Saint-Ouen actuel ; que, dès lors, la demeure de l'évêque devait être à cet

---

(1) « In vicum non nihil a Clippiaco disparatum accrevit. » (*De Re dipl.*, p. 274.)
(2) « Un *autre manoir* était situé sur la petite élévation qui est entre Clichy proprement dit et Saint-Denis. On ne peut douter que ce ne soit en ce dernier manoir royal que saint Ouen, évêque de Rouen, ne soit mort, l'an 683. » (*Hist. du dioc. de Paris*, t. III, p. 294.)
(3) Voir plus loin, ch. II.

endroit même, et formait, avec celle des autres officiers, un petit groupe dont le palais du roi était le centre?

Puis, le saint mort, et les rois ayant préféré d'autres manoirs, Clippiacum fut abandonné ; le reste de la villa disparut promptement : le passage de la charte de Chilpéric, qui, dès 717, l'appelle le *vieux* Clichy, en fait foi. Mais tandis qu'on laissait s'en aller en poussière les fragiles cloisons de bois de la demeure royale, le clergé, par la vénération dont il honorait au contraire la mémoire du saint, protégeait son ancienne pauvre habitation, et en faisait même une chapelle dès le IXe siècle. Que deux ou trois cents ans se passent, et sur l'emplacement de cette misérable chapelle, dont il ne reste rien, on élèvera peu à peu l'église actuelle (1), où, jusqu'à la fin du siècle dernier, se conservaient des reliques fort célèbres du patron de la paroisse (2).

D'où il résulterait, ainsi que des autres conjectures que j'ai faites dans ce chapitre, que la position de l'église de Saint-Ouen, telle qu'elle existe depuis plusieurs siècles, fixerait approximativement la place qu'occupait, il y a douze cents ans, le centre du palais de Dagobert, désigné alors sous le nom de Clippiacum.

Mais l'on me fera ici une dernière objection : nous admettons avec vous, dira-t on, que le terme de Clippiacum ne s'applique qu'à une seule villa, et que cette

---

(1) Voir, ci-après, ch. III.
(2) Voir aussi ch. III, et Lebeuf, III, 297.

villa, prenant depuis le nom du saint qui y était mort, fut au village de Saint-Ouen, à l'endroit que vous désignez. Comment se fait-il cependant qu'il existe encore, tout auprès de là, un autre village du nom de Clichy, forme que vous reconnaissez vous-même être régulièrement dérivée de Clippiacum?

Cette objection, je ne me le dissimule pas, paraît, à première vue, très-grave. Pourtant, grâce aux progrès notoires qu'a faits, dans ces tout derniers temps, l'étude philologique des noms propres de lieux, j'estime qu'on peut facilement y répondre; et même, si je n'ai parlé de cette objection plus tôt, c'est, je l'avoue, parce que je regarde la réponse que j'y vais faire comme mon argument le plus concluant. Si, en effet, comme je le pense, c'est à la nouvelle méthode comparative qu'il faudra toujours recourir désormais pour confirmer, le cas échéant, les documents écrits et les preuves matérielles, ne faut-il pas, à bien plus forte raison, quand on n'a, comme nous, ni documents ni preuves, considérer l'application de cette méthode aux noms de lieux historiques comme le plus sûr moyen (quand ce n'est pas le seul) d'en fixer l'emplacement actuel avec quelque chance de succès?

Voici donc mon raisonnement : nous trouvons ici réunis deux phénomènes très-fréquents dans la formation des noms de lieux français. Le premier se rencontre à chaque pas dans l'onomastique locale de notre pays : c'est, dans la dénomination d'une localité, la substitution d'un nom de saint à un nom plus ancien d'origine gallo-romaine. Ainsi, Saint-Ouen (Sanctus-Audoenus) aura remplacé le nom de Clippiacum à partir du viiie siècle, tout comme, entre autres innombrables exemples, nous voyons qu'à peu près à la même époque on appelle Sanctus-Dionysius (*Saint-Denis*) et Sanctus-Clodoaldus (*Saint-Cloud*) des villages jusque-là nommés *Catolacum* et *Novigentum* (1).

Mais, d'un autre côté, on voit aussi très-fréquemment l'ancien nom, un instant oublié, reparaître à côté du nom nouveau, tantôt comme dans les exemples cités par M. Quicherat, où nous remarquons justement, p. 76, un *Saint-Ouen-en-Belin*, dont le vocable primitif avait été simplement *Belinum*, et un *Saint-Jean-de-Losne*, appelé plus anciennement *Latona* tout court, tantôt, comme dans les cas relevés par M. Longnon, p. 188 et 189 (2), où l'on apprend que certains hameaux, fermes ou écarts, ont conservé le nom qu'avait auparavant la commune dont ils dépendent.

Et c'est ainsi que le nom de Clippiacum ne s'est pas perdu. Il est vrai que Saint-Ouen ne s'est pas appelé Saint-Ouen-*de*-Clichy, ou Saint-Ouen-*en*-Clichy, et que le vocable antique n'est pas demeuré comme dé-

---

(1) Voir J. Quicherat, *op. cit.*, p. 76 et 77, et un travail de M. Longnon dans l'*Annuaire-Bulletin* de la Soc. de l'hist. de France, 1867, p. 189, 1re partie; voir aussi, du même, *Bibl. de l'École des hautes études*, 2e fascicule : Étude sur les *pagi*, p. 21.

(2) *Ann.-Bull. de l'hist. de France*, l. l.

terminatif du nom de saint ; mais notre cas n'est que très-peu différent : il y a eu séparation.

Tandis, en effet, que le siége de la villa Clippiacum, après le changement du palais en chapelle, perdait son nom mérovingien pour prendre un nom de saint, au même moment, sur la partie méridionale du territoire de l'ancienne villa, se formait un village qui retenait le nom de Clichy, abandonné par le chef-lieu ; et, depuis, cette appellation de Clichy n'est plus restée qu'à la localité nouvelle, que nous trouvons ainsi dénommée dès l'an 832 (1).

Telles sont les hypothèses sur lesquelles j'établis l'opinon émise au commencement de ce chapitre. Je vais maintenant aborder le récit des faits déjà connus qu'on attribuait jusqu'à ce jour à Clippiacum, plus autorisé dès à présent, — je le pense du moins, — à regarder le village de Saint-Ouen comme le lieu qui en a presque certainement été le théâtre. J'espère, d'ailleurs, qu'à mesure que je les raconterai après tant d'autres, ces faits présenteront désormais d'eux-mêmes de nouvelles preuves à l'appui de mon raisonnement.

---

(1) Acte de l'abbé Hilduin (voir plus bas).

CHAPITRE II.

**Histoire de Clippiacum (Saint-Ouen) sous Dagobert
et les derniers Mérovingiens (1).**

Après les luttes barbares qui ensanglantèrent la Neustrie et l'Austrasie, les Mérovingiens subirent la double et contraire influence de la civilisation romaine sur son déclin, et de l'église qui commençait de son côté à essayer son pouvoir naissant.

Dès le début du viie siècle, la décadence est inévitable. Clotaire II donna l'exemple : à peine eut-il assuré la paix et concentré la royauté entre ses mains, qu'il commença à s'amollir dans les plaisirs et dans le luxe.

Bientôt, épuisés par des délices nombreuses et prématurées, les *rois fainéants* n'échapperont à une mort précoce que pour être les instruments dociles de leurs maires du palais (2).

Tant qu'ils furent encore assez forts et qu'ils ne

---

(1) Dom Michel Germain et Lebeuf ne connaissaient pas de mention de Clippiacum antérieure à l'année 625 ; il m'a été impossible d'en découvrir qui soit plus reculée. Je commencerai donc cette partie hypothétique des annales de Saint-Ouen à l'époque où le nom de Clippiacum apparaît pour la première fois dans l'histoire.

(2) Il faut lire, sur cette décadence rapide, les belles pages de M. Michelet dans son *Histoire de France*, t. i., p. 227 et suiv.

songèrent qu'à régner et à chasser, ils promenèrent leurs débauches de villa en villa. Entre toutes, ils semblent avoir alors préféré celles des environs de Paris, et, parmi ces dernières, la villa qu'ils habitèrent incontestablement le plus souvent est Clippiacum.

Les souvenirs des séjours qu'y firent les Mérovingiens sont nombreux, et, dès le premier fait que j'ai à rapporter, le caractère de ces rois se révèle en entier. On verra que, pour l'amour des discordes, ils n'avaient pas dégénéré depuis Brunehaut et Frédégonde.

En 625 donc, Clotaire II régnait depuis déjà quarante-deux ans. Appelé par lui, son fils Dagobert vint, avec sa suite, le trouver à Clippiacum (1) et y épousa la sœur de la reine Sichilde, Gomatrude (2).

Trois jours ne s'étaient pas passés que le père et le fils eurent une grande querelle ; voici à quelle occasion. Depuis trois ans, Dagobert administrait, de la part de son père, une portion de l'Austrasie. Ce gouverne-

---

(1) Frédégaire, ch. LIII (Dom Bouquet, t. II, p. 334), reproduit dans les *Gesta Dagoberti*, ch. XIII. (Id., ibid., p. 582.)
(2) Lebeuf (III, p. 63) fait remarquer qu'au ch. LVIII, Frédégaire dit que ce mariage eut lieu à *Romilacum*, et en conclut que, Romiliacum étant le Roule, le Roule devait s'entendre d'une des villas élevées sur le territoire appelé Clippiacum. Je rappelle que j'ai déjà montré que Romiliacum c'est Rouilly ; et, en outre, je fais remarquer qu'au ch. 58, Frédégaire dit simplement : « Dagobert, abandonnant la reine Gomatrude à Romiliacum, où il l'avait épousée, etc. » Il pouvait alors ne plus se rappeler qu'il avait dit plus en détail, cinq chapitres plus haut, que le mariage avait eu lieu à Clippiacum. Romiliacum ne vient là qu'incidemment, mais c'est une preuve de la réserve avec laquelle il faut admettre les assertions de ce chroniqueur.

ment ne suffisait pas à sa naissante ambition : il voulait que Clotaire reconstituât, en sa faveur, l'Austrasie dans sa primitive étendue et dans sa pleine indépendance. Aussi profita-t-il de ce qu'il était auprès de son père pour faire valoir ses prétentions. Le roi refusant énergiquement de lui céder (1), « ces deux princes choisirent douze seigneurs d'entre les Francs pour que leur jugement terminât cette contestation. Parmi ces seigneurs et d'autres évêques, était Arnoul, de Metz (2), qui, dans sa sainteté, parlait toujours de paix au père et au fils. Enfin, les évêques et les sages seigneurs accordèrent le fils avec le père, qui lui céda ce qui lui appartenait au royaume des Austrasiens, ne gardant que la région située en deçà de la Loire et dans la Provence (3). »

Deux ans après, Clippiacum fut le théâtre d'un meurtre au sujet duquel la vieille férocité germaine, qui commençait à s'endormir, faillit se réveiller. « La quarante-quatrième année du règne de Clotaire, les évêques et tous les grands de son royaume, tant de Neustrie que de Bourgogne, s'étant réunis à Clichy (Saint-Ouen) pour le service du roi et de la patrie, un homme nommé Hermenaire, qui était gouverneur du

---

(1) Pour donner plus de couleur au récit, je rapporterai le texte même de Frédégaire, d'après la traduction de M. Guizot, revue par M. Alf. Jacobs (Paris, 1862, in-8°, t. II).

(2) Cet Arnoul (Arnulfus) était, avec le maire du palais Pépin, le conseiller tout puissant de Dagobert. On voit qu'en cette occasion *sa sainteté* consista à faire donner au prince, son maître, ce que celui-ci demandait.

(3) Alf. Jacobs, p. 213.

palais de Caribert, fils de Clotaire, fut tué par les serviteurs d'Æginan, seigneur d'origine saxonne. Il s'en serait suivi un grand carnage, si la sagesse de Clotaire ne fût intervenue et n'eût mis ses soins à tout réprimer. Æginan se retira, par l'ordre de Clotaire, sur le Montmartre, accompagné d'un grand nombre de guerriers. Brodulf, oncle de Caribert, ayant rassemblé une troupe, voulait avec Caribert se jeter sur lui. Clotaire ordonna expressément aux barons de la Bourgogne d'écraser avec leurs troupes le parti qui voudrait se soustraire à son jugement. Cet ordre du roi pacifia les deux partis (1). »

Clotaire ne put pas continuer pendant beaucoup de temps à faire preuve de cette sagesse qu'admire tant son chroniqueur : il mourut l'année suivante (628) [2]. Dagobert, qui n'était que son second fils, « touché de compassion et obéissant à de sages conseils, » dit le religieux Frédégaire, dépouilla son frère aîné Caribert du royaume des Francs et le força à se contenter de l'Aquitaine.

Je ne parle ici que pour mémoire du prétendu concile tenu par Dagobert à Clippiacum, le 26 mai 628,

---

(1) Frédégaire, ch. LV. (Dom Bouquet, t. II, p. 435; Alf. Jac., p. 215.) Voir aussi cet incident délayé dans les *Grandes Chroniques de Saint-Denis*. Ed. P. Paris, t. I. p. 339. — M. P. P. commet une erreur en appelant Bourguignons les gens du parti de Brodulf.

(2) M. Pertz attribue à tort le fait précédent à l'année 629; mais il est d'accord pour le lieu. (*Script.*, t. V, p. 93.) — Voici le récit qu'il rapporte : « Hlotharius, rex Francorum, magnum de toto suo *Clippiaci* habuit conventum, ubi magna dissensio et conventus exortus, vix tandem studio regis sedatur. » (*Herimanni Aug. chronicon.*)

où ce roi aurait accordé le droit d'asile à l'abbaye de Saint-Denis; on sait que l'acte rapporté par Doublet, et sur lequel on s'était exclusivement appuyé, est faux (1).

Devenu tout-puissant à force de cruautés, Dagobert put donner un libre cours à ses passions. Il commença par répudier Gomatrude pour épouser Nantichilde, en 629; il avait aussi à la fois deux autres reines, sans compter les concubines (2).

Mais en même temps, il faut le dire, il achève de confirmer sa ressemblance avec Salomon en fondant des couvents, en faisant écrire les lois, en enrichissant les églises (3).

Dans l'accomplissement de ces sages mesures, Dagobert fut intelligemment secondé, dès cette époque, par les ministres gallo-romains dont il aimait à s'entourer. Parmi ceux-ci, il en est deux qui nous intéressent particulièrement: l'orfèvre Éloi et surtout le futur patron de Clippiacum, Audoenus (saint Ouen) [4].

C'est vers 630 que nous commençons à voir ce der-

---

(1) Doublet, *Antiq. de Saint-Denis.* p. 657. — Voir, à ce sujet, Pardessus. *Diplomat. chartx*, 1843, in-f°, t. II, p. 13, note 5.

(2) Frédégaire est indigné : « Luxuriæ supra modum deditus, tres habebat, ad instar Solomonis, reginas, maxime et plurimas concubinas.... Nomina concubinarum, eo quod plures fuissent, increvit huic chronicæ inseri. » (Ch. LX.) — Alf. Jac., p. 218.

(3) A propos de ce dernier fait, un autre de ses historiens, le compilateur des *Gesta regum Francorum*, lui pardonne beaucoup pour avoir beaucoup donné : « Fuitque ipse Dagobertus rex fortissimus in bellis, enutritor Francorum, severissimus in judiciis, ecclesiarum largitor. » (D. Bouquet, t. II, p. 568.)

(4) « Tunc et beatus Audoenus exortus enituit. » *(Ibid.)*

nier exercer, de concert avec l'orfèvre, une grande influence sur le roi et sa cour. Les deux faits suivants en font foi.

D'une de ses nombreuses femmes, Dagobert avait eu, cette année-là, un fils (1). Le roi, qui cherchait toujours à s'appuyer sur le clergé, voulut faire baptiser Sigebert par un de ses membres les plus influents. « Or, dit l'hagiographe de Sigebert (2), le royaume des Francs comptait alors un grand nombre de ces hommes saints. » Dagobert n'avait donc que l'embarras du choix. Il fut assez habile pour préférer saint Amand (3), bien que ce fût le seul de tous ces prêtres qui n'eût pas craint de lui reprocher le relâchement de ses mœurs, et que le roi l'eût précédemment, pour ce fait, expulsé du royaume. Dagobert le fit partout chercher. Les messagers, qui parvinrent à le trouver à l'extrémité de la Gaule, n'obtinrent d'abord de l'évêque qu'un refus ; puis saint Amand, se rappelant les paroles de l'Apôtre « l'âme doit tout entière se soumettre aux puissances de la terre (4), » consentit à venir trouver le roi à Clippiacum (5). A sa vue, Dagobert, à la fois rongé de remords et transporté de joie, se jeta

---

(1) Les textes ne disent pas que ce fut à *Clippiacum*; cependant c'est ce qui semble ressortir de leurs écrits.
(2) *Vita sancti Sigeberti*, ch. II. (D. Bouquet, t. II, p. 598.)
(3) *Vita sancti Amandi*. (Mabillon : Ann. sanct. ord. Ben., ch. XVI, t. II, p. 715.)
(4) « Quod omnis anima potestatibus sublimioribus debeat subjici. » (D. Bouquet, loc. cit.)
(5) « Tandem pervenit ad regem, qui, in illis diebus, in villa cui vocabulum Clippiaco est, morabatur. » (Mabillon, loc. cit.)

aux pieds du saint et lui demanda pardon de ses péchés.

Quand l'évêque lui eut pardonné, le prince, fort de son repentir, le supplia de baptiser son fils et d'en être le parrain. A ce moment, se souvenant (un peu tard) d'un autre passage de l'Écriture où il est dit que « le soldat de Dieu ne doit pas être mêlé aux affaires séculières, et doit vivre paisible et solitaire loin des palais des rois, » Amand se retira de l'audience royale (1).

C'est alors qu'apparaissent saint Ouen et saint Éloi, et que le roi a recours à eux pour obtenir le consentement du saint évêque (2). Sur leurs humbles instances (*humiliter*), saint Amand finit par céder, mais seulement après que les deux parlementaires lui eussent promis au nom du roi que s'il consentait à baptiser Sigebert, il aurait la licence d'aller prêcher par tout le royaume, où et tant qu'il voudrait.

A son retour au palais, Dagobert lui fit apporter son fils, qui, dit la chronique, avait environ 40 jours ; à la suite du baptême, qui n'eut lieu que peu de temps après, à Orléans, saint Amand fut élevé à l'épiscopat d'Utrecht (3).

Mais je ne puis aller plus loin, à présent que nous l'avons vu entrer en scène, sans dire quelques mots

---

(1) Mabillon et D. Bouquet, *ibid.*
(2) « Rex misit ad eum viros illustres Audoenum scilicet et.. Eligium. » (D. Bouquet, *ibid.*)
(3) Et non de *Maestricht*, comme dit Lebeuf.

de ce saint Ouen qui devait donner son nom au village dont j'écris l'histoire.

D'après ses biographes (1), saint Ouen serait né à Sancy, près de Soissons, au début du vii⁹ siècle. Il était le second de trois enfants ; les deux autres s'appelaient *Ado* et *Rado* ; lui-même se nommait en réalité *Dado* (2).

Très-jeune, vers 620, il eut accès à la cour des rois mérovingiens, où il ne tarda pas à se lier avec Éloi. D'une famille noble, probablement gallo-romaine, il se sentit attiré de bonne heure vers l'état ecclésiastique. Après avoir étudié au monastère de Saint-Mard de Soissons, il fonda, en 634 ou 635, étant encore laïc, le couvent de Rebais en Brie, dans l'intention de s'y retirer dès cette époque ; ce ne fut que quelque temps après qu'il fut ordonné prêtre par Déodat, évêque de Mâcon (3).

---

(1) Voir surtout, dans les *Bollandistes*, une Vie de saint Ouen, du viiiᵉ siècle. (Août, t. iv, p. 796.)

(2) C'est ainsi qu'il signa toujours les diplômes, et c'est ce que semble établir ce passage de la Vie de saint Eloi, dont il est l'auteur : « Elegerunt autem cum eo et Audoenum sodalem ejus, *qui vocabatur Dado*, ut præesset Ecclesiæ Rotomagensi. » (Voir *Bolland.*, loc. laud.)

Au xiiiᵉ siècle, au contraire, on pensait que son véritable nom était saint Ouen :

> « Chis siens compains,
> En droit nom est nommés Oains,
> Dado fu ses sournoms. »
> (*Vie de saint Eloi*, publ. par Peigné-Delacourt, p. 23.)

Audoenus est son nom de saint.

(3) Voir, Recueil Fontanieu, t. clv, p. 17, Vie de saint Éloi.

Une preuve qu'en 630, Dado n'était pas encore prêtre, c'est ce que disent, à propos du baptême de Sigebert, les deux textes que j'ai

A l'époque où nous venons de voir pour la première fois son nom associé à un événement intéressant Clippiacum, saint Ouen n'est encore qu'un des principaux officiers du roi. Je ne sais si, dès ce temps, il avait déjà la charge de référendaire ; en tout cas, nous le trouvons, deux ans plus tard (632), apposant en cette qualité sa signature au bas d'un diplôme de Dagobert, délivré à Clippiacum : il s'agit de la donation du village d'Écouen à l'abbaye de Saint-Denis.

Ce diplôme, très-souvent reproduit (1), et qui existe encore en original aux Archives Nationales, est certainement authentique.

Il n'en n'est malheureusement pas ainsi d'un grand nombre d'autres publiés sans hésitation par Doublet, presque tous datés de Clippiacum et souscrits par Dado (saint Ouen) pendant les années 633 à 636 (2).

Cependant il est deux de ces pièces que, sur l'autorité de MM. Pardessus et Alf. Jacobs, et malgré le silence de MM. Letronne et Tardif, je crois pouvoir regarder comme dignes de foi ; aussi en dirai-je quelques mots.

---

cités : « Rex misit ad eum (Amandum) virum illustrem, Dadonem, atque... Eligium, qui tunc in palatio regis sub *sæculari* degebant habitu. » (*Mabillon*, loc. laud.) — « Tunc in *laïcali* palatio desservientes. » (*D. Bouquet*, loc. laud.)

(1) Entre autres par *D. Bouquet*, Hist. d· Fr., IV, 629 ; *Doublet*, Ant. de St-Denis, 669 ; *Félibien*, Hist. de St-Denis : Preuves, p. 5 ; *Mabillon*, De Re dipl., VI, 465 ; *Tardif*, Carton des rois, p. 6 ; *Pardessus*, Dipl. chartæ, II, 45 ; *Letronne*, Dipl. chartæ, p. 9, etc., etc. Les deux derniers attribuent cet acte à l'année 637.

(2) Voir *Doublet*, op. cit., p. 657 à 672, passim, et *Pardessus*, op. cit., t. II, p. 29, 35, 36, 39, 43, 51, etc.

Tel est le diplôme, daté de 635, par lequel Dagobert donne aux pauvres marguilliers de l'abbaye de Saint-Denis la villa de Saclas (Sarclidas, dans le pagus Stampensis), près d'Étampes (1).

Telle est encore la nouvelle donation, faite la même année par le roi à la même abbaye, des villages de Toury, Tivernon, Rouvray, Monerville et Garsanval (2).

J'en conclus donc que, pendant cette année 635, la cour de Dagobert résidait encore à Clippiacum, et que saint Ouen, comme chancelier royal, y expédia au moins ces deux diplômes.

Bien qu'il en ait encore signé d'autres, soit seul, soit en compagnie de saint Éloi, je les passerai sous silence, car ceux-là seulement qui furent donnés à Clippiacum nous intéressent.

Mais ce n'est pas seulement dans les chartes que le nom de saint Ouen se trouve réuni à celui de Clippiacum. A mesure que nous avancerons dans l'histoire de la villa, nous rencontrerons le chancelier mêlé à cette histoire jusqu'à sa mort. Il continua d'y séjourner après avoir été ordonné prêtre; même devenu évêque, il resta un des officiers les plus importants des Mérovingiens, et résida fréquemment à leur cour; il y veillait en même temps aux affaires de l'Église et à celles de l'État.

---

(1) Pardessus, op. laud., II, 31.—Voir aussi D. Bouquet, op. laud., IV, 630.
(2) Pardessus, II, 35.

Ainsi, le 1ᵉʳ mai de l'an 635 ou 636 (1), un concile d'évêques se réunit à Clippiacum (2). Saint Ouen, qui venait de fonder l'abbaye de Rebais (3) et de la combler de richesses, y obtint le privilége de cette abbaye pour Agilus (depuis saint Aile).

Vers le même temps, la quatorzième année de son règne, Dagobert ne voulut pas se montrer, envers le clergé, moins généreux que son ministre : il continua ses libéralités aux moines de Saint-Denis. Entre autres terres abandonnées par le roi, on remarque un Clippiacum sur lequel on a beaucoup disserté jusqu'ici, et dont, grâce à la théorie que je soutiens, la position me semble très-facile à fixer. Les plus savants écrivains, Lebeuf (4), Félibien, Adrien de Valois (5), etc., trompés par l'épithète de *superius* qui est ajoutée au nom de Clippiacum, ont voulu voir dans le lieu ainsi désigné *Clichy en Launois*, parce que celui-ci était sur une montagne. On ne comprend pas qu'ils soient tombés dans cette erreur, quand le texte même a soin de distinguer les *pagi* différents où étaient situées les diverses propriétés concédées. Or il dit expressément que *Clippiacum superius* était dans le *pagus Parisiensis*, ce qui exclut absolument Clichy en Launois, appartenant au *pagus Meldensis* (diocèse

---

(1) La date de l'année est incertaine. Nous n'entrerons pas dans les discussions qui se sont élevées à ce sujet.
(2) Voir Vie de saint Aile (*Mabill.*, Ann. ord. s. Ben., t. II. p. 323 *Dom Bouquet*, t. III, p. 514, et Hist. littér., t. III, p. 421.)
(3) Pardessus, op. laud., p. 33.
(4) P. 67, loc. cit.
(5) *Notitia Gall.*, p. 414 et 415.

de Meaux). Bien plus, justement dans la même pièce, immédiatement après, on fait remarquer que c'est dans ce pagus Meldensis qu'était située la terre de Lagny (1).

Le Clippiacum dont il est ici question est donc le nôtre, et la qualification de *superius* s'explique sans difficulté. Ce mot ne veut pas dire, comme a cherché très péniblement à le prouver l'abbé Lecanu (2), qu'il y avait alors près de Paris deux maisons royales de ce nom ; cela signifie que Dagobert donna le haut Clichy aux moines, et cette expression de *superius* doit tout simplement s'entendre de la partie du territoire de Clippiacum qui était, *par rapport au cours de la Seine*, supérieure, en haut, ou, comme on dit, *en amont*. Ce serait donc à peu près l'emplacement du Clichy-la-Garenne actuel qui aurait fait l'objet de cette concession, et l'on voit ainsi que cette partie, séparée dès lors du reste du territoire et longtemps restée dans le domaine de Saint-Denis, a pu garder son nom de Clippiacum, tandis que la partie principale, le siége de la villa, devait, dès le siècle suivant, changer de nom.

D'ailleurs, une dernière preuve que ce n'était qu'une portion de la terre et non le palais lui-même de Clippiacum dont disposait Dagobert, c'est que ce palais

---

(1) « Nec non et de *Clippiaco superiore*, et Idcina, atque Salice, seu Aquaputta, QUÆ OMNES CONSTANT IN PAGO PARISIACO ; seu etiam de Latiniaco, quæ sita est *in territorio Meldico*. » (*Gesta Dagoberti*, Dom Bouquet, II, 589.)

(2) P. 81-84.

continua longtemps encore, ainsi que nous allons le voir, à être la résidence de prédilection de ce roi et de ses successeurs.

C'est là que, parvenu au comble de sa puissance, et quand seuls quelques peuples éloignés lui résistaient encore, Dagobert reçut la soumission des rebelles de Bretagne et de Gascogne. Je laisse de nouveau la parole à Frédégaire (1) :

« Dagobert, résidant à Clippiacum, envoya des députés en Bretagne pour que les Bretons réparassent promptement le mal qu'ils avaient commis et se soumissent à sa domination, disant qu'autrement l'armée burgonde qui avait été en Vasconie (Gascogne) allait se jeter sur la Bretagne. A cette nouvelle, Judicaël, roi des Bretons, se rendit promptement à Clippiacum avec beaucoup de présents auprès du roi Dagobert, à qui il demanda grâce et promit de restituer tout ce que ses sujets avaient injustement enlevé aux leudes francs, assurant que lui et son royaume de Bretagne seraient toujours soumis au pouvoir de Dagobert et des rois francs. Mais il ne voulut pas prendre son repas avec Dagobert, *car il était religieux et rempli de la crainte de Dieu.* Lorsque Dagobert se fut mis à table, Judicaël, sortant du palais, alla dîner chez le référendaire Dadon (2), qu'il savait attaché à la sainte

---

(1) Ch. LXXVIII. (D. Bouquet, II, 443 ; Alf. Jac., p. 234.)
(2) On tire un argument de ce passage pour prétendre que, puisque Judicaël *quitta le palais* du roi pour aller chez saint Ouen, c'est que celui-ci demeurait à une certaine distance de Clippia-

religion ; le lendemain, ayant pris congé de Dagobert, Judicaël s'en retourna en Bretagne, chargé des présents du roi.

» La quinzième année du règne de Dagobert (637), tous les seigneurs gascons, avec le duc Æginan, vinrent le trouver à Clippiacum, et, saisis de crainte, se retirèrent d'abord dans l'église de Saint-Denis (1).

cum. Qu'on se rappelle ce que j'ai dit plus haut de l'exiguïté des villas. La demeure de saint Ouen était *distincte* du palais particuculier du roi, mais rien ne dit qu'elle en fût *distante*. Et si l'auteur a insisté sur ce détail, c'est pour montrer l'influence de l'Église à cette époque et la préférence accordée au saint référendaire par Judicaël, *parce qu'il était religieux et rempli de la crainte de Dieu*. Tout puissant que fût alors le roi, il y avait encore quelqu'un qui l'était plus que lui : le prêtre. C'est ce qui explique la conduite de Judicaël. Le roi et le ministre avaient deux tables différentes : le prince breton préféra celle de Dadon, qu'il savait « *attaché à la sainte religion* ; » voilà tout. — Voir Michelet, *Hist. de France*, I, 204.

(1) « Vascones.... ad Dagobertum Clippiacum venerunt, IBIQUE in ecclesia domni Dyonisii regio timore perterriti confugium fecerunt.» (D. Bouquet, *loc. cit.*) Voilà la fameuse phrase sur laquelle s'appuie l'abbé Lecanu (p. 83) pour établir que le « palais du bas Clichy, » comme il l'appelle, devait être très rapproché de Saint-Denis, et pour lui assigner comme emplacement « un point quelconque de l'angle formé vers Saint-Denis par la Seine d'un côté et la grand'-route de l'Estrée de l'autre. » Il est vrai que M. Lecanu rapproche ce passage d'une charte de Dagobert datée de la XIe année de son règne, dans laquelle ce prince cède aux moines de Saint-Denis *un castellum* situé près du monastère, parce que les religieux se plaignaient que la cour du roi y faisait trop de bruit. Dagobert, irrité, leur dit que du reste il ne s'en ira *pas loin* et s'arrêtera à son palais de Clippiacum : « NON LONGE tamen ab eodem castello..., in nostro videlicet Clippiaco palatio. » Il n'y a qu'un malheur : c'est que la charte sur laquelle s'appuie ici l'abbé Lecanu, et qu'il a prise sans plus d'information à Doublet (p. 661), est *radicalement fausse*. — Voir Pardessus, *op. laud.*, t. II, p. 28.

Quant au mot *ibique* de Frédégaire, si on tient à le prendre dans son sens précis, étroit, il n'y a qu'une conséquence logique à en tirer : c'est de dire que la villa Clippiacum était à Saint-Denis même. Or l'abbé Lecanu n'ose pas aller jusque-là. Il préfère « un point quelconque, » un terrain vague ! Y a-t-il donc si loin de Saint-Ouen à Saint-Denis ?

La clémence de Dagobert leur accorda la vie, et ils jurèrent qu'en tout temps ils seraient fidèles à ce roi, à ses fils et au royaume des Francs; ils tinrent ce serment, selon leur coutume, comme le prouva l'événement. Par la permission de Dagobert, les Gascons retournèrent dans leur pays. »

Voilà, dans l'espace de deux années, les seuls faits que l'histoire rapporte sur Dagobert, et ces faits se passent à Clippiacum. Il est permis d'en tirer la conséquence que le roi y séjourna durant presque toute cette période. Cependant ce ne fut pas dans cette villa qu'il mourut l'année suivante (638), mais dans une villa voisine, à Épinay-sur-Seine : nouvelle preuve que, vers la fin de sa vie, il ne s'éloigna guère de ces parages !

On ne sait si, dans les premiers temps surtout, son fils Clovis II, qui était fort jeune lorsqu'il fut reconnu roi de Neustrie et de Bourgogne, habita souvent cette résidence (1). Mais Frédégaire nous apprend que celui qui commençait à avoir la puissance effective, le maire du palais Æga, se plaisait à demeurer à Clippiacum. Ce fut même là qu'il mourut, au bout de trois ans, emporté par un accès de fièvre, après des scènes très-violentes qu'avait causées le mariage de sa fille avec Ermanfred (2).

Quant à saint Ouen, il est probable qu'il négligea

---

(1) Ici encore il n'y a pas à tenir compte d'une charte de Clovis II, datée de Clippiacum en 644, que rapporte Doublet, p. 681. — Voir Pardessus, *l. l.*, II, 80.

(2) Frédég., ch. LXXXIII, et *Gesta Dagoberti*, XLVII (D. Bouquet, II, p. 445 et 594). Voir aussi *Chron. de Moissac* (Pertz, *Script.*, I, 287).

beaucoup pendant ce temps sa maison de Clippiacum. Ce fut dans cette période (638-640) qu'il fut élevé à l'évêché de Rouen (1), et les soins de son nouveau ministère ne furent pas sans le retenir souvent loin de la cour.

A Æga succède Erchinoald. C'en est fait : les maires du palais sont les véritables maîtres. On peut dire aussi de ce temps que les rois règnent et ne gouvernent pas. Il n'y a plus que des luttes de pouvoir. C'est à qui dirigera le roi pour diriger le royaume. Le siége du gouvernement change à chaque instant, et Clippiacum commence à déchoir.

Cependant on y revient par intervalles. En 653 (2), le 22 juin, Clovis II y convoque une assemblée d'évêques et de grands. Il s'agissait de confirmer les priviléges

---

(1) La date précise est encore controversée. (Voir: Bollandistes, août, t. IV, p. 797; D. Bouquet, II, 663; Mabillon, *Ann. ord. S. Ben.*, II, 1054, note). Il semble cependant qu'il faille se décider pour le 20 mai 640. — Saint Ouen lui-même dit dans la *Vie de saint Éloi*, liv. II, ch. I, qu'il fut nommé évêque avec lui, la troisième année du règne de Clovis II (Mabil., *loc. cit.*).

(2) On n'est pas non plus d'accord sur l'année. Outre la manière différente de compter, ce qui a causé la confusion, c'est que, sous ce règne et le suivant, il y eut probablement plusieurs conciles semblables tenus à Clichy. Ainsi, dans Pertz, *Script.*, t. IV, p. 11, il est question d'un synode convoqué à Clippiacum en 650. Mais ce peut être le même que celui dont il s'agit ici. Quant aux autres, comme les actes n'en subsistent pas, je n'en veux pas parler. Je ne m'occuperai que de celui de 653, qui est incontestable : non-seulement les *Gesta Dagoberti* le placent bien à cette date (D. Bouquet, t. II, pp. 595-596), et *Chr. de Saint-Denis* (Ed. P., Paris, II, pp. 5, 8, 11 et 15), mais nous avons encore l'acte constatant les décisions qui y furent prises. (Arch. Nat., K, 2, n° 3.) — Reproduit par : Félibien, D. Bouquet, IV, 637; Mabillon, *Dipl.*, 466; *Musée des Archives*, p. 12; Pardessus, *l. l.*, II, 98; *Dipl. Chartæ*, p. 13; Tardif, *Cartons des Rois*, p. 10, etc.

accordés, sur sa demande, à l'abbaye de Saint-Denis, par Landry, évêque de Paris. « Il y fut défendu à tout évêque et à toute autre personne d'exercer aucune autorité sur les religieux, sans leur consentement et la permission du Roi ; de porter aucune atteinte à leurs biens ; d'enlever les objets nécessaires au culte, ni l'or ni l'argent qui se trouvaient dans l'abbaye. »

La réunion semble avoir eu une grande importance : la preuve en est dans le diplôme qui nous en est resté, lequel a été rédigé avec une solennité exceptionnelle. Outre la signature et le monogramme du roi, on voit encore au bas de l'acte les souscriptions d'un grand nombre d'évêques et de personnages considérables, entre autres celles de Landry, de saint Éloi et de saint Ouen.

Chilpéric II habita aussi de temps en temps Clippiacum. Les séjours qu'il y put faire n'ont pas été relevés par les précédents historiens (1). Pourtant on a encore de lui un diplôme daté de Clippiacum, le 29 juillet 670. Comme toujours, il s'agit d'une donation au puissant monastère voisin. Cette fois, c'est le domaine de Viplaix, en Berry, qui lui est accordé (2).

Nous ne suivrons pas l'évêque saint Ouen dans sa vie fort agitée. Tour à tour consulté par Ebroïn, qui le prend comme arbitre (3), envoyé en ambassade (673),

---

(1) Cela tient sans doute à ce que l'acte dont je vais parler est contesté (voir Pardessus, *l. l.*, II, 150) ; cependant je n'hésite pas à l'accepter après MM. Letronne et Tardif.
(2) Letronne, *Dipl. Chartæ*, p. 24 ; Tardif, *Cartons des Rois*, p. 14.
(3) D. Bouquet, t. II, pp. 569 et 570.

ou s'interposant entre les rivalités qui se combattent autour des derniers Mérovingiens, il parvint ainsi jusqu'à l'âge de 80 ans. A cette époque, tout vieux qu'il fût, c'est encore lui que l'on choisit pour aller à Cologne tenter de mettre d'accord les Neustriens et les Austrasiens.

Comme il était revenu rendre compte de sa mission au roi Thierry III, qui résidait alors à Clippiacum, on eut recours une dernière fois à son influence conciliatrice pour rétablir la paix entre le maire du palais Waratton et son fils Gislemar. Mais c'en était trop pour les forces usées du vieux conseiller de Dagobert. Le 24 août 683 (1), saint Ouen, à son tour pris de fièvre, mourut dans ce palais dont il avait si souvent été l'hôte.

Ici se représente cette question : est-ce dans la maison qu'il avait près de la cour ou dans le palais particulier des rois à Clippiacum que saint Ouen rendit le dernier soupir? C'est ce que ne disent pas les nombreux textes que j'ai consultés à cette occasion. Ils nous apprennent seulement, mais d'une façon très-positive (2), que saint Ouen mourut dans la villa royale de

---

(1) C'est la date généralement adoptée. Pour la discussion à laquelle elle a donné lieu, on peut lire : D. Bouquet, t. II, pp. 452, 570, 653 ; Pertz, *Script.*, I, 289 ; Bolland, *août*, IV, 817 ; Mabillon, *Ann. ord. S. Ben.*, II, 1054 ; *Hist. littér.*, III, 625, etc., etc.

(2) « Sub his diebus B. Audoenus, Rotomagensis episcopus, plenus dierum, *Clippiago, villa regale*, in suburbana Parisiorum civitate migravit ad Dominum. » (*Chr. de Moissac*, D. Bouquet, t. II, p. 570 ; Pertz, *Script.*, I, 289.) — La *Vie de saint Ouen*, dans les Bollandistes, *l. c.*, écrit aussi, au IX° siècle : « *Clippiago villa.* »

Clippiacum. D'où je tire une dernière fois cette conséquence : le village actuel de Saint-Ouen étant considéré comme le lieu honoré par la mort de l'évêque, et cette mort ayant eu lieu, selon les historiens, dans la villa royale Clippiacum, il s'ensuit que Saint-Ouen-sur-Seine occupe l'emplacement de l'ancien Clippiacum.

On fit à saint Ouen de magnifiques funérailles, entourées de la douleur universelle. Lebeuf (1) a déjà fait observer avec raison que ce n'est pas au bout de trois ans que le corps de l'évêque fut transporté à Rouen, comme le veut D. Michel Germain (2). Il suffit en effet de lire dans les Bollandistes (3) le récit de la cérémonie, qui suit immédiatement le récit de la mort. On y voit le roi Thierry III et sa femme la reine Clothilde rendre au seigneur, et surtout à l'évêque, des honneurs considérables : « Enfin (4) on ouvrit toutes les portes du palais. Le roi et la reine, accompagnés

---

(1) P. 67, op. cit.
(2) *De Re dipl.*, l. IV, p. 274.
(3) Août, t. IV, p. 809.
(4) Boll., *id.*, *id.* — Je ne sais s'il est nécessaire, en face de textes aussi précis, de réfuter la tradition encore accréditée dans le village. D'après cette tradition, qui ne s'appuie sur rien, mais que quelques compilateurs modernes ont répétée, un miracle se serait produit après la mort de saint Ouen, lorsque l'on eut chargé son corps dans un bateau pour le conduire par eau à Rouen. Quelques efforts que l'on fît, le bateau ne pouvait démarrer. On ne savait à quoi attribuer ce fait, quand un des prélats qui étaient là pensa que le corps de saint Ouen ne voulait pas quitter tout entier le palais où il était mort, et conseilla de lui couper un doigt, qu'on laisserait à Clippiacum. Ce qui fut fait ; et le bateau se laissa emmener. C'est ce doigt qui, conservé avec piété dans l'église de notre village, fut l'objet de la vénération des habitants jusqu'à la Révolution. On voit qu'il n'y a là qu'une de ces nombreuses légendes fabriquées après coup pour donner de l'autorité aux reliques.

de la foule des évêques, des maires du palais et des autres dignitaires, portant la sainte dépouille sur une civière, célébrèrent les obsèques avec tristesse. Et tous à l'envi se faisaient une joie d'être jugés dignes de porter le saint corps sur leurs épaules. C'est ainsi qu'il fut mené en grand honneur et en grande pompe jusqu'à Pontoise. Puis le roi et la reine, après avoir passé la nuit à louer Dieu avec tout le peuple, revinrent pleins de tristesse dans leur palais, laissant le cortége continuer sa marche vers Rouen. »

Aussitôt de retour à Clippiacum, Thierry se rappela que saint Ouen, avant de mourir, avait demandé qu'on lui choisît, pour successeur sur son siége épiscopal, Ansbert, abbé de Fontenelle (1). En même temps, des habitants de Rouen venaient le requérir de leur donner justement comme pontife le même Ansbert. Ce saint abbé, s'il faut en croire l'auteur de sa *Vie* (2), avait, du reste, assisté à la mort et aux funérailles de saint Ouen; mais il paraîtrait qu'il s'en était ensuite retourné dans son monastère. C'est là que par deux fois (car saint Ansbert ne semble pas avoir fait plus de cas des messages de Thierry III que saint Amand de ceux de Dagobert) le roi dut lui envoyer des ambassadeurs chargés de lui faire part des vœux des Rouennais, et de l'inviter à se rendre à Clippiacum pour se faire sacrer (3).

---

(1) Lebeuf, p. 66.
(2) Mabill., *Ann. ord. S. Ben.*, t. II, pp. 1054 et 1055.
(3) « Nec mora, legati ad B. patrem Ansbertum pervenientes, mandata regis pandunt, ad aulam regiam ire compellunt. Moriebatur

Les messagers parvinrent cependant, à leur second voyage, à triompher *de la simplicité* et *de l'humilité* du saint. Il consentit à les accompagner à Clippiacum, où un *placite* était depuis longtemps réuni, tant pour veiller à l'administration du royaume que pour assister à la consécration du nouvel évêque (1). La cérémonie eut lieu, comme dans toutes les circonstances importantes à cette époque, au milieu d'un immense concours de prélats, de seigneurs et de guerriers. Après qu'on eut longuement discuté les affaires embarrassées de la royauté, saint Lantbert, archevêque de Lyon, sacra Ansbert dans le palais (2) qu'avait honoré son prédécesseur.

Ce mémorable événement fut comme le coup de grâce pour la splendeur de Clippiacum. Désormais c'en est fait de la villa mérovingienne, elle ne sera plus le théâtre d'aucun fait important. Les maires du palais entraînent ailleurs les faibles enfants auxquels ils donnent pour un instant le titre de Rois. Le palais qui avait vu tant de luxe et entendu tant de bruit

---

enim præfatus rex *in villa Clypiaco*, quæ sita est in Parisiaco territorio, ubi conventum magnum populorum habens, de utilitate et tutela regni tractabat, etc. » (*Id.*, *id.*)

(1) C'est encore là un des nombreux conciles attribués à Clippiacum. Si l'on tient compte de la perte de temps que durent causer les allées et venues des ambassadeurs, on peut décider, avec Mabillon, que cette assemblée et la consécration d'Ansbert eurent lieu en 686, environ trois ans après la mort de saint Ouen.

(2) « In eodem palatio a sancto Lantberto, archiepiscopo sedis Lugdunensis, aliisque sanctis præsulibus, qui ad hoc generale placitum convenerant, in pontificem consecratur Ecclesiæ Rotomagensis. » (Mab., *id.*, *id.*) Voir aussi Pertz, *Script.*, VIII, 320.

tombe en ruines, les bâtiments changent de destination et la terre achève de se démembrer.

Commencé même depuis longtemps, ce démembrement marche vite. Nous avons déjà vu Dagobert, dès 635, donner à l'abbaye de Saint-Denis, entre autres biens, une partie du territoire de Clippiacum. A mesure que la royauté déclinait, l'abbaye était devenue de plus en plus puissante, et son voisinage accaparant ne contribua pas peu à hâter la décadence de l'antique villa. Au début du siècle suivant, en 717, Chilpéric II, par un diplôme daté de Compiègne, le 28 février, se dépouille, en faveur du monastère, d'une autre portion du domaine de ses aïeux. Les termes dont il se sert montrent bien l'abandon où Clippiacum était déjà tombé. Il donne, en effet, en même temps que la forêt de Rouvray, le garde de cette forêt et son habitation, située sur le domaine du *vieux* Clippiacum (1), avec les terres qui dépendent de cette habitation. Ainsi, trente ans à peine après la mort de saint Ouen et l'événement dont je viens de parler, l'ancienne villa mérovingienne est assez déserte et oubliée pour que l'on en pût céder une partie en la traitant de *vieille*. Car le mot *vetus* ne peut pas avoir d'autre signification. C'est donc à tort que Lebeuf (2) a voulu y voir

---

(1) « In fisco nostro *vetus Clippiaco*. » (Doublet, p. 689; D. Bouquet, t. IV, 694; *Musée des Archives*, p. 24; *Dipl. Chartæ*, p. 72; Tardif, *Cartons des Rois*, p. 41.) — Malgré ce grand nombre d'éditions, je reproduis cet acte à l'appendice, à cause de l'importance qu'il a pour l'histoire de Saint-Ouen. — Voir aux *Preuves*, n° I.

(2) P. 67.

la preuve que Clippiacum « existait dès le commencement de la monarchie, » et que l'abbé Lecanu (1) l'a confondu avec le Clippiacum qui avait l'objet de la donation de Dagobert.

Enfin, vingt ans s'étaient à peine écoulés que les religieux de Saint-Denis trouvèrent le moyen de se faire céder ce qui restait du palais et du territoire de Clippiacum. Charles Martel, n'ayant pas substitué de remplaçant au dernier Mérovingien, mort depuis cinq ans, était de fait, sinon de droit, le maître absolu. Pour donner à sa puissance une apparence de légitimité, il chercha, vers la fin de sa vie, à s'appuyer sur l'Église; aussi lui distribua-t-il avec largesse les dépouilles de la royauté. Par un acte daté de Kiersy-sur-Oise, le 17 septembre 741, il dispose, en faveur de l'abbaye de Saint-Denis, de *tout ce qui reste* de la villa appelée Clippiacum (2). Et cette fois, on voit bien qu'il ne s'agit plus de telle ou telle portion de l'ancien palais. Les religieux ont soin de faire énumérer dans le diplôme qu'on leur donne, outre la villa elle-même, la totalité de ce qui en dépendait encore : terres, maisons, constructions, habitants, serfs, vignes, bois, champs, prés, pâturages, cours d'eau, et pécule des esclaves de l'un et de l'autre sexe. Après les donations de Dagobert et de Chilpéric II, celle de Charles Martel

---

(1) P. 84-86.
(2) Voir D. Bouquet, IV, 707. Du reste, je reproduis aussi cet acte (*Preuves*, n° 11).

ne leur laisse plus rien à désirer de ce côté : Clippiacum tout entier est à eux (1) !

(1) En présence des termes si clairs de ce diplôme, on se demande comment l'abbé Lecanu, pp. 87-91, a pu croire qu'il ne s'agissait pas ici de l'ancienne villa mérovingienne, mais d'un autre palais appartenant en propre à Charles Martel. Il faut voir la peine qu'il se donne pour trouver un emplacement à ce quatrième Clippiacum ! Il en arrive à être forcé de le supposer situé « au pied de la butte Montmartre, entre la barrière Blanche et la barrière de Clichy. » Il suffisait pourtant de lire avec soin les textes et de ne pas vouloir y trouver plus qu'il n'y a. Charles Martel donne la villa Clippiacum, tout simplement, sans dire qu'elle lui appartient ; tandis que Chilpéric avait eu bien soin de dire : « in fisco NOSTRO vetus Clippiaco. »

CHAPITRE III.

**Formation du village de Saint-Ouen du IXe au XIIIe siècle.
Le chapitre de Saint-Benoît et l'abbaye de Saint-Denis.**

Du jour où les moines de Saint-Denis eurent réuni entre leurs mains la totalité du territoire auquel s'était jusqu'alors étendu le nom de *Clippiacum*, l'histoire de cette *villa* est terminée. Sous l'administration de l'abbaye, plusieurs groupes distincts d'habitations se forment sur l'ancien domaine royal. L'un d'eux, le siége même du palais mérovingien, est probablement déjà, à cette époque, occupé par la chapelle élevée à la mémoire de saint Ouen, et c'est sous le vocable du saint qu'on le désigne ; d'un autre côté, comme nous l'avons vu plus haut, ce n'est qu'une faible partie du territoire de Clippiacum qui retient pour elle le nom de toute la villa. La première mention que nous allons rencontrer des lieux qui nous occupent distinguera déjà les deux localités ; mais une seule nous intéressera : c'est celle qui est peu à peu devenue le village de Saint-Ouen.

Son existence est désormais distincte et son histoire différente de celle des villages environnants. Mais, comme tout d'abord il n'y a à Saint-Ouen qu'une pauvre chapelle entourée de misérables cabanes de pêcheurs ou de vignerons, nous aurons à relever cinq à six fois la mention de son nom dans les chartes, et ce sera tout. Il ne s'y passe aucun fait important : la *cella Sancti-Audoeni* n'est qu'une des manses les moins considérables du puissant monastère de Saint-Denis, et, sur la partie de cette terre que nous allons voir possédée dès les premiers Capétiens par l'abbaye de Marmoutiers, nous ne sommes pas mieux renseignés.

C'est ainsi qu'un siècle s'écoule, et que la période brillante de la dynastie carlovingienne se passe, avant que nous en entendions parler.

Mais, à force de recevoir de tous côtés, l'abbaye de Saint-Denis était devenue trop riche. L'empereur se voyait forcé de prendre les conseils de ses abbés, les plus considérables de France. Pendant que ceux-ci s'imposaient au prince dans sa cour, ou l'accompagnaient aux armées, le désordre et l'ambition troublaient le monastère. L'un de ces abbés, Hilduin (1), fit plusieurs tentatives pour réformer les mœurs, mais vainement. Sur l'injonction d'un concile tenu à Paris, il résolut, pour ramener à l'abbaye les moines dissidents et faire cesser l'indiscipline, de partager les biens de la communauté entre lui et les religieux, et d'affecter à une destination spéciale les revenus de chacun des nombreux domaines qu'elle possédait.

Le 22 janvier 832, il signa l'acte qui établit ce partage. D'après ce diplôme, certaines terres étaient destinées à fournir les vêtements des frères, d'autres

---

(1) Félibien, *Hist. de l'abb. de Saint-Denis*, pp. 68 et suiv.

étaient chargées de ce qui regardait leur nourriture. Parmi celles-ci on voit que la *chapelle de Saint-Ouen-sur-Seine* est désignée comme le lieu où les pêcheurs devront raccommoder et ranger leurs filets (1). Une autre clause établit la séparation dont j'ai parlé, et nous montre en même temps Clichy comme la ferme où l'on prenait la volaille aux fêtes de Pâques et de Noël.

Cet acte de sage discipline, en rétablissant le temporel de l'abbaye sur des bases plus solides, ne fit qu'augmenter sa puissance. Trente ans après, un successeur d'Hilduin, l'abbé Louis, a bien soin de faire confirmer le partage de son prédécesseur, par Charles-le-Chauve, dans le concile tenu d'abord à Pistre, puis à Soissons (862). Ce nouveau diplôme reproduit à peu près textuellement celui de 832 (2). Le mot *cella* au lieu de *capella*, appliqué à Saint-Ouen, montre bien le peu d'importance de l'édifice élevé à la mémoire du saint, et du domaine qui l'entourait.

Ce n'est encore qu'une simple chapelle et ses dépendances que nous voyons figurer dans une donation du roi Robert, au commencement du xie siècle (3). « Ce roi,

---

(1) « Super Sequanam vero capellam Sancti-Audoeni, ad retia piscatoria emendenda vel ordinanda, etc. » (Arch. Nation., K, 9, n° 5. — Tardif, *Cartons des Rois*, p. 84.)

(2) « Et *cellam Sancti-Audoeni* cum integritate super Sequanam sitam, cum uno manso in Bonogilo (Bonneuil) ad fratrum retia procuranda, etc. » (Arch. Nation., K, 13, n° 10. — Tardif, *Cartons des Rois*, p. 116.)

(3) Encore un diplôme imprimé que l'on trouvera aux *Preuves*, n° iii. Pour son explication et celle des faits qui suivent, je ne puis mieux faire que de citer textuellement le savant abbé Lebeuf. Outre que je ne connais pas d'autres documents que lui, il me

dit Lebeuf, déclare, dans une charte de l'an 1004 ou environ, que le comte Burchard et son fils Rainold, évêque de Paris, lui ont représenté la dévotion qu'ils auraient d'assurer au monastère de Marmoutiers (proche Tours) la possession d'une chapelle dite de Saint-Ouen, laquelle a appartenu autrefois au domaine, et, en ayant été distraite par les ducs de France, est échue bénéficiairement à ce monastère : sur quoi ce prince confirme à ce même monastère de Marmoutiers la jouissance de cette église et des vignes, prés, terres (cultivées et incultes), cours d'eau et serfs qui y appartiennent.

» On est en peine, faute de titres, de savoir comment cette église de Saint-Ouen a pu passer des moines de Marmoutiers aux chanoines de Saint-Benoît

---

semble avoir tiré de leur obscurité une explication à laquelle je n'ai rien à ajouter. Toutefois il ne dit pas de quel droit Robert pouvait ainsi disposer en partie d'un bien qui appartenait en totalité, 150 ans auparavant, aux moines de Saint-Denis : il y a là une lacune ; en l'absence de toute espèce de documents, je ne puis malheureusement que la faire remarquer, sans être en mesure de la remplir. Il semble cependant que les habitations et le territoire entourant la chapelle, sinon la chapelle elle-même, relevaient encore de l'abbaye de Saint-Denis au xiie siècle. Ainsi une confirmation par Louis VII des possessions et priviléges de l'abbaye de Saint-Denis, en 1143, paraît comprendre Saint-Ouen parmi les biens de l'abbaye. Ils s'étendent, dit-elle, « versus Secanam, ab eadem villa Sancti-Dyonisii usque ad montem Martyrum, excepto Clipiaco. » (Arch. Nat., *Cartons des Rois*, K, 23, n° 8; Tardif, p. 254.) Clichy est excepté, non Saint-Ouen. Cependant les moines n'attachaient guère d'importance à ce qui pouvait leur rester de terre de ce côté. Saint-Ouen ne figure pas en effet parmi les nombreux biens qui bénéficièrent alors de la sage administration de Suger. — Au siècle suivant, au contraire (voir Doublet, p. 592), le village de Saint-Ouen-sur-Seine est compté parmi les bénéfices de Saint-Denis, sous le pontificat d'Alexandre IV (1254-1261).

de Paris (1). Mais je conjecture que, ces chanoines ayant souffert avec quelque peine que la desserte de l'église Notre-Dame-des-Champs leur fût ôtée pour être confiée à ces mêmes moines de Marmoutiers, ces religieux, pour rester tranquilles à Notre-Dame-des-Champs et pouvoir l'ériger en prieuré, rendirent, durant le onzième siècle, à l'évêque de Paris l'église de Saint-Ouen pour la transmettre à ces chanoines. Aussi lit-on dans le pouillé parisien, écrit vers 1210 ou 1220, parmi les cures qui sont du doyenné de Gonesse : « *De donatione Sancti-Benedicti Parisiensis, cura Sancti-Audoeni apud Sanctum-Dyonisium* (2). »

Ainsi, Saint-Ouen était devenu une paroisse, au moins dès le règne de Philippe-Auguste. Malgré les ravages que les invasions successives des Normands avaient causés tout le long des rives de la Seine, malgré tout ce que les deux siéges de Paris, en 885 et 911, avaient dû occasionner de désastres et de ruines aux

---

(1) J'ai inutilement dépouillé aux Archives tous les cartons provenant de Saint-Benoît. Dans aucune des pièces, dont la plupart sont récentes, il n'est fait allusion à ce fait. Je n'ai pu ainsi retrouver l'origine des droits de toute sorte dont, pendant plusieurs siècles, cette église n'a cessé de jouir à Saint-Ouen. Tout ce qu'on peut conclure des rares renseignements qu'on trouvera recueillis par la suite, c'est que la censive de Saint-Benoît s'étendit pendant tout le moyen âge sur presque tout le territoire de Saint-Ouen compris entre l'église et Clichy, vers la gare et le parc de Mme de Craon.

(2) Voir aussi Guérard, *Cart. de N.-D. de Paris*, t. 1, p. 17. — L'abbé Lecanu (p. 78) a ici raison de relever l'erreur où était tombé Félibien (*Hist. de Saint-Denis*, pp. 201-4, et *Preuves*), qui prétendait qu'en 1173, Guillaume, abbé de Saint-Denis, obtint de Guillaume de Champagne, archevêque de Sens, le droit de présenter à la cure de Saint-Ouen-sur-Seine, et que l'acte en fut ratifié en 1180 par le pape Luce III. Il y a en effet confusion. Le Saint-Ouen dont il s'agit dans cette charte est *Saint-Ouen-en-Brie*.

d

environs de la capitale de l'Ile-de-France, un village s'était peu à peu formé près de l'antique chapelle. Ce qu'était ce village au début du XIIIe siècle, un grand nombre de documents inédits, à défaut des renseignements qui nous manquent pour les époques antérieures, va nous permettre de nous le représenter.

L'église est au centre : ce n'est plus la misérable *cella* construite, sous les Carlovingiens, à la place de la maison où était mort l'évêque ; ce n'est pas encore la mesquine église, produit de toutes les époques et de tous les styles, que l'on voit aujourd'hui. Après la disparition de la *cella*, probalement brûlée par les Normands comme tant d'autres, ou simplement tombée d'elle-même en ruines, on avait, dans les premières années du XIIe siècle, élevé deux travées, qui forment le chœur actuel (1), et il est probable que, pendant plus de cent ans, on dut s'en contenter, si étroites qu'elles pussent être. Ces deux travées, trop peu remarquées jusqu'ici, sont curieuses. Elles appartiennent à la plus pure période romane ; leurs arcs, aujourd'hui surbaissés par l'effet de la poussée des voûtes qui a rejeté les massifs piliers en dehors, paraissent à présent disgracieux. Cependant ces arcs, bien qu'un peu lourds, ne manquent pas de proportion, et

---

(1) Lebeuf se trompe, selon moi, en attribuant ce chœur au « XIIe siècle finissant. » Ces deux travées sont de construction absolument romane, et ce n'est point à deux pas de Paris et de Saint-Denis, alors que l'arc brisé était systématiquement employé, que l'on aurait pu songer à construire une église, fût-ce une modeste chapelle, avec des arcades et des voûtes d'un plein-cintre aussi évident.

sont ornés de festons très caractéristiques ; enfin ils sont d'autant plus dignes d'attention que les spécimens de l'art roman sont plus rares aux environs de Paris.

Sous saint Louis, vers 1250, l'accroissement de la population nécessita de nouveaux travaux : c'était l'époque d'épanouissement de la svelte et hardie architecture gothique. On commença une nef, et probablement aussi des bas-côtés, selon la nouvelle mode. Trois travées furent construites (1), reposant sur d'élégantes colonnes. Dans le principe, elles étaient évidemment couvertes en ogive ; mais depuis, à une époque qui nous est inconnue, ces voûtes et celles des bas-côtés se sont effondrées, et ont été remplacées par un affreux berceau. Quant au portail, élevé en même temps, il ne fut pas plus heureux : il tomba aussi, sans doute pendant les guerres de religion, et entraîna dans sa chute les fines statuettes qui l'ornaient (2).

Ainsi agrandie, l'église de Saint-Ouen pouvait, dès lors, recevoir non seulement les habitants du village, mais encore de nombreux pèlerins. On sait, en effet, que jusqu'à la fin du siècle dernier, on y conserva dans une châsse un doigt de l'évêque saint Ouen, qui

---

(1) Lebeuf ne parle pas de la nef. Nous ne l'avons trouvée mentionnée, avant nous, que dans un article trop rempli de phrases, publié par M. Henri Bernard dans la *Presse de la Banlieue*, n° du 4 mars 1855.

(2) Quelques-unes de ces statuettes ont été retrouvées dans des fouilles, il y a 25 ans, et placées dans les niches du nouveau portail. Ce portail, selon Lebeuf, aurait déjà été, ainsi que l'aile du midi, reconstruit, au XVIIe siècle, par M. de Mauroy. Quant au côté nord, les trois travées du fond sont sans doute du XVe siècle. La tour n'est pas ancienne.

avait la propriété de faire entendre les sourds (1). Selon toute apparence, c'est pendant les années de foi vive qui marquèrent le milieu du xiii° siècle que le pèlerinage occasionné par cette précieuse relique et la sainteté du lieu dut jouir de sa vogue la plus grande.

Vers la même époque, tous les sept ans, aux fêtes de Pâques et de la Pentecôte, les religieux de Saint-Denis venaient en procession à l'église de Saint-Ouen. Les six autres années, ils promenaient leur domination sur d'autres pays voisins; ces stations étaient la Courneuve, Aubervilliers, Montmartre, Pierrefitte, Stains et la Chapelle (2).

Autour de l'église, se groupait déjà une agglomération importante de maisons comprises dans les diverses

---

(1) Ce doigt miraculeux disparut pendant la Révolution ; mais du temps de Lebeuf, il avait conservé une certaine efficacité. Du moins, ce que Lebeuf sait, c'est que le pèlerinage de Saint-Ouen était encore « fort fréquenté contre le mal de surdité. » Néanmoins, tout abbé qu'il est, il se contente d'ajouter, pour ce qui est de l'effet produit, qu'on fait passer ce doigt « proche les oreilles des personnes sourdes, » et « qu'un *grand nombre* de pèlerins s'en sont bien trouvés. » (P. 297.)

A ce propos, il n'est pas inutile de rappeler comment s'est souvent formée, au moyen âge, la croyance en l'efficacité des reliques. Le peuple s'était créé toute une pharmacopée spirituelle, et attribuait à chaque saint la guérison d'une maladie dans laquelle il saisissait quelque rapport avec son nom. Ainsi, saint Clair guérissait les maux d'yeux, saint Cloud les boutons à la peau, saint Aignan (saint Taignan) la teigne, saint Fort les faiblesses, saint Léger l'embonpoint, saint Genou la goutte, etc., et saint *Ouen, l'ouïe !* — Voir une curieuse liste de ces saints dans le *Journal de l'amateur de livres*, t. i, p. 86, et y joindre saint Marcel, en patois saint Marchal, qu'on invoque, près de Trévoux, pour les enfants qui ne peuvent pas *marcher*. (*Le Siècle*, 29 septembre 1867.)

(2) Selon Piganiol de la Force, qui rapporte ce fait (t. iii, p. 170), cet usage fut supprimé en 1626. — Voir aussi Lebeuf, p. 297, et Félibien, *Histoire de Saint-Denis*, p. 439.

censives qui se partageaient le village. Un chemin conduisait à Montmartre et à la Chapelle (1); par un autre on allait à Saint-Denis, par un troisième à Clichy. Nous trouvons même, en 1279, une *voie du Lendit* (2) menant à la plaine où se tenait tous les ans la célèbre foire de ce nom, voisinage fort productif pour notre village, surtout à l'époque où nous sommes. Tous ces chemins traversaient un territoire couvert, suivant les situations, de prés, de bois, de blé, d'oseraies, de saussaies, etc. Les vignes surtout étaient nombreuses, et se récoltaient, alors comme aujourd'hui, sur les flancs du coteau qui regardent le levant. Nous verrons tout à l'heure qu'à Saint-Ouen, comme dans toutes les localités environnantes, l'abbaye de Saint-Denis avait fait établir des pressoirs banniers; enfin, près du port, il y avait une tuilerie, et des moulins existaient sur la Seine, le long de l'île, en aval du village (3).

Mais tous ces détails sur l'état du pays et la diversité des cultures ne nous sont révélés que par les documents inédits dont j'ai déjà parlé. Il faut donc nous y arrêter un instant et les analyser avec quelques développements. Si, par suite de l'ignorance où nous sommes de l'origine des droits qu'exerçaient les chanoines de Saint-Benoît et d'autres seigneurs ecclésiastiques ou séculiers sur une partie de Saint-Ouen, nous

---

(1) Voir, Arch. Nation., *Cart. blanc de Saint-Denis*, t. I, p. 253, un acte de fév. 1241, où il est question, à deux reprises, de la *sente de Saint-Ouen*; et *Preuves*, n° XVII.
(2) *Preuves*, n° XI.
(3) *Ibid.*, n°ˢ XVI et XXXVII.

ne pouvons encore connaître l'histoire proprement dite du village et de son église, grâce à ces documents, du moins, nous allons étudier par le menu les richesses agricoles et la condition des terres.

Quelle que fût, en effet, la cause pour laquelle la chapelle de Saint-Ouen et une partie du pays situé au sud le long de la Seine avaient passé du domaine de l'abbaye de Saint-Denis en d'autres mains, le puissant monastère, voyant que le spirituel lui avait échappé, cherchait à rattraper au moins le temporel. Dès le début du xiiie siècle, les moines semblent s'être remis à l'œuvre, et avoir surtout tenté d'acheter ou de se faire donner des biens déjà soumis à leur censive. Les premiers actes où nous les voyons agir ne nomment pas encore Saint-Ouen-sur-Seine, mais tous les autres villages des environs de Saint-Denis y figurent (1).

C'est de 1237 que date le plus ancien de ces contrats où il soit expressément question de Saint-Ouen. Il constate une acquisition d'une certaine importance : un chevalier, seigneur d'un des villages voisins, Jehan de Pissecoc, y vend à son seigneur, l'abbé de Saint-Denis, pour la somme relativement considérable de 200 livres parisis environ, tous les droits et revenus qu'il possède à Pierrefitte, Saint-Ouen et Saint-Denis (2).

---

(1) Voir, entre autres, deux pièces d'avril 1230, dont les cotes se trouvent aux *Arch. Nat.*, dans le registre LL, 1190, p. 105.
(2) *Preuves*, n° iv.

D'autres pièces, qui se rapportent à des transactions entre particuliers, nous apprennent que les censives de deux des dignitaires de l'abbaye s'étendaient, au milieu du XIII° siècle, jusqu'au pied de Montmartre, sur une partie du territoire de Saint-Ouen alors appelée *Chantaloue*. Il y est question de vignes dont les marcs devaient être portés, selon les cas, à l'un des pressoirs appartenant au monastère. Il y en avait un à Saint-Denis, un à la Chapelle, et, ce qui nous intéresse plus particulièrement, un à Saint-Ouen (1).

A partir de ce moment les renseignements abondent, car nous voici arrivés à une époque où il y eut à Saint-Denis comme un mot d'ordre donné d'augmenter les bénéfices (2). A l'exemple de l'abbé, tous les officiers, chacun au profit de son office, firent de nombreuses acquisitions. Pendant que le *grand-prieur* s'étendait du côté de Garges et du Tillet, le *cenier* à Pierrefitte, l'*infirmier* à Saint-Denis, l'*aumônier* à son tour, le *maître des charités* (3), d'autres encore, s'efforçaient avec ardeur de regagner le terrain perdu vers Saint-Ouen.

Le maître des charités ouvre la série en 1270 par l'achat d'un faible cens de 11 sous 15 deniers aux religieuses de Saint-Mathieu-lez-Rouen. Ce chef-cens

---

(1) Voir le détail de ces chartes aux *Preuves*, n°˙ v à VIII. Elles vont de février 1249 à septembre 1257.
(2) Félibien, *Hist. de l'abbé de Saint-Denis*, p. 253.
(3) L'*office des charités* était ce que l'on appelait dans d'autres abbayes la *pitancerie*, c'est-à-dire l'administration des rentes et des biens provenant de fondations.

était à prendre sur des vignes bordant la Seine au-dessous de notre village (1). Cinq ans après, il acquiert dans sa propre censive deux arpents de terre labourable, contigus au domaine de la Maison-Dieu de Saint-Denis (2).

En 1279, c'est l'abbé qui fait agir son écuyer, Hémart de Gagny, pour assurer à son couvent l'entière propriété de trois autres arpents (3).

Mais, durant cette période, l'officier le plus actif de l'abbaye, celui du moins qui s'intéresse le plus vivement à Saint-Ouen, c'est incontestablement l'aumônier. Un nommé Eustache de la Chartre venait de se rendre acquéreur (2 décembre 1279) de la tierce partie d'une masure mitoyenne à la maison que possédait déjà dans le village la charge de l'aumônerie (4). Sans doute Eustache était ainsi devenu possesseur de la totalité de cette masure embarrassante.

Il faut croire que c'est ce qu'attendait le monastère pour lui faire des offres ; car quelques jours à peine sont passés que, le lundi 15, frère Estienne (c'est notre aumônier) donne comptant 20 livres parisis, et obtient l'objet de ses désirs (5).

Trois ans plus tard (6), des habitants d'Aubervilliers vendent au même frère Estienne (ici traité de Monsei-

---

(1) *Preuves*, n° ɪx.
(2) *Ibid.*, n° x.
(3) *Ibid.*, n° xɪ.
(4) *Ibid.*, n° xɪɪ.
(5) *Ibid.*, n° xɪɪɪ.
(6) Jeudi 18 février 1382 (n. s. 1283).

gneur et de commandeur de Saint-Denis) une autre masure située à Saint-Ouen, *en sa censive*, près de la maison de son neveu, et un quartier et demi de terre arable séant aux Carreaux. C'est 17 livres parisis qu'il lui en coûte (1).

En novembre 1287, nouvelle acquisition, toujours au profit de l'aumônerie, faite cette fois par le précepteur nommé Beuve. Asceline, veuve de Jehan Gayel, et Jehannot, son fils, lui cèdent pour 6 livres parisis la moitié d'une masure et ses dépendances, également dans la censive de l'aumônier et contiguë d'un côté à sa maison (2).

Une autre fois (3), c'est par échange que l'aumônier procède. Il donne la moitié d'une maison, à Saint-Denis, à deux habitants de cette ville contre 27 sous 10 deniers parisis de chef-cens par an. Ce revenu était établi sur diverses vignes situées, le long de la Seine, entre Saint-Ouen et Saint-Denis, et sur des champs et oseraies, à Saint-Ouen (4).

Une note jointe au cartulaire, d'où sont tirés la plupart des faits que je rapporte, nous fournit à son tour, pour l'espace de temps qui nous occupe (fin du XIIIe siècle), un curieux renseignement: c'est le relevé

---

(1) *Preuves*, n° XIV.
(2) *Ibid.*, n° XV. La même année, le samedi après l'Ascension, un clerc, Jean de Mauregard, avait reconnu tenir en censive de l'aumônerie de Saint-Denis les terres et maisons par lui acquises à « Saint-Ouyn en Parisis. » (Arch. Nat., *Cart. blanc de Saint-Denis*, t. III, p. 575.)
(3) Jeudi, 30 octobre 1292.
(4) *Preuves*, n° XVI.

des nombreuses rentes dues de divers côtés à l'aumônier. Pour Saint-Ouen, on voit que la totalité de ce qu'il avait le droit d'y toucher annuellement s'élevait à la somme de 22 livres 8 sous 5 deniers parisis (1).

Si ces revenus en argent ne sont, après tout, que de peu d'importance, il faut songer qu'il n'en était pas de même pour les biens immobiliers, car les contrats qui nous sont restés ne nous ont évidemment révélé qu'une partie de la richesse territoriale que possédait alors l'abbaye. Il faut songer aussi que, toutes les acquisitions faites ainsi par elle n'ayant eu pour objet que d'augmenter un fonds déjà existant, elle se trouvait avoir réussi, dans les premières années du règne de Philippe le Bel, à faire rentrer dans son domaine la plus grande partie de ce qu'elle avait occupé à Saint-Ouen sous les Carlovingiens.

Mais il fallait faire valoir tous ces biens, si importants et si disséminés. Aussi, une fois qu'il les a réunis, l'aumônier s'empresse-t-il de les louer et de les affermer. Dans les premiers jours de 1301, il cède par un bail à cens une maison, un jardin et 6 arpents de terre dont il venait d'hériter au nom de sa charge. C'est encore dix livres de rente à ajouter à ce qui précède. En outre, les preneurs, Herbert le Mere et sa femme, obligent, en garantie du payement de cette somme,

---

(1) « Redditus et proventus seu estimatio valorum elemosinarii beati Dionysii in Francia..... De sancto Audoeno Parisiensis XXII libre VIII solidi V denarii parisiensium. » (*Cart. de l'aumônier*, Arch. Nation., LL, 1176, p. 13).

une maison et trois quartiers, aussi dans le fief de l'aumônerie (1).

Un an plus tard, Étienne de Portemue, qui était toujours aumônier, fait un nouvel et important acte d'administration : il donne la métairie de toutes ses terres labourables de Saint-Ouen à un nommé Colin du Moncel. Les détails du contrat sont intéressants, et nous en recommandons la lecture aux personnes qui étudient les questions agricoles (2). Il suffit ici de remarquer qu'on demandait au métayer bien des services, tandis qu'en certains cas on se réservait le droit de ne rien lui donner, « si de courtoisie n'est. »

Dans cette curieuse pièce, il est à plusieurs reprises question de la grange de l'aumônerie, où Colin doit apporter avec sa voiture, et à ses frais, le vin des dîmes et le foin des prés de l'abbaye. De même, nous avons vu plus haut que plusieurs des terrains acquis dans le courant du siècle touchait à une maison qu'avait déjà l'aumônier à Saint-Ouen. Un nouvel acte, malheureusement bien incorrect, contient une intéressante description de cette maison, qu'il appelle « l'Ostel seignorial de Saint-Oyn en France, » ainsi qu'une note sur l'étendue de la seigneurie ou censive (3). Cet hôtel était une espèce de grande ferme située dans la plaine, entre Saint-Ouen et Saint-Denis, près de la Seine. Le terrain attenant avait deux ar-

---

(1) *Preuves*, n° XVII.
(2) *Ibid.*, n° XVIII.
(3) *Ibid.*, n° XIX.

pents, entourés de murs crénelés ; deux cours, l'une devant, l'autre derrière ; deux jardins aussi, le long de l'eau. Quant aux bâtiments, ils comprenaient plusieurs salles, chambres et étables, un colombier, des caves remplies de 200 pipes de vin, enfin une chapelle, et tout auprès deux prisons avec leur cachot.

Pour ce qui est de la seigneurie, d'après cette note que je suppose du début du xive siècle, elle aurait été, vers ce temps, établie depuis la grange du Lendit jusqu'au carrefour de Clichy d'une part, et de l'autre jusqu'aux fourches patibulaires du même village. Dans toute l'étendue de ce fief, où l'on voit une si grande partie de Saint-Ouen englobée, l'aumônier avait haute, moyenne et basse justice. L'hôtel même du roi, dont je parlerai au chapitre suivant, s'y trouvait compris, pour une partie du moins (1).

Et le pouvoir de l'abbaye ne s'arrêtait pas là ! L'eau de la Seine elle-même, depuis Sèvres jusqu'au Pec, lui étant soumise, les îles d'en face Saint-Ouen et Saint-Denis étaient encore dans son domaine ! C'est elle qui, dans tout le parcours que je dis, recueillait les épaves, elle qui prélevait un droit sur tout bateau chargé montant ou descendant le fleuve ! Pour avoir l'autorisation de lancer leurs filets dans les gords ou endroits poissonneux (2), c'est encore à elle que les

---

(1) Dans cette pièce il est fait mention, à deux reprises, d'un palais de Clichy (*excepto palatio Clipiaci*) et de « fondations Dangobert. » Mais le passage dont il s'agit m'a paru trop altéré pour qu'on pût songer à en tirer aucun renseignement.
(2) Voir Adrien de Valois, *Not. Gall.*, p. 45. — « Ranerus de Donion

pêcheurs de notre village devaient payer une redevance.

Nous avons un témoignage indirect que l'eau qui baigne Saint-Ouen appartenait aux religieux en 1288. Cette année-là, selon Doublet (1), le seigneur de Clichy-la-Garenne, nommé messire Jehan de Beaumont, chevalier, reconnut devant le prévôt de Paris que « les religieux, abbé et couvent de Saint-Denys étaient en possession et saisine de justicier, en cas de haute et basse justice, en l'eau de Seine, depuis Blanc-Port (Sèvres), jusques au ru de Chambry (vers le Pec), aussi d'avoir l'espave pris en la dite eau, en quelconque lieu qu'elle se croisse ou s'estende dedans les metes (bornes) dessus dites, par quelconque qu'il soit aresté, soit la terre ou rivage où il soit arresté. »

J'aurai encore l'occasion, dans le cours de ce récit, de montrer, d'après le même auteur, que les religieux continuèrent d'exercer ce droit pendant tout le moyen âge.

Mais une aussi grande richesse, un pouvoir aussi vaste n'étaient pas sans avoir des inconvénients. A la suite de cette fièvre d'acquérir qui s'était emparée de tout le monde, depuis quarante ans, à l'abbaye de Saint-Denis, des rivalités d'intérêt s'élevaient, dans l'intérieur même du monastère, entre les divers officiers. Chacun cher-

---

dedit monachis, in loco dicto Strata, locum congruum piscationi quam homines in vulgari suo *gort* appellant. »

(1) *Antiq. de Saint-Denis*, p. 935. — Voir aussi le *Cartulaire blanc*, t. II, pp. 227-331 (Arch. Nation., LL, 1157).

chait à tirer le plus de bénéfices à soi et à favoriser sa charge au détriment des autres. Pour ce qui regarde Saint-Ouen principalement, l'aumônier ne permettait guère à ses confrères de porter leurs vues sur un territoire où il régnait en maître et qu'il considérait comme sien. A l'exemple de son prédécesseur Hilduin, l'abbé était souvent forcé d'intervenir pour rétablir l'ordre et calmer les compétitions. C'est ce qu'il fit, notamment en 1317, lors d'une contestation survenue entre l'aumônerie et l'hôtel-Dieu de l'abbaye. Il s'agissait de terres et de prés situés à Formosain et à Chantaloue, que le maître de l'hôtel-Dieu et l'aumônier prétendaient tenir, l'un par droit de propriété, l'autre par droit de censive. L'abbé eut quelque peine à les accorder (1) : tant il était difficile au moyen âge, même pour les contemporains, d'arriver à se reconnaître au milieu de cet ensemble de droits et de charges de toute sorte dont les individus, tout autant que les biens, étaient frappés les uns envers les autres.

(1) *Preuves*, n° xx.

CHAPITRE IV.

Origine de la Noble-Maison. — Le manoir de Guillaume de Crespy et de Charles de Valois (1285-1350).

Tandis que l'abbaye de Saint-Denis, affolée par une trop rapide et trop lourde fortune, était en proie aux divisions intestines, un obstacle lui était survenu du côté de Saint-Ouen, qui, dans ce pays du moins, devait entraver pendant près de deux siècles sa force d'expansion. Dès l'époque même où nous l'avons vue s'efforcer d'absorber tout le village, elle avait dû s'arrêter devant un rival en influence et en richesse. C'est de ce rival, aussi empressé qu'elle à tout acquérir à Saint-Ouen, qu'il faut maintenant nous occuper. Pour cela, il est utile de remonter de quelques années en arrière.

Il s'appelait Guillaume de Crespy. Les chartes lui donnent tantôt le titre de clerc du roi, tantôt celui de doyen de Saint-Aignan d'Orléans, ou de gardien de l'église de Saint-Quentin en Vermandois, enfin, vers la fin de sa vie, d'archidiacre de Paris. On peut supposer qu'il cumulait toutes ces charges, lesquelles étaient autant de bénéfices : de là sa grande fortune et son importance.

Il débuta par un coup de maître. Dès 1285

(n. s. 1286) (1), il achète à Jean de Noyentel, écuyer, et à demoiselle Alix, sa femme, « un maner (manoir) ou maison avecques jardin, vigne et court afféranz et appartenanz au dit manoir. » En outre, et par le même acte, on lui céda 50 arpents de terre « bléée, » situés en différentes parties du territoire de Saint-Ouen, enfin plusieurs cens et rentes sur des biens à Saint-Ouen et dans l'île Saint-Denis. La maison était payée 120 livres tournois, et le reste 480, en tout 600 livres!

C'était faire grandement les choses ; cependant Guillaume ne s'en tint pas là : les Archives conservent un grand nombre de pièces constatant ses nouvelles acquisitions. Tantôt, pour agrandir son manoir, il achète les propriétés mitoyennes ; tantôt il se rend simplement possesseur de biens situés en d'autres parties de Saint-Ouen. Pendant plus de dix ans, de 1286 à 1296 (2), il ne cesse ainsi d'accaparer tout ce que l'abbaye sa voisine laissait à vendre dans le pays.

---

(1) *Preuves*, n° xxi. Outre le grand nombre de lieux-dits qu'elle indique, tels que Beaumont, le Mauroy, le Marbre du cheminet de Lille et de Paris, les Grés, le chemin de Saint-Ouen à Saint-Denis, etc., cette charte est importante en ce qu'une grande partie des biens qui y sont désignés forment le noyau du château royal, la Noble-Maison, dont nous aurons surtout à parler dans la suite. Il faut, de plus, remarquer que la maison principale et une partie de ses dépendances étaient, contrairement à ce qu'on aurait pu croire d'après son emplacement, dans la censive de Saint-Benoît ; le reste dépendait de la censive de Saint-Denis, sauf un arpent qui devait 12 deniers parisis de cens à Ernoul de Chaumuçon. Enfin, dans un des actes suivants, on voit figurer d'autres petits seigneurs ; mais, en somme, les deux principaux bénéficiaires de Saint-Ouen étaient alors l'abbaye de Saint-Denis et le chapitre de Saint-Benoît.

(2) Je pourrais, comme je viens de le faire pour les biens achetés par l'abbaye de Saint-Denis, donner ici le détail de ces nombreuses chartes, des noms propres, des lieux-dits, des censives qu'elles

Il avait, lui aussi, recours à l'échange, et offrait quelqu'une de ses propriétés disséminées contre une terre contiguë à sa maison principale (1).

C'est de cette façon qu'il se trouve alors posséder très probablement tout le territoire compris entre la Seine, l'église et le cimetière attenant, le chemin de Saint-Ouen à Saint-Denis et la Courtille-Saint-Denis, c'est-à-dire toute la partie du coteau occupée aujourd'hui par le parc de M. Legentil et les vignes.

Mais cette belle propriété qu'il avait eu tant de peine à former, Guillaume n'en dut pas jouir bien longtemps. La dernière charte où nous le voyons agir en son nom propre est du mardi avant Pâques 1295 (n. s. 1296) (2). Il est probable que ce fut vers cette époque qu'il mourut (3); autrement, comment s'expliquer qu'il ne figure plus dans aucune pièce, lui si actif, et dont tous les contrats nous ont été si soigneusement conservés ?

Toujours est-il qu'il était certainement mort en 1299.

---

mentionnent. Afin d'éviter des longueurs et des répétitions, je prie les personnes compétentes de lire aux *Preuves* les n°ˢ XXI à XL, où j'ai soigneusement analysé tous ces actes.

(1) Dans les dernières, surtout, des chartes citées ci-dessus, on voit que la nouvelle acquisition tient toujours par quelque côté à Guillaume, et qu'elle est le plus souvent « de lez Saint-Denis, » du côté de Saint-Denis.

(2) *Preuves*, n° XL.

(3) Les renseignements biographiques relatifs à Guillaume de Crespy sont rares. Tout ce que j'ai pu recueillir sur lui, c'est que, de 1284 à 1286, il figure assez souvent, en qualité de clerc du roi, dans les fragments des tablettes de cire de Pierre de Condé, publiés par MM. de Wailly et L. Delisle (*Rec. des Historiens de France*, t. XXII, pp. 469, 476, 479, 486 et 492). Mais sur la date de sa mort mes recherches sont restées sans résultat.

e

Nous apprenons, en effet, que, cette année-là, ses frère et sœur, Conrrat et Agnès de Crespy, lui avaient succédé. Et comment l'apprenons-nous ? par l'acte qui servira à les dépouiller !

Charles de Valois, frère de Philippe le Bel, connaissait ce domaine que le clerc du roi, Guillaume, possédait à Saint-Ouen ; il le savait bien situé, entouré de terres d'un bon rapport, en un mot fort enviable. Mais, on l'a vu, la première maison en avait coûté cher à Guillaume ; et l'importance en était plus que doublée à sa mort, par suite de toutes les acquisitions que nous savons, sans parler des embellissements et des constructions qu'il y avait dû faire. Bref, la totalité des propriétés de Guillaume de Crespy, à Saint-Ouen et aux environs, pouvait alors valoir 1,500 à 1,800 l. parisis.

1,800 livres ! On sait en quel triste état se trouvaient, sous Philippe le Bel, les finances du royaume ; aussi était-ce là, à cette époque, une grosse somme, même, ou, pour mieux dire, surtout pour un prince du sang. Ajoutez que les héritiers de Guillaume ne voulaient peut-être pas vendre, ou qu'ils demandaient d'autant plus cher de leur maison qu'ils étaient plus riches et qu'ils savaient le prince moins solvable. Charles eut recours à un expédient.

Guillaume, ainsi que son nom l'indique, était de Crespy ; de Crespy aussi étaient sa famille et ses frères. Or le Crespy dont il s'agit est Crespy-en-Valois, et le Valois était alors, avec le comté d'Alençon, l'apanage du frère du roi. Donc, pensa Charles, ce

Guillaume est mon serf, et ses biens sont les miens. Il est impossible que Guillaume, qui, outre sa charge laïque de clerc du roi, avait eu des titres ecclésiastiques et amassé une si grande fortune, ne fût pas un homme libre, et que libres aussi ne fussent pas les siens ; mais enfin Charles était le plus fort, et il le fit bien voir.

Il commença par contester l'état de franchise de Conrrat (1) de Crespy et de sa sœur Agnès, ainsi que de Geneviève Toussac, fille d'Agnès, et de ses enfants. Les malheureux eurent beau affirmer que « franches personnes estoient et avoient tous temps esté (2), » et cela à la connaissance et du consentement du comte de Valois et de ses prédécesseurs. — Nullement, répondit Charles, vous êtes « nos hommes et femmes de nostre comté de Valois; » cependant, en considération du « bon service et léal que ledit mestre Guillaume a fait à nostre chier seingneur et frère le Roy de France, » et par « grâce espéciale, nous vous affranchissons et mainmettons vous et votre postérité. » Cet acte de libérale clémence est daté du mardi 24 novembre 1299.

---

(1) Ce nom est le même que Conrad. La prononciation de ce mot est moderne. C'est une influence de l'écriture. Au XVIe siècle, on prononçait encore *Conrat*. On lit sur une des tapisseries de Reims, datée de 1531 (Jubinal, *Tapiss. historiées*, vol. II, p. 18) :

    « Sainct Remy bapt l'evesque de Mayence,
    Car il n'avait dict à son roy *Conrat*
    Que ung sien vasal ne fesoit diligence
    Rendre son bien qu'il avoit prins par *rapt*. »

(2) *Preuves*, n° XLI.

Mais, dira-t-on, où est le mal en tout cela ? Charles avait à tort contesté l'état de liberté des héritiers de Guillaume ; il le reconnaît et répare son erreur. Quoi de mieux ? — Attendez! A peine ce contrat est-il signé, que le prince en fait faire un autre, pour lui conséquence méditée du premier. On rappelle d'abord dans cette charte (1) le « débat et contenz » qui vient de s'élever entre le procureur du comte et les héritiers de Guillaume, et que relate la pièce précédente : « A la parfin, continue l'acte, pour avoir la bonne pais dudit conte et de son procureur, et pour ce qu'il les lesse en possession de franchise pesiblement à touz jourz mès, etc.,» Guillaume Toussac et Geneviève sa femme, en leur nom et au nom de leurs enfants, *donnent, simplement et sans réserve aucune*, à Charles de Valois, non-seulement le manoir entier de Saint-Ouen avec le jardin et toutes les terres qui y avaient été ajoutées, ainsi que leurs autres biens épars dans le village, mais aussi les prés et les rentes de Saint-Denis et de Torcy. En outre, ils prennent l'engagement, quand leurs enfants « viendront en aage, » de leur faire confirmer cette donation, et ce, sous peine de 3,000 livres d'amende !

On pense bien que ces malheureux Guillaume et Geneviève ne tenaient mie à payer ces 3,000 livres ; aussi il faut voir avec quel empressement, à mesure que

---

(1) *Preuves*, n° XLII.

chacun de leurs enfants atteint ses 14 ans, ils lui font, par un acte en bonne et due forme, reconnaître la donation qui les a dépouillés « pour leur grant profit. » Leurs trois fils y passent successivement : Conrrat en 1307 (1), Gilet en 1310 (2), Helyot en 1312 (3).

Et voilà la façon dont, à l'exemple de son frère, Charles de Valois battait monnaie (4) !

Une fois en possession assurée du manoir de Guillaume de Crespy, Charles songea aux moyens de le rendre digne de sa royale personne. Lebeuf (5) ne dit qu'un mot, d'après une copie de D. Lancelot, d'un marché que le prince fit alors avec un charpentier du nom de Gui Deschamps. Selon le savant historien, il ne se serait agi que d'une salle à achever. L'affaire était bien plus importante, et l'on va en avoir la preuve par le contrat lui-même, que j'ai retrouvé et dont je vais dire quelques mots (6).

---

(1) *Preuves*, nos XLIII et XLIV.
(2) *Ibid.*, n° XLV.
(3) *Ibid.*, n° XLVI. Charles Toussac, échevin de Paris au milieu du xive siècle et partisan d'Étienne Marcel, descendait probablement d'un de ces trois fils.
(4) Le procédé qui consiste à affranchir les serfs pour se procurer de l'argent ou des biens, rare encore sous Philippe le Bel, devint constant sous le règne de Louis le Hutin.
(5) Page 293.
(6) *Preuves*, n° XLVII. Ce document contient de nombreux et rares renseignements sur les constructions à cette époque, et donne une idée de ce qu'étaient ces manoirs de plaisance au début du xive siècle. M. Viollet le Duc n'en cite pas de semblables dans son excellent dictionnaire. Nous en connaissons un autre, un peu postérieur (1321), passé en Angleterre entre Geoffroy de Say, chevalier, et Johan Renwyne de Wogham, maçon. Dans cette charte en français, qui offre de nombreux rapports avec la nôtre, il s'agit

Il y est, en effet, tout d'abord question d'une salle simplement commencée dans le manoir de Saint-Ouen, et dont Charles fait surélever les murs et construire les fenêtres (au nombre de dix). Il veut aussi qu'elle soit pavée de bons carreaux plombés, et couverte de cinquante couples (fermes) en charpente. Cette salle, dont l'étendue était immense, devait renfermer sept cheminées, et on y accédait par un double escalier au milieu duquel s'élevait une loge. Les pignons avaient huit toises de haut au-dessus des murs, et les chevrons de la couverture étaient longs aussi de huit toises.

Mais ce n'est pas tout. Cette vaste pièce était flanquée de deux tours (1) et d'un pavillon que l'on acheva avec le même luxe. De la cave ou eschanconnerie, on fit faire un souterrain jusque hors des murs du jardin, sans doute pour gagner la campagne en cas d'attaque. Jusque-là il n'y avait pas de cuisine, ou celle qui existait fut trouvée insuffisante, et l'eau, bien que la Seine coulât au pied de la propriété, était difficile à monter. Le marché porte donc que, sur une première pièce composée de neuf voûtes, on construira une

---

aussi d'une salle de manoir, et l'on en donne de même les proportions; mais la charte de Charles de Valois contient beaucoup plus de détails. (Voir *Archæological Journal*, vol. XXIV, 1867, pp. 55-58).

(1) Et non de quatre, comme le dit Lebeuf, à propos de la fête de l'Etoile. Mais on voit, par la charte, que le principal corps de logis, outre cette salle, le pavillon et les tours, comprenait aussi plusieurs pièces, entre autres la chambre de « monseigneur Challes. »

cuisine qui aura bien « sis toises de large en trois des costéz, et en l'un huit toises, pour avoir une elle à mettre le drechouer sur quoy l'en depecera et drecera la viande. » Deux arcs reposant sur trois piliers supportaient une allée menant de la cuisine au puits.

Quant à ce puits, c'est une merveille (1). Voyez comme il est décrit : « Le puis, dit le contrat, sera hauscé de maçonnerie huit toises pour estre du haut du pavement de la salle ; et seront ces huit toises maçonnées de bonne pierre tailliée, et aura le puis dedenz euvre sis piez de large, et si aura au dit puis une roe et en celle roe tournera quatre cordes où il aura bien cent petiz seaus qui touz puiseront en l'yaue dedenz le puis et la gecteront si haut par l'en-

---

(1) C'est le fameux *puits de Dagobert* et, de toutes ces importantes constructions, la seule qui ait survécu. On peut encore le voir dans la maison de M. Legentil, près des cuisines qui occupent probablement l'emplacement de celles de Charles de Valois. Prétendre que ce puits, remontant à Dagobert, existait auparavant, et que Charles de Valois ne fit que l'achever, serait une erreur. Tandis, en effet, que la charte se sert sans cesse du mot *parfaire* pour toutes les autres parties *non achevées* du manoir que Charles fait terminer, elle dit expressément : « Ils feront FAIRE la cuysine et le puis en ceste maniere. »

Pour la construction des puits au moyen âge, on peut encore consulter Viollet le Duc, *op. cit.*, au mot PUITS. Mais ce qui montre l'intérêt et la curiosité de la charte décrivant le puits de Saint-Ouen, c'est que, parmi les nombreuses descriptions que M. Viollet le Duc donne des puits du moyen âge, il n'en est pas une qui puisse se rapporter au nôtre : c'est une belle invention de plus à ajouter à tant d'autres de cette époque. Cependant il n'est pas inutile de faire remarquer que la disposition de son mécanisme rappelle un peu la noria, encore en usage dans le Midi, et qui, dès le XIIe siècle, avait pu être apportée d'Orient en France par les croisades.

ging que la roe merra, que elle descendra en la cuysine et en toutes les offices de l'ostel.· »

Guy Déchamps et sa femme avaient un peu moins de trois ans pour terminer tout cet ouvrage (1). On leur promettait pour leur peine 3,500 livres parisis et quarante muids d'avoine à prendre aux greniers de Villers-Cotterets. Puis, la chose faite, on leur octroyait la conciergerie de Saint-Ouen leur vie durant, à la charge d'entretenir le manoir. Enfin, entre autres clauses, Charles se réservait le droit, à lui, sa femme et ses enfants, de cueillir, selon leur fantaisie, les fruits et les fleurs du jardin.

Pour payer ces grosses dépenses, il fallait de l'argent. Non content d'avoir acquis les biens de Guillaume de Crespy sans bourse délier, Charles cherchait encore à en augmenter les revenus. En 1311, il donna à croix-de-cens, à un pêcheur, deux arpents de l'île Saint-Ouen, du côté de Saint-Denis, lesquels avaient fait partie de l'héritage de Guillaume : il toucha ainsi 60 sous parisis de plus par an ; en outre, il força les preneurs à couvrir son île de plantations (2).

Pendant les années suivantes, le comte de Valois continua d'agrandir son manoir, et cela, jusqu'à sa mort ; car, peu de temps encore auparavant, on le voit occupé d'acquisitions nouvelles et de travaux d'embellissement. Du même coup, en 1324, il étend sa pro-

---

(1) Du mardi avant la mi-carême 1307 (1308) à la Toussaint 1310.
(2) *Preuves*, n° XLVIII.

priété jusqu'à la Seine, en achetant une place qui séparait de la rivière ses cuisines et son jardin, et il acquiert un chemin pour pouvoir aller tout droit de chez lui à l'église (1).

Charles ne quittait qu'avec regret une demeure si belle déjà à l'origine, que ses dépenses avaient rendue encore plus magnifique et, comme nous dirions aujourd'hui, plus confortable. La guerre seule pouvait l'en éloigner; mais aussitôt ses affaires finies en Flandre ou en Guienne, il accourait se reposer à Saint-Ouen. C'est là que, en février 1301, même avant d'y avoir fait tant d'embellissements, il vint, peu de jours après son mariage avec l'impératrice de Constantinople, Catherine de Courtenay, passer les premiers temps de la lune de miel (2). C'est là aussi que cette princesse mourut, encore jeune, le lundi 16 octobre 1307 (3); mais c'est à Paris, aux Frères-Prêcheurs, qu'elle fut enterrée, « ouquel enterrement le Roy de France (Philippe le Bel) et les nobles furent présens, et le maistre du Temple d'oultre mer (4), lequel aidoit à porter le corps en terre avec les autres nobles (5). »

---

(1) *Preuves,* n° XLIX.
(2) Ducange, *Hist. de Constantinople sous les empereurs français. Preuves,* p. 40. — Voir Ed. Buchon, t. II, pp. 41 et suiv.
(3) Contin. de Nangis, dans D. Bouquet, t. XX, p. 595. — Voir aussi *ibid.,* t. XXI, p. 649.
(4) C'est Jacques de Molay. On le voit, il était alors bien en cour; il ne fallut pas une année à Philippe le Bel pour trouver des raisons de le mettre à mort, d'exterminer tous les Templiers et de s'emparer de leurs biens.
(5) *Chron. de Saint-Denis,* éd. P. Paris, t. V, p. 178.

Le prince se consola d'abord en prenant une autre femme (1), qui se trouvait être sa troisième, puis en faisant souvent les honneurs de son château au roi son frère, et plus tard à ses neveux. Saint-Ouen redevint ainsi peu à peu le séjour favori des rois de France.

Philippe le Bel, tout particulièrement, semble avoir aimé à y demeurer. Le 10 avril 1309, il était chez Charles de Valois lorsqu'il expédia des lettres enjoignant au sénéchal de Périgord de veiller à ce qu'il ne fût porté aucune atteinte aux droits de Bernard de Comminges, vicomte de Turenne (2). On a encore de lui d'autres actes datés de Saint-Ouen, en 1310, aux mois de février, d'avril, d'octobre (3). Il y passe tout le mois d'août 1311, et, les Juifs ne voulant plus lui donner d'argent, c'est de là qu'il expédie la charte qui les chasse du royaume (4).

En 1314, il y est en septembre et octobre; le 5 de ce dernier mois, il y défend de nouveau les joutes et les tournois, dont la mode chevaleresque tendait à reprendre (5).

La même année, son fils Louis X le Hutin lui

---

(1) Moins de 6 mois après, il se remaria avec Mahaut, fille aînée de Guy de Châtillon, comte de Saint-Pol.
(2) Arch. Nat., K, 38, n° 1. — Voir Tardif, *Cartons des Rois*, p. 366.
(3) Voir, pour le détail de ces six actes, D. Bouquet, t. XXIII, pp. 454 et suiv.
(4) 22 août. D. Bouquet, *id.*, *id.*, 4 pièces, et *Ord. des Rois*, t. I, p. 488. Voir aussi 2 pièces aux Arch. Nation., K, 38, n°⁸ 5² et 6². Tardif, *loc. laud.*, p. 367.
(5) D. Bouquet, *id. id.* et *Ord. des Rois*, t. I, p. 539.

succède. Il ne règne que deux ans; mais en juin 1315, nous le trouvons, dans la maison de Saint-Ouen, chez son oncle (1).

Roi à son tour, le frère de Louis, Philippe V, signe aussi au mois de juillet 1319, un acte à Saint-Ouen (2).

Quant au troisième fils de Philippe le Bel, qui régna sous le nom de Charles IV, on ne sait s'il vint à Saint-Ouen; mais ce qui est certain, c'est que ce ne fut pas en sa présence, ni vers 1324, que Charles de Valois, comme l'affirme l'abbé Lebeuf (3), partagea ses biens entre ses enfants.

Je n'ai pu, il est vrai, retrouver cet acte de partage dans lequel Charles de Valois établissait le douaire de sa femme et l'apanage de ses fils; mais son testament existe encore aux Archives nationales (4). Or, ce testament étant du 19 décembre 1320, et parlant des lettres de partage comme déjà faites, c'est donc à tort que Lebeuf attribue ces lettres à l'année 1324 et dit qu'elles ont été données devant Charles IV, qui ne devint roi qu'en 1322 (5).

Quoi qu'il en soit, ce testament montre bien l'atta-

---

(1) D. Bouquet, *id., id.*, 1 pièce.
(2) D. Bouquet, *id., id.*, 1 pièce.
(3) P. 299.
(4) *Preuves*, n° L.
(5) Bien plus, il existe une confirmation du testament faite par Philippe le Long, et non Charles le Bel, cette même année 1320. Ce qui a pu causer l'erreur de Lebeuf, c'est qu'il y a une expédition du testament datée du 14 mai 1325. Le savant abbé n'a peut-être connu que cette expédition. — Voir *Invent. du Trés. des Chartes*, p. Dupuy, t. VI, p. 216, aux Archives.

chement que le comte de Valois portait à son manoir de Saint-Ouen. En même temps, au milieu d'une foule de donations pieuses et de legs à sa femme, à ses enfants et à ses serviteurs, nous apprenons que Charles avait fait construire dans son château une chapelle en l'honneur de saint Georges. Sans doute, il y avait peu de temps qu'elle était achevée, et il n'avait pas encore eu le loisir d'y établir un desservant; aussi se hâte-t-il, par l'acte de sa dernière volonté, de charger ses exécuteurs testamentaires d'y instituer un chapelain à qui il lègue quarante livres tournois de rente. De plus, ce chapelain devra avoir son habitation dans le manoir « jusques à temps qu'il (l'héritier de Charles) li en ait pourchaciée et livrée une autre souffisant au plus près qu'il pourra bonnement de la dite chapelle. » Enfin il laisse à cette chapelle ainsi qu'à celle de Saint-Eustache de Paris « cent livres tournois pour acheter calice, livres, et touz autres ornemenz qui seront nécessaires pour icelles. » En retour de ces libéralités, le chapelain avait à dire quatre messes par semaine, pour le repos de l'âme du comte. En outre, il devait prier pour lui au jour anniversaire de son décès et à toutes les grandes fêtes.

Saint-Ouen ne vit cependant pas mourir Charles de Valois. Après avoir rendu l'âme, en 1325, dans un village près de Rambouillet (1), ce prince fut en-

---

(1) Voir *Chron. de Saint-Denis*, éd. P. Paris, v. 291.

terré dans l'église des Frères-Prêcheurs de Paris, auprès de ses deux premières femmes.

Ce fut le fils aîné de Charles, Philippe de Valois, qui, en vertu du partage dont je viens de parler, hérita non-seulement des comtés du Mans, de Valois, etc., mais encore de la maison de Saint-Ouen. C'est ainsi qu'à partir de ce moment jusqu'à Louis XI, l'ancienne demeure de Guillaume de Crespy ne cessa de faire partie de l'apanage du Dauphin de France.

La mort de Charles le Bel (1328) laissa la couronne à ce même Philippe. Une fois sur le trône, celui-ci n'oublia pas les dispositions du testament de son père relatives à la chapelle Saint-Georges. Se trouvant, en juillet 1331, à Breteuil en Normandie, il amortit, au profit de cette chapelle, plusieurs terres à Saint-Ouen (1). Ces terres, d'après la déclaration faite, sous Louis XIV, par le chapelain de la Sainte-Chapelle de Paris, qui en touchait alors le revenu, comprenaient une soixantaine d'arpents entre le *chemin des Poisson-*

---

(1) J'ai connu trop tard pour la faire figurer parmi mes *Pièces justificatives* une copie de l'ordonnance établissant cette fondation, copie conservée aux Archives sous la cote S, 948, n° 6. Du reste, ce qu'elle contient de plus important se retrouve dans le testament de Charles et dans l'acte du 9 juin 1643 dont je vais parler. Elle nous apprend cependant qu'en 1331 il existait déjà un chapelain desservant la chapelle, et déclare péremptoirement que les terres amorties faisaient partie du domaine du roi à Saint-Ouen. Mais c'étaient des biens distincts du manoir et disséminés sur le territoire de la paroisse; ils provenaient, pour la plupart, de Guillaume de Crespy, et Philippe de Valois n'avait eu qu'à les prendre dans l'héritage paternel, où il les avait trouvés.

niers, le *chemin de Saint-Cloud au Lendit* et *la Tombette*, lieux-dits qui sont encore parfaitement reconnaissables aujourd'hui (1). En outre, au xviie siècle, on avait déjà aliéné huit autres arpents de la donation primitive. Cette partie de la donation est également facile à retrouver pour qui connaît la topographie de Saint-Ouen, car le territoire où elle se trouvait est encore appelé les *Huit-Arpents* ou les *Carreaux*, le long du chemin de la Révolte.

Philippe VI, trop occupé avec les Flamands, le roi d'Angleterre et Simon de Montfort, ne visita pas souvent son château de Saint-Ouen ; du moins ne nous est-il resté qu'un seul souvenir des séjours qu'il a pu y faire. Les chroniques de Saint-Denis (2) rapportent qu'en 1346 (n. s. 1347), « environ la Tiphaine (l'Epiphanie), vindrent deux cardinaux à Saint-Ouen (3), près de la ville Saint-Denis en France, qui estoient envoyés par le pape, pour les guerres qui estoient entre les rois de France et d'Angleterre. » Ces deux cardinaux étaient Étienne Aubert, cardinal du titre de

---

(1) *Preuves*, n° li. Nous recommandons la lecture de cette pièce aux habitants de Saint-Ouen : elle contient, outre les lieux-dits cités et d'autres encore, un grand nombre de noms de familles encore existantes.

(2) Ed. P. Paris, t. v, p. 446.

(3) Froissart raconte le même fait, mais ne dit pas que les deux prélats soient venus à Saint-Ouen. (Voir *Ed.* Buchon, i, 267.) Cependant nous tiendrons le fait pour exact, les moines de Saint-Denis étant mieux placés que Froissart pour savoir ce qui se passait dans notre village.

Saint-Jean et de Saint-Paul, et Hannibal, évêque de Tusculum (1).

Inutile de dire que les deux ambassadeurs perdirent leur peine et n'empêchèrent pas les dernières armées féodales de la France, décimées par le canon de Crécy, de laisser les Anglais s'emparer de la ville de Calais.

Bientôt cependant va commencer, avec le règne de Jean le Bon, la période d'éclat et de gloire pour le château de Saint-Ouen. Avant d'en entreprendre le récit, il nous reste à dire en quelques mots ce que nous savons du reste du village pendant les années qui viennent de s'écouler.

Nous connaissons déjà deux des principaux maîtres de Saint-Ouen à cette époque : d'abord la maison de Valois, qui a accaparé une notable partie du territoire, puis l'abbaye de Saint-Denis, dont la censive s'étend un peu partout.

De plus, dans le même temps, le chapitre de Saint-Benoît de Paris, dont, on s'en souvient, dépendait la paroisse, avait acquis ou s'était fait donner de nombreuses rentes et terres dans le village. Ainsi on voit,

---

(1) Selon Baluze, une première ambassade aurait eu lieu en 1342 (Bal., *Vies des papes d'Avignon*, t. I, col. 746). Cette fois les légats étaient Pierre du Prat, archevêque d'Aix, et le même Hannibal ; avec eux se trouvait sans doute Pierre Bersuire, savant bénédictin, qui resta dès lors à la cour des rois de France, et fit sous Jean le Bon, par l'ordre même de ce prince, une curieuse tradition de Tite-Live : c'est la première version d'un auteur classique en français. — Voir aussi Froissart (*Ed.* Buchon, I, 177).

dans un relevé des cens perçus par les chanoines à Saint-Ouen (1), que la maison qui avait appartenu autrefois à Guillaume de Crespy, et était alors le manoir royal, devait 7 deniers de cens à un des termes de l'année, et à un autre 20 deniers; plus loin, c'est encore 18 deniers que paie l'ancienne terre de Guillaume de Crespy au Mauroy ou Mauvoy. Le reste était en proportion. La somme des quatre termes montait à 66 livres 4 sous.

Si l'on a remarqué plus haut qu'à la fin du XIIIe siècle l'abbaye de Saint-Denis avait aussi, de son côté, des biens dans la censive Saint-Benoît, tandis que Guillaume de Crespy achetait à son tour des terres dans la censive de Saint-Denis; si l'on fait attention que le seigneur voisin de Clichy et d'autres encore possédaient aussi des rentes sur certaines parties du village; si l'on songe enfin que, par-dessus tout, le roi gardait son droit de prise (2), on aura un tableau assez exact de l'enchevêtrement des droits seigneuriaux au moyen

---

(1) *Preuves*, n° LII.
Ces pièces, qui ne sont que des copies de la main de Lancelot, n'ont pas de date; mais on peut remarquer que les particuliers qui y sont nommés comme anciens censitaires figurent aussi dans les chartes du commencement du siècle. Bien plus, dans la deuxième pièce, on lit : « Magister Guillelmus, dictus de Crespi pro domo sua Sancti-Audoeni, VII d. : *Ce est la meson que le Roy tient.* » Ce roi désigné comme possesseur de l'ancienne maison de Guillaume de Crespy ne peut être que Philippe de Valois. Le relevé serait donc de 1330 à 1350, et marquerait les rentes dont, vers ce temps, jouissait le chapitre de Saint-Benoît à Saint-Ouen.

(2) La preuve en est que Charles V s'en dessaisira. — Voir un acte d'oct. 1374, *Ord. des Rois*, t. VI, p. 67.

âge, et du triste état où devaient se trouver les malheureux habitants exploités par chacun tour à tour, et par tous à la fois.

Et l'église ? elle continue à être en grande vénération. S'il faut en croire Jean, chanoine de Saint-Victor, « Guillaume Bauset, évêque de Paris, serait venu à Saint-Ouen en 1308, pour célébrer les ordres, au moins pour Pierre des Grés, nommé à l'évêché d'Auxerre, auquel il conféra la prêtrise (1). »

Il est question assez fréquemment des curés de l'église paroissiale dans les chartes que je mentionne à l'appendice (2) ; mais le souvenir de plusieurs d'entre eux, ainsi que celui d'autres habitants (les maires, par exemple), avait aussi été conservé par les pierres tombales placées dans le temple même.

De ces pierres, une seule subsiste aujourd'hui : elle est très-grande et sert de dalle au milieu du chœur. Mais, constamment frottée depuis plus de cinq siècles par les souliers des fidèles, elle est devenue absolument indéchiffrable.

---

(1) Lebeuf, p. 306. Il se reporte à l'*Histoire de l'Université de Paris*, par du Boulay. Or, j'avoue avoir trouvé tout autre chose dans le passage auquel le savant abbé fait allusion, t. IV, p. 120. Il y est dit expressément que c'est à *Montlhéry* que Pierre des Grés fut fait prêtre : « In festo Sancti Thomæ, apostoli, a Guillelmo, Paris. episcopo, fuit sacerdos apud montem Leuthericum..... » Cependant je conserve le fait, eu égard à l'assertion de Lebeuf, qui ne peut l'avoir inventé.

(2 Voir, entre autres, la pièce J, 163, n° 15, où Thomas, curé de Saint-Ouen, vend un demi-arpent de vigne à Guillaume de Crespy *Preuves*, n° XXXVIII).

Par bonheur, un des desservants de la paroisse au XVIIe siècle, l'abbé Passart, que nous connaissons déjà, prit soin de copier ce qu'il put lire des « escritures escrites sur les tombes de nostre église de Saint-Ouyn (1). » Il résulte de cette copie que la grande pierre du chœur recouvrirait le corps de maître Henry Bertran, décédé curé de Saint-Ouen, l'an 1517. Mais je ne parle qu'en passant de cette inscription du XVIe siècle, et ne m'occuperai pas ici des autres du même temps que l'abbé Passart relève au même endroit.

Je noterai seulement, pour finir, et parce que cela se rapporte à l'époque où nous sommes, ce qu'il dit avoir lu devant l'autel Notre-Dame ; je le cite textuellement :

« Il y a, dit-il, une tombe dessoubz laquelle il apert que trois personnes ont esté inhumez, scavoir est : Un nommé maistre Simon de Langres..., l'on n'a pu lire le reste. Et, au milieu, est une femme ; l'inscription est telle : Icy gist Agnès de (Langres?) sœur du dit curé, laquelle trespassa l'an mil trois cens quarante huict (n. s. 1349), le XVIIIe jour de febvrier (2). Priez Dieu que mercy luy soit. Amen.

» Icy gist maistre Jacques de Langres, curé de cette église, nepveu dudict maistre Simon et filz de

---

(1) Ces notes se trouvent sur une feuille détachée, conservée dans un des anciens registres de la cure, actuellement à la mairie.

(2) Sans doute elle succomba à la terrible peste noire, qui ne dut pas épargner davantage Saint-Ouen que le reste du royaume.

la dicte Agnes qui trespassa l'an mil... Ce temps n'a point été escript autrement. Il y a sur cette tombe de devant Notre-Dame trois personnages gravez. »

Combien de documents précieux ont été perdus avec ces pierres, que la négligence ou l'avarice laisse ainsi exposées à l'usure, au lieu de les relever et de les conserver comme une sorte de livre d'or de la commune !

CHAPITRE V.

Institution de l'ORDRE DE L'ÉTOILE. La fête des 5 et 6 janvier 1352.

Jean II, dit *le Bon*, avait succédé à son père le 25 septembre 1350. Après le triste règne de Philippe de Valois, après tant de défaites, après la peste, la France, épuisée d'hommes et d'argent, avait besoin d'un roi qui lui rendît le repos et rétablît l'ordre dans les finances; Jean songea à l'amuser et à s'amuser lui-même. Le pays réclamait la paix et des économies; Jean ne rêva que plaies et bosses, fêtes et banquets.

Ce prince est intéressant à étudier. Figure au premier abord sympathique, mais pauvre intelligence; dépensier et ami du plaisir, imprévoyant et entêté; nul remords de la veille, nulle préoccupation du lendemain; son courage est aveugle, sa générosité prodigue. On peut louer son respect pour les dames, sa bienveillance pour les lettrés (1), « son désir sincère de mériter le nom de parfait chevalier (2), » sa con-

---

(1) Il chercha, à plusieurs reprises, à fixer Pétrarque à sa cour, s'entoura de savants, fit traduire Tite-Live, et eut une bibliothèque assez nombreuse, noyau de celle de Charles V. Captif à Londres, il fit encore composer un traité sur la chasse (Gace de la Bigne, publié par le duc d'Aumale).
(2) Bordier et Charton, *Hist. de France*, I, 426.

fiance et sa loyauté. On peut dire que, comme Henri IV, naturellement bon, il fut gâté par son éducation, son milieu, sa position, et qu'il lui fut difficile de faire le bien. Mais comment oublier qu'il tua, sur un soupçon, le connétable d'Eu, le comte d'Harcourt, d'autres encore, et surtout qu'il ruina follement le pays par ses brusques altérations des monnaies (1) ?

Cette sorte de gens, de beaucoup de cœur et de peu de tête, peut plaire à d'aucuns ; ils ont le charme et le danger de cerveaux fêlés. C'est *Jean le Bon*, soit ! ou plutôt, comme nous dirions aujourd'hui, Jean *le bon enfant, le bon garçon*. De ces bons garçons-là, qu'il y en ait dans la vie privée, passe encore ; le malheur est que, lorsqu'ils sont rois, ils coûtent trop cher à leur pays.

Je ne pouvais faire comprendre les faits qui vont suivre et le rôle que Jean II y joua sans rappeler ce qu'était ce roi. Voyons-le maintenant agir à Saint-Ouen.

Bien que Philippe de Valois ait sans doute habité fort rarement le manoir de Saint-Ouen, la belle demeure de son père Charles ne s'était pas détériorée entre ses mains. Jean, en la trouvant dans l'héritage paternel, se prit d'affection pour elle et en fit bientôt sa demeure préférée. On l'y voit venir dès les pre-

---

(1) De 1351 à 1360, la livre tournois changea *soixante et onze* fois de valeur. Michelet, *Hist. de France*, III, 296, note.

miers mois de son règne, et nous avons de lui plusieurs actes datés de Saint-Ouen, en juin 1351 (1). On le voit aussi y faire des travaux d'entretien et de réparation (2).

Mais il ne tarda pas sans doute à s'y trouver trop seul et chercha un motif pour y réunir des amis et y festoyer en leur société. C'est ainsi qu'il imagina d'y créer un ordre de chevalerie.

Que d'autres (3) prétendent qu'il voulut seulement opposer un ordre nouveau à l'ordre anglais de la Jarretière, récemment institué par Édouard III (1345-1350), ou bien que ce fut pour complaire aux nobles et se faire pardonner la spoliation et le meurtre du connétable d'Eu « dont, dit Froissart, (4) toutes manières de bonnes gens furent courroucés. »

Je suis loin de nier le désir qu'il put avoir de nar-

---

(1) C'est d'abord un accord fait entre le roi et le duc et la commune de Gênes au sujet des marques qui avaient été mises sur les effets des sujets de cet Etat. (*Ord. des Rois*, IV, 87. — Voir aussi Arch. Nat., *Cart. des Rois*, K, 47, n° 11, et *Tr. des Ch.* JJ, 81, f° 59, v°, et 139, r°.) — Cette dernière pièce est une renonciation de Jean le Bon à son droit de chasser le gros gibier dans la forêt d'Ermenonville en faveur de son chambellan Robert de Lorris.

(2) Voir, aux *Preuves*, n° LIV, une lettre de rémission en faveur de six bûcherons employés dans le parc du manoir de Saint-Ouen. Ces six bûcherons, appelés sans doute du dehors pour faire quelque travail supplémentaire, avaient été poursuivis pour avoir, dans une rixe, blessé un autre bûcheron, nommé Raoul Legendre, qui habitait le village. Ils obtinrent facilement leur grâce en établissant que Legendre avait commencé par les injurier et les menacer d'un marteau ; ils prétendaient surtout qu'il en serait réchappé s'il ne s'était pas laissé aller, pendant sa convalescence, à des excès qui l'envoyèrent mourir à l'Hôtel-Dieu.

(3) Dacier, *Mém. de l'Acad. des Inscriptions*, t. XXXIX.

(4) Liv. I, partie 2e. Édit. Buchon, I, 299.

guer son voisin d'Angleterre, et surtout la nécessité où il se trouvait de s'attacher la noblesse. Ruinés par les dernières guerres, les seigneurs ne demandaient pas mieux. Ils quittaient en foule leurs châteaux à moitié détruits, où ils ne pouvaient plus vivre en maîtres aux dépens de leurs serfs, pour venir à la cour se faire valets à la charge du roi. Alors commença cette courtisanerie qui arriva à son apogée sous Louis XIV. Le roi ne pourra plus marcher qu'accompagné de sa suite de nobles, à qui il devra donner sans cesse de l'argent, des fêtes, des honneurs, mais chez qui, quelquefois au moins, il trouvera des partisans.

Toutefois, je le répète, je crois que Jean, en établissant l'institution que je vais dire, obéit par-dessus tout à une seule préoccupation (1) : s'entourer de beaux gentilshommes et de gais compères, rappeler les heureux temps d'Arthur et de la Table-Ronde (2), enfin passer aux yeux des dames pour le modèle du parfait chevalier : telle fut l'idée de toute sa vie, telle fut en particulier, à mon avis, l'unique cause du fait qui nous occupe.

---

(1) Cette préoccupation est manifeste dans le préambule des statuts qu'on va lire ; de plus, elle est constante. — Voir la dédicace de la pièce sur les forfaitures, dont je parlerai plus loin (oct. 1352); voir aussi le prologue de la traduction de Tite-Live par Bersuire.

(2) Froissart le dit expressément : « En ce temps et en celle saison devisa et ordonna le roi Jean de France une belle compagnie grande et noble, *sur la manière de la Table-Ronde* qui fut jadis ou temps du roi Artur. » (Éd. Buchon, *loc. cit.*) Ce sont les propres termes dont s'était servi Jehan le Bel. — Voir édit. Polain, t. II, p. 173. Ce n'est pas la seule fois que nous trouverons Froissart copiant textuellement son maître.

Le 16 novembre 1361, se trouvant à Saint-Christophle en Halate, Jean adressa aux princes du sang et à un certain nombre de seigneurs une façon de lettre-circulaire qui est comme les statuts de la nouvelle institution.

En raison de l'importance que présente cet acte pour l'histoire de Saint-Ouen, je n'hésite pas à le reproduire ici en entier (1) :

De par le Roi,

Biau cousin, nous, à l'onneur de Dieu, de Nostre Dame, et en essaucement de chevalerie et accroissement d'onneur, avons ordené de faire une compaignie de chevaliers qui seront appellez les Chevaliers de Nostre Dame de la Noble-Maison, qui porteront la robe ci-après devisée. C'est assavoir une cote blanche, un sercot et un chaperon vermeil, quant ils seront sans mantel; et quant ils vestiront mantel, qui sera fait à guise de chevalier nouvel à entrer et demourer en l'église de la Noble-Maison, il sera vermeil et fourrez de vair, non pas d'ermines, de cendail ou samit blanc; et faudra qu'il aient dessouz le dit mantel sercot blanc ou cote hardie blanche, chauces noires et soulers dorez; et porteront continuelment un annel, entour la verge duquel sera escrit leur nom et surnom, ouquel annel aura un esmail plat vermeil, en l'esmail une estoille blanche, ou milieu de l'estoille une rondele d'azur, ou milieu d'icelle rondele d'azur un petit soleil d'or, et ou mantel sus l'espaule ou devant en leur chaperon un fremail, ouquel aura une estoille toute tele comme en l'annel est devisé.

Et touz les samedis quelque part qu'il seront, ils porteront vermeil et blanc en cote et en sercot, et chaperon comme dessus, se faire le peuent bonnement. Et se il veulent porter mantel, il sera vermeil et fenduz à l'un des costez et touz les

---

(1) Cette ordonnance a été fréquemment imprimée. — Voir surtout D. d'Achery, *Spicilége*, t. III. p. 730; *Ord. des Rois*, t. II, p. 465; Félib., *Hist. de Paris*, t. III, p. 437.

jours blanc dessouz. Et se touz les jours de la sepmaine il veulent porter le fremail, faire le pourront, et sur quelque robe que il leur plaira; et en l'armeure pour guerre, il porteront ledit fremail en leur camail, ou en leur cote à armer, ou là où il leur plaira, apparemment.

Et seront tenuz de jeuner touz les samedis, se ils peuvent bonnement, et se bonnement ne peuent jeuner ou ne veulent, il donront ce jour quinze deniers pour Dieu en l'onneur des quinze joyes Nostre Dame. Jureront que à leur povoir il donront loyal conseil au prince de ce que il leur demandera, soit d'armes ou d'autres choses. Et se il y a aucuns qui avant ceste compaignie aient emprise aucune autre, il la devront lessier, se il peuent bonnement; et se bonnement ne la peuent lessier, si sera ceste compaignie devant, et de cy en avant n'en pourront aucune autre emprendre, sanz le congié du prince.

Et seront tenuz de venir touz les ans à la Noble-Maison, assise entre Paris et Saint-Denis en France, à la veille de la feste Nostre Dame de mi-aoust, dedens prime, et y demourer tout le jour et lendemain jour de la feste jusques après vespres, et se bonnement n'y peuent venir, il en seront creu par leur simple parole. Et en touz les liex où il se trouveront cinq ensemble ou plus à la veille et au jour de la dite mi-aoust, et que bonnement il n'auront peu venir ce jour, au lieu de la Noble-Maison, il porteront les dites robes et orront vespres et la messe ensemble, se il peuent bonnement.

Et pourront les diz cinq chevaliers, se il leur plaist, lever une bannière vermeille, semée des estoilles ordenées, et une image de Nostre Dame blanche, especialment sur les ennemis de la foy, ou pour la guerre de leur droiturier seigneur.

Et au jour de leur trespassement, il envoiront à la Noble-Maison, se il peuent bonnement, leur annel et leur fremail, les meilleurs que il auront faitz pour la dite compaignie, pour en ordener au proufit de leurs ames et à l'onneur de l'église de la Noble-Maison, en laquelle sera fait leur service solemnelment. Et sera tenuz chascun de faire dire une messe pour le trespassé, au plus tôt que il pourront bonnement depuis que il l'auront sceu.

Et est ordené que les armes et timbres de touz les seigneurs et chevaliers de la Noble-Maison, seront paint en la salle d'icelle au dessus d'un chacun là où il sera.

Et se il y a aucun qui honteusement, que Diex ne Nostre Dame ne veuillent! se parte de bataille ou de besoigne ordenée, il sera souspendus de la compaignie, et ne pourra porter tel habit, et li tournera l'en en la Noble-Maison ses armes et son timbre sanz dessus dessous sans deffacier, jusques à tant qu'il soit restituez par le prince et son conseil et tenuz pour relevez par son bienfait.

Et est encore ordené que en la Noble-Maison aura une table appellée la table d'onneur, en laquelle seront assiz la veille et le jour de la première feste les trois plus souffisanz princes, trois plus souffisanz bannerets, et trois plus souffisanz bachelers qui seront à la dite feste de ceulz qui seront receuz en la dite compaignie : et en chascune veille et feste de la mi-aoust, chacun an après en suivant, seront assis à la dite table d'onneur les trois princes, trois bannerez et trois bachelers, qui en l'année auront plus fait en armes de guerre, car nul fait d'armes de pais n'y sera mis en compte.

t est encore ordené que nul de ceuls de ladite compaignie ne devra emprendre à aler en aucun voyage lointain, sanz le dire ou faire savoir au prince.

Lesquiex chevaliers seront en nombre cinq cents, et desquiex nous, comme inventeur et fondeur d'icelle compaignie, serons Prince, et ainsi l'en devront estre nos successeurs Roys.

Et vous avons eslu à estre du nombre de la dite compaignie, et pensons à faire, se Diex plest, la première feste et entrée de la dite compaignie à Saint-Ouen, la veille et le jour de l'Apparition prouchene. Si soyez aus dits jours et lieu, se vous povez bonnement, atout vostre habit, annel et fremail. Et adoncques sera à vous et aus autres plus à plain parlé sur ceste matière.

Et est encore ordené que chascun apporte ses armes et son timbre pains en un feuillet de papier ou de parchemin, afin que les paintres les puissent mettre plus tost et plus proprement là où il devront estre mis en la Noble-Maison.

Donné à Saint-Cristophle en Halate le sixième jour de novembre, l'an de grâce mil trois cent cinquante-un.

Une grande discussion s'est élevée sur la question de savoir si l'ordre de l'Étoile avait été absolument institué, ou si, existant de longue date, il n'avait été que restauré par le roi Jean (1). Je ne rouvrirai pas le débat, qui nous mènerait trop loin. Rappelons seulement, en deux mots, ce qui peut, à cette heure, être regardé comme certain.

André Favyn (2) avait prétendu que la fondation de l'ordre de l'Étoile était due au roi Robert et remontait au mois d'août 1032. Ce qui a d'abord contribué à causer son erreur, c'est qu'aux XIIe et XIIIe siècles, on disait de certaines gens qu'ils étaient *chevaliers le roi;* or on sait que cela signifiait simplement que ces chevaliers avaient été armés par le monarque lui-même, par exemple dans la cérémonie où le roi donnait la chevalerie à son fils. En outre, Favyn avait lu que Robert possédait un oratoire dédié à Notre-Dame-de-l'Étoile, et qu'il appelait la Vierge l'Étoile du royaume. De là cet historien en arriva à supposer que Robert avait créé l'ordre de l'Étoile, et que tous les chevaliers armés depuis par les rois étaient chevaliers de l'Étoile. Malheureusement il se trompait du tout au tout. La Vierge a toujours été très honorée en France ; c'est même une des raisons pour lesquelles le roi Jean

---

(1) Voir : André Favyn, *Théâtre d'honneur et de chevalerie;* Villaret, t. IX, p. 37; Sauval, *Antiquités de Paris*, II, p. 717 ; Lebeuf, *loc. cit.;* Dacier, *Mém. cité;* Vallet de Viriville, *Méd. de Charles VII;* Lacabane, *Cours professé à l'École des chartes*, etc., etc.

(2) *Op. cit.*, p. 569.

avait mis l'ordre de l'Étoile sous sa protection. Mais c'est à cela que se réduit l'influence de Marie sur la nouvelle association, et les termes mêmes de l'ordonnance qu'on vient de lire, et que Favyn ne connaissait pas, prouvent surabondamment que l'honneur de la fondation de l'ordre, si honneur il y a, revient tout entier au roi Jean

Maintenant qu'est-ce, à proprement parler, que cette « compagnie » créée de toutes pièces par Jean le Bon? Faut-il y rechercher, comme beaucoup l'ont fait, le premier ordre de chevalerie, dans le sens actuel du mot? Cet ordre de l'Étoile fut-il, à l'origine du moins, et dans l'intention de son fondateur, un simple titre, une marque de distinction, tels qu'ont été depuis les ordres de Saint-Michel, du Saint-Esprit, de la Toison-d'Or, de Saint-Louis, etc., tel surtout qu'est aujourd'hui l'ordre de la Légion-d'Honneur? Certainement non. Il n'y a, pour s'en convaincre, qu'à lire l'ordonnance de 1351; et si cette lecture ne suffisait pas, j'espère que les faits que j'aurai à rapporter ôteront toute incertitude dans l'esprit du lecteur. Dès à présent, je puis dire que cet ordre fut, ce qu'il avait été du reste dans l'idée du roi Jean, une chose assez compliquée. Ainsi j'y vois une association religioso-militaire dont le roi était le chef, une compagnie de chevaliers qui s'engagaient à se défendre à la guerre, à se faire tuer ou prendre plutôt que de fuir, et devaient se distinguer par un costume et des insignes particuliers. En outre, Jean le Bel et Froissart nous apprennent qu'aux assemblées annuelles chaque compagnon devait dire ses hauts faits, et que son récit serait écrit sur une sorte de livre d'or (1) ; mais ils nous révèlent aussi le dernier objet de l'institution, qui était de créer à Saint-Ouen, dans le manoir royal, une maison de retraite pour les seigneurs vieux ou ruinés (2).

(1) « Et y devoit le Roi, au moins une fois l'an, tenir cour pleniere de tous les compagnons ; et à cette cour devoit chacun des compagnons raconter toutes les aventures, sur son serment, qui avenues lui estoient en l'an, aussi bien les honteuses que les honorables. Et le roi devoit établir deux clercs ou trois sur ses couts, qui toutes ces aventures devoient mettre en escrit, et faire de ces aventures un livre, afin que ces aventures ne fussent mie oubliées, mais rapportées tous les ans en place par devant les compagnons, par quoi on pût savoir les plus preux, et honorer chacun selon ce qu'il seroit. » (Liv. t. p. ii. Éd. Buchon, i, 300, 301.)

(2) « Et se il avenoit que aucun des compagnons de l'Étoile, en vieillesse, eussent mestiers de estre aidés, et que ils fussent affoiblis de corps ou amenris de chevance, on lui devoit faire ses frais en la maison bien et honorablement, pour lui et pour deux varlets, si en la maison vouloit demeurer, afin que la compaignie fust mieux détenue. » (Ibid.)

Voici la version de Jehan le Bel, dont diffère très-peu celle de Froissart, mais que je crois devoir donner presque en entier : « Et promit le Roy de faire une belle maison et grand emprez Saint-Denis, là où tous les compaignons et confrères debvoient estre à toutes les festes solempnelles de l'an, ceulx qui seroient ou pays, s'ilz n'avoient empeschement raisonnable ; et debvoit estre appelée la Noble-Maison de l'Estoille, et y debvoit le Roy chascun an tenir court plainiere de tous les compaignons au moins ; et y debvoit chascun raconter toutes ses aventures, aussy bien les honteuses que les glorieuses, qui avenues luy seroient dès le temps qu'il n'auroit esté à la noble court ; et le Roy debvoit ordonner deux ou trois clercs qui escouteroient toutes ces aventures et en ung livre mettroient, afin qu'elles fussent chascun an raportées en place par devant les compaignons, par quoy on poeut sçavoir les plus proeuz et honnourer ceulx qui mielx le déserviroient. Et ne povoit nul entrer en celle compaignie, s'il n'avoit le consentement du Roy et de la plus grande partie des compaignons présens, et s'il n'estoit souffisant, sans deffaulte de reproeuche…. Et quant aucuns devenroit si viel qu'il ne pourroit plus aler avant le pays, il debvoit avoir son mainage et ses despens oudit hostel atout

Le tout, ordonné pour la plus grande gloire de la chevalerie « en accroissement d'honneur, » et couronné par force pratiques religieuses et somptueux banquets.

Le roi Jean, qui faisait largement les choses, avait décidé, — nous le savons, — que les chevaliers de l'Étoile seraient au nombre de 500 (1). Mais, quels que fussent les avantages qu'offrait le roi aux futurs chevaliers, il semble que la première promotion, soit hâte de la part du fondateur, soit indifférence ou impossibilité de la part des dignitaires, fut loin d'atteindre ce chiffre. Nous ne savons à qui la circulaire fut envoyée, ni combien il y eut d'abstentions ; mais il est probable que la première réunion, qui, — comme je le prouverai, — fut la seule, ne compta guère qu'une centaine (2) de

---

deux varlés, tout le cours de sa vie, s'il y vouloit demourer, affin que la compaignie fust mielx entretenue.... » (Éd. Polain, II, 173-174.) C'est cette dernière clause qui a fait donner, par M. Michelet, aux chevaliers de l'Étoile, l'heureuse qualification d'*Invalides d' Chevalerie* (*Hist. de France*, t. III, p. 294).

(1) Froissart et Le Bel disent 300 ; mais leur chiffre ne peut faire foi, en présence des termes exprès de l'ordonnance.

(2) C'est du moins, en tenant compte de la liste que je vais donner, ce qui semble ressortir du passage suivant de Jehan le Bel où on lit qu'en 1353 les Anglais étant venus en Bretagne secourir la comtesse de Montfort, le roi Jean envoya contre eux « grand foison de gens d'armes et des chevaliers de la Compaignie. Mais, ajoute-t-il, « quand les Anglais sceurent leur venue, ilz firent si soubtillement, par une embusche qu'ilz firent, (que) touz ces Françoys, qui trop avant et trop folement s'embatirent, furent tous tuez et desconfis, *et y furent bien tuez quatre-vingt et neuf chevaliers de l'Estoille*, pource qu'ilz avoient juré que jamais ne fuiroient ; car se le serment ne fut, ilz se fussent bien retrais arriere. Si y en mourut autres pour l'amour d'eulx, qu'ilz eussent par aventure sauvez, se ne fust ce qu'ilz avoient juré et ce qu'ilz doubtoient que il ne leur fust reprouvé à la Compaignie. » (*Ibid.*, p. 174.)

membres. Nous connaissons le nom d'environ seulement trente d'entre eux.

Dacier (1) en a dressé la liste, d'après les comptes d'Étienne de la Fontaine, argentier du roi (2), et divers autres documents. J'avoue n'avoir rien trouvé à y ajouter. A en juger par cette liste, où l'on ne voit presque que des princes du sang et leurs chambellans, la première réunion aurait été une véritable fête de famille.

Voici donc les principaux des seigneurs qui durent se trouver réunis à la Noble-Maison la veille de la première fête de l'ordre, que Jean avait fixée, pour cette fois, au 6 janvier 1352, deux mois après la promulgation de son ordonnance :

Le roi, grand chef de l'ordre ; — ses quatre fils : le dauphin Charles ; Louis, duc d'Anjou ; Jean, duc de Berri ; et Philippe, qu'on a surnommé *le Hardi*, duc de Bourgogne (3) ; — Philippe, duc d'Orléans, frère du roi ; — Louis de Bourbon ; — Charles, comte d'Artois ; — Philippe de Navarre ; — Louis de Navarre ; — le vieux dauphin de Viennois, Humbert II ; — Jean de Chastillon, grand-maître d'hôtel du roi ; — le sire d'Andresel, chambellan du roi ; — le sire

---

(1) *Mém. cité.*
(2) Voir Ducange, *Gloss.*, au mot STELLA ; et *Preuves*, n° LIII.
(3) Bien qu'ils eussent été armés chevaliers dès l'avénement de leur père, il n'est pas inutile de faire remarquer que ces princes étaient fort jeunes. L'aîné, Charles, avait quinze ans. Le roi lui-même avait à peine 34 ans ! C'est ce qui explique et excuse ses folies.

Jean de Clermont, autre chambellan du roi et maréchal de France ; — et quatre chambellans du Dauphin; de plus, Charles d'Espagne, connétable de France.

On compte encore : Jean II, vicomte de Melun, comte de Tancarville ; — Jacques Bozzuto, de la première maison d'Anjou-Sicile (1) ; — le sire de Bavelinghem, capitaine du château de Guines (2) ; — enfin, s'il faut en croire le père Ménétrier (3), Geoffroy de Charny, gouverneur de Saint-Omer.

Jean était pressé de voir tous ces grands seigneurs réunis dans le beau costume qu'il avait inventé, vrai costume de parade, et convenant bien mal à des guerriers. Mais tout ce monde était à court d'argent, comme à l'ordinaire, et disséminé dans le royaume; aussi bien, deux mois pour se préparer à faire bonne figure à la fête, n'était-ce guère. Le jour fixé pour la cérémonie approchait, et aucun n'était prêt ou ne semblait devoir l'être; personne même, peut-être, n'y avait pensé : tous comptaient sur le roi.

Jean, heureusement, veillait et n'attendit pas au dernier jour : c'est lui qui fit tout faire. Même, pour mieux surveiller en personne les préparatifs, il accourt

---

(1) D'après la pierre tombale (voir Ducange).
(2) C'est lui qui quitta son poste pour venir à Saint-Ouen le jour de la fête. (Voir plus bas, et Chron. de Saint-Denis, t. vi, p. 56.) — Ce nom et le suivant nous dévoilent d'ailleurs encore un des motifs de l'institution : s'attacher, par une récompense honorifique, les grands capitaines dont on avait grand besoin pour combattre les Anglais. — Voir Vallet, op. cit., p. 25.
(3) *Traité de la Chevalerie ancienne et moderne.* Voir aussi plus bas.

à Saint-Ouen (1). D'abord, comme il veut que rien ne manque à l'éclat de cette première réunion, il s'occupe de faire orner et tendre de draperies la grande salle où se tiendront la séance et le banquet.

Un mot, en passant, sur cette salle. Sauval (2) semble croire que ce fut Jean qui, pour la circonstance, la fit bâtir. Selon lui, elle était « large de dix toises, longue de vingt, flanquée aux quatre coins de quatre tours rondes, terminée de plus d'une cheminée extraordinairement grande, et aussi haute que le clocher du village. » Bien que cette assertion, si détaillée et précise, ne soit appuyée sur aucune preuve, elle a été reproduite par Lebeuf et par sa suite accoutumée de plagiaires : Dulaure, Delort, Flamant-Grétry, etc.

Or il est évident que Jean n'eut pas à se donner tant de peine. Dans le manoir qu'il avait appelé la Noble-Maison, et qu'il possédait à Saint-Ouen de l'héritage de son aïeul Charles de Valois, il y avait justement, on se le rappelle, une grande salle qui semblait être

---

(1) On a des traces de son séjour vers le milieu de décembre 1351 : « Le dit Estienne, pour une voie de gant sur le pers, et baillé aux trois sommelliers de monseigneur le Dauphin, délivré par mandement donné à Saint-Ouyn, *XVI° jour de decembre.* » (Arch. Nat., KK, 8, f° 16, v°. Compte du 1er juillet 1351 au 4 février 1352.)— Il y était encore le lendemain 17 ; il y vint souvent jusqu'au jour de l'Épiphanie. (Voir *ibid.*, f° 20, r°, et *Trés. des Chartes*, JJ, 81, p. 55, v°. Dans les *Ord. des Rois*, IV, 110, on a un acte donné par lui à Saint-Ouyn, en janvier 1351 (1352 n. s.), très-probablement avant le 5.

(2) *Ant. de Paris*, t. II, p. 717. — Il est vrai que Froissart et Lebel disent : « Et eut adonc en convent (promit) li rois Jehans aux compagnons de *faire une belle maison et grande à son cout* et à son frais delez Saint-Denis, etc. » Mais cette affirmation, qu'aucune pièce diplomatique ne confirme, n'a aucune valeur.

faite pour la circonstance, et dont l'existence, du reste, avait pu n'être pas sans influence sur le choix fait par Jean de ce manoir pour y établir la confrérie de l'Étoile (1). Eh bien ! la découverte du marché passé par Charles de Valois nous permet de la rétablir telle qu'elle était.

Ce n'est pas de quatre tours, comme dit Sauval, mais bien de deux qu'elle était flanquée. Quant à la grande cheminée, « aussi haute que le clocher du village, » je pense qu'il s'agit du pignon de la salle, fort élevé, selon l'acte, et aigu comme tous ceux de l'époque. Enfin, le marché de 1308 dit expressément qu'il y avait sept cheminées, et non pas une seule.

C'est donc bien la salle à nous connue que le roi fit envahir pendant quinze jours par toute une armée de tapissiers, ou *coustepointiers* comme on disait alors. Vers le milieu de la pièce, on éleva un dais au-dessus de la place réservée pour le roi (2). Sur ce dais, on

---

(1) Cette salle, cependant, et le reste des constructions du manoir de Charles de Valois, pouvaient ne pas paraître assez vastes à Jean le Bon pour loger les 500 compagnons qu'il voulait y réunir. Aussi est-il probable que, pressé par le temps, il se contenta d'abord d'approprier les bâtiments qu'il avait à sa disposition, quitte à entreprendre plus tard des agrandissements. En quoi consistèrent les travaux qu'il put faire par la suite? nous manquons de renseignements à ce sujet; mais l'intention du roi est rendue évidente par les pièces justificatives.

(2) Le détail des préparatifs et des folles dépenses qui furent faites alors nous a été conservé dans un compte d'Étienne de la Fontaine, argentier du roi. On en trouvera aux *Preuves*, n° LIII, de nombreux extraits. Malheureusement, le compte qui nous fournit ces renseignements précieux est aujourd'hui incomplet des premières pages. Selon Dacier, il en aurait existé une copie entière dans le cabinet de l'ordre du Saint-Esprit, mais M. Vallet de Viri-

devait d'abord tendre des étoffes azurées, semer des fleurs de lis d'or, et broder trois grandes nues d'argent au centre de chacune desquelles eût été une étoile. Mais, soit que le temps, soit que les fonds nécessaires aient manqué, il fallut changer d'avis, et, contrairement à ce que dit Ducange, se contenter d'un ciel de drap d'or et d'argent.

L'or brillait encore sur tous les murs de la salle, recouverts de velours et de draps vermeils (1). On peignit aussi tout autour, selon les termes de l'ordonnance, les timbres et armes des seigneurs convoqués. C'est du moins là ce que je crois reconnaître dans les « pennonceaux à trompe » que je vois commandés pour cette fête (2).

En même temps, on ornait la chambre à coucher du roi, encourtinée partout d'étoffes brodées et de

---

ville (*op. cit.*, p. 30, note 3) affirme l'avoir vainement cherchée. Je n'ai pas été plus heureux. Nous en sommes réduits, pour les parties perdues, aux fragments donnés par Ducange au mot *stella* de son glossaire, ce qui est fort peu de chose. Je reproduis en note tous ces fragments, même ceux qui font double emploi avec la pièce justificative n° LIII; mais il faudra toujours se reporter à cette pièce, qui est plus exacte et dont la lecture, que je recommande vivement, est pleine de révélations piquantes.

D'autres fragments de ce compte ont été publiés aussi par Leber (*Coll. de diss. sur l'hist. de Fr.*, t. XIX, pp. 89-95), mais d'après une mauvaise copie également incomplète. Enfin le compte du terme suivant, imprimé intégralement par M. Douet d'Arcq, contient encore des mentions relatives à la fête de l'Étoile. J'y renverrai aussi.

(1) Voir Ducange, et Douet d'Arcq, *Comptes de l'argenterie*, p. 150 : « Des draps vermeux achetez pour les encourtinements faits en la Noble-Maison à la feste de l'Estoile. »

(2) *Preuves*, pp. 67 et 68.

velours (1); puis ce fut le tour des chambres de ses fils, et même de celle de « maistre Jehan, » son fou (2)!

Et l'on commande des meubles d'apparat, des « chaires » dorées, peintes, sculptées à jour, qu'on recouvre de moelleux coussins! Les tapissiers ne savent où donner de la tête : il leur faut encore broder des nappes, préparer de splendides tapis.

Enfin c'est l'oratoire royal que l'on revêt à son tour tout entier de drap brodé d'or, pendant que l'on étend à terre de grandes pièces de velours vermeil (3) et que l'on termine le « carreau » sur lequel le roi s'agenouillera. C'est là aussi qu'en attendant la cérémonie on dépose la couronne et l'aumuce resplendissantes de perles et de pierreries.

Et le clergé, qui allait présider à la fête religieuse, ne lui fallait-il pas aussi payer de nouveaux vêtements sacerdotaux? et l'autel, ne devait-on pas le couvrir de fines nappes et de délicates broderies? Que sais-je encore? tout fut fait de neuf pour la circonstance (4).

---

(1) « Pour faire et ouvrer les trois estoilles de broudeure qui furent mises et assises en la courtepointe, ciel et cheveciel de la dite chambre. » (Ducange, et *Preuves*, pp. 66 et 68.)

(2) « Pour sept aunes et demi de drap vermeil, delivrez en ce terme, pour faire une couvertoueir à lit pour le dit fol. » (Douet d'Arcq, *loc. cit.*)

(3) *Preuves*, p. 66. — Conf. Viollet-Leduc, *Dictionnaire*, au mot ORATOIRE.

(4) « Guillemete de la Pomme, marchande de toile, pour 21 aunes de toile bourgeoise baillées à Asseline Dugal, couturière du Roy, par mandement du Roy rendu à court, pour faire et livrer pour la chappelle de la Noble-Maison trois aubes et trois amics, chascun

Cependant les seigneurs invités ne bougeaient toujours pas. L'Épiphanie approchait, et d'eux point de nouvelles. Qui est-ce qui fera faire tous ces beaux habits, ces agrafes, ces anneaux si sagement ordonnés et si minutieusement décrits ? Le roi, toujours le roi ! et non-seulement il équipe à ses frais ses fils et les autres princes du sang, mais encore les chambellans et le reste des chevaliers.

Les comptes de l'argenterie sont encore là pour nous dénoncer tout ce luxe. Jean s'adresse d'abord aux tailleurs et aux fourreurs. Ce ne sont que draps d'écarlate, pièces de velours, peaux d'agneau, d'hermine, de menu vair, de martre (on était en janvier), pour faire des surcots, des manteaux, des chaperons, des souliers endiamantés à tous ces princes, et des housses à leurs chevaux (1) !

Vient le tour des orfèvres. On leur commande les *fermaux* et anneaux d'or à l'Étoile décrits par les statuts (2). Il y en a pour tout le monde : « Pour

---

aube et amict de 7 aunes; 4 sous pour l'aune valent 4 livres 4 sous parisis.

» La dicte Guillemete, pour 14 aunes de semblable toille, baillées à la dicte Asseline, pour faire quatre touailles d'autel délivrées en la chappelle du dit Noble Hostel, 36 sous parisis.

» La dicte Guillemette, pour 10 aunes de toille de Rainz pour faire deux seurpliz pour la dicte chapelle, 4 livres parisis. » — (Douet d'Arcq, *op. cit.*, p. 94.)

(1) *Preuves*, n° LIII, pp. 63 et suiv.

(2) Je n'ai pu retrouver un seul de ces émaux au Louvre ni dans les expositions ou collections à moi connues. Il serait pourtant bizarre qu'il ne s'en fût pas conservé.

Du reste, on n'en trouve déjà même plus de mentionnés dans les inventaires si riches de Charles V et de Charles VI, à moins

faire et forger une estoille d'or sans pierrerie et un anel d'or à l'estoille que le Roi luy donna (au duc d'Orléans)...

» Pour faire et forger une estoille sans pierrerie et un anel d'or à l'estoille, ouquel son nom estoit esmaillé (au comte d'Anjou)...

» Pour faire et forger, du commandement du Roy, un anelet d'or à l'estoille, pour le vieil Dauphin, ouquel anel estoit son nom esmaillé, etc., etc. (1). »

Et tous ces ouvriers se pressent, tous travaillent « en grande hâte, jour et nuit (2), » afin d'être prêts à temps. C'est Jean qui régale !

Le grand jour arrive enfin, je veux dire la veille de l'Épiphanie. Saint-Ouen vit accourir tous ceux que j'ai nommés plus haut.

A l'heure de prime ces nobles compagnons furent réunis à la chapelle (3). La messe dite, le roi fit chevaliers de l'Étoile tous les seigneurs présents (4). Puis ils prêtèrent serment de donner « loyal conseil au prince de ce qu'il leur demandera, soit d'armes, soit d'autres choses. » (Froissart.) Ensuite il est pro-

---

qu'on ne veuille voir un fermail à l'Étoile dans le n° 452 de l'inventaire de 1418 : « Item un fermail d'or esmaillé d'azur des noms des trois roys d'une part et *Ave Maria* d'autre. » (Douet d'Arcq, *Choix de pièces sur Ch. VI*, II, 345.)

(1) Ducange, et *Preuves*, pp. 69 et suiv.
(2) *Preuves*, pp. 68 et 74.
(3) Voir les statuts.
(4) Voir Ducange, *ibid.*: « Pour une courtepointe pour un de nos seigneurs fils du Roy, *qui furent chevaliers à la noble feste.* » Cependant, selon la *Chronique des quatre premiers Valois*, p. 24, il n'en aurait été fait que neuf.

bable qu'on distribua à chacun les insignes de l'ordre, anneaux et agrafes, car tout fait supposer qu'ils ne les avaient pas apportés en venant, ainsi que l'exigeaient les statuts (1).

Ces pratiques religieuses terminées, on va cavalcader devant les princesses et les dames, exclues de la fête, et l'on se rend dans la grande salle, où est préparé le banquet. Le roi prend place à la table du milieu, sous le dais que nous connaissons ; mais il est à craindre que le nombre restreint des seigneurs présents n'ait pas permis d'obéir à l'article des statuts ordonnant qu'à cette table d'honneur seraient assis « les trois plus souffisans princes, les trois plus souffisans banneretz, les trois plus souffisans bachelers. »

Alors tous ces beaux costumes, ces émaux où l'azur étincelle, la splendeur de la vaisselle d'or et d'argent, la richesse des tentures et des bannières brodées, le

---

(1) Est-ce à ce moment qu'il faut placer un fait rapporté par le P. Ménétrier et Galland? Faute de preuves, je n'en sais ni plus ni moins que Dacier : « M. Galland, dit-il, avait vu, dans le cabinet de M. Foucault, un ms. intitulé : « Demandes pour le » tournoy que je, Geoffroy de Charni, fais à haut et puissant » prince des chevaliers de Nostre-Dame de la Noble-Maison à estre » jugé par vous et les chevaliers de vostre noble compaignie. » C'est peut-être dans cet ouvrage que le P. Ménétrier avait trouvé de quoi fonder la qualification de chevalier de l'Étoile qu'il donne à Charni. Ne sachant ce qu'est devenu le ms. d'où j'aurais pu tirer des éclaircissements utiles à mon sujet, je suis obligé de m'en tenir au témoignage du P. Ménétrier. » — Le titre donné par Galland (*Mém. de l'Ac. des Inscript.*, t. II, p. 739) diffère un peu de celui que rapporte Dacier. Il dit seulement que dans un manuscrit en prose, sur vélin, se trouve au commencement une *pièce de vers* intitulée : « Demandes touchant l'ancienne chevalerie, faites au prince des chevaliers de Notre-Dame de la Noble-Maison. » Ce Geoffroy de Charni est nommé aux *Preuves*, p. 67.

son des instruments retentissants dans la vaste salle (1), enfin la légitime satisfaction que donne la réussite d'une grande œuvre, contribuèrent à enivrer le bon roi et remplirent son âme d'une joie pure! Et le soir, « sous sa courtepointe à étoiles, » il se vit déjà, second Arthur mêlé de don Quichotte, à la tête d'une nouvelle Table-Ronde, attaquant le fort, défendant le faible, ramenant à leur père les princesses enlevées, soutenant les gentilshommes invalides, mais les conduisant, valides, aux batailles et aux tournois, le tout avec accompagnement de bonne chère, entrecoupée de jeûnes en l'honneur de la Vierge!

Le lendemain (vendredi 6 janvier 1352), c'était le jour des Rois. La cérémonie recommença; on retourna à la messe, puis à vêpres, puis au banquet (2).

Et pendant que le roi de France et ses amis paradaient et festoyaient ainsi, les Anglais, en dépit des traités, et ne trouvant ni chefs ni armée sur leur passage, revenaient se promener en vainqueurs dans son royaume. C'est ainsi qu'au beau milieu de la fête on apprit que l'une des places les plus fortes, la ville et le château de Guines, était tombée entre leurs mains. Que voulez-vous? le gouverneur du château, le sire de

---

(1) Voir une miniature du manuscrit des *Chron. de Saint-Denis*, représentant la fête de l'Étoile, Bibl. Nat. f. fr., 2813 (anc. 8395), f° 394 r°.—Le roi est sous son dais; à côté de lui sont six personnes et trois écuyers; au dessous, deux musiciens. Cette miniature importante a malheureusement été retouchée. Les étoiles qui s'étalent sur la poitrine de plusieurs personnages sont évidemment d'une main plus moderne et ne peuvent fournir aucun renseignement précis à l'histoire.

(2) Conf. les statuts et la *Chr. des 4 premiers Valois*, p. 23.

Bavelinghem, était alors à Saint-Ouen, banquetant au milieu des nouveaux chevaliers (1) !

Qu'importait d'ailleurs au roi ? Il avait, cela est vrai, perdu une place importante, mais combien de partisans ses munificences ne lui avaient-elles pas faits ? Et puis ne s'était-on pas bien amusé ? n'avait-on pas tout brisé, tout détruit, ce qui est, comme chacun sait, la preuve d'une grande liesse ?

Mais bientôt arriva l'heure de payer les pots cassés. Outre ce que la solennité lui avait déjà coûté auparavant en dépenses et en frais de toute sorte, Jean eut encore, la fête terminée, à solder les dégâts commis par ses brillants et joyeux compagnons et à réparer les pertes.

Dès les premiers mois qui suivirent, on voit les fournisseurs du roi venir se plaindre à la file. C'est surtout la vaisselle d'or et d'argent qui semble avoir souffert, et, ce qui est pis, la vaisselle empruntée, au dernier moment, par le roi à de riches orfèvres ou aux officiers de sa cour (2).

---

(1) « Durant ceste feste de l'Estoille fu prise par traïson des Anglais la ville et le chastel de Guynes : car bonnes trieves estaient jurées entre les roys de France et d'Angleterre. Et pour ce, en cette seurté, estoit venu veoir la dite feste, le sire de Bavelinguehem, capitaine et garde du dit lieu. » (*Chron. de Saint-Denis*, éd. P. Paris, t. VI, p. 51.) — « Et quelque (pendant que) le bernage, les princes et les barons de France estoient en ceste feste, le roy Édouart, qui tant estoit sage et soutif à la guerre, vint à Kalais, et son aisné filz le prince de Galles, et firent escheller par le conte de Glos et le sire d'Ancelle et monseigneur Jehan de Chandos le chastel de Guines, lequel fut prins des Anglais. » (*Chron. des Valois*, p. 24.)

(2) « Pierre le Blont, orfèvre, pour une escuelle d'argent toute neuve, pesant un marc quatre onces, livrée, XIIIe jour de février,

Il y en eut même qui fut perdue et volée (1) ! Sur quoi les méchantes langues du temps ne manquèrent sans doute pas de prétendre que quelqu'un des grands seigneurs invités avait dû s'en servir pour relever le taux fort déprécié de ses monnaies (2).

à messire Symon de Bucy, chevalier et conseiller du roy, pour et au lieu d'une autre escuelle d'argent de semblable pois, qui fut perdue en la Noble-Maison, en la feste de l'Estoille, laquelle il *avoit prestée lors*, avec autre vaisselle *empruntée* pour le service de la dicte feste, et aussi pour sa peine de redrécier et netoier autre vaisselle d'argent du dit messire Symon, *froissiée* de piez à la dicte feste; auquel redressement et appareil entre une once d'argent; pour tout, par la cédule du Roy rendue à court : 12 escus, 12 sous p. la pièce, 7 liv. 4 s. p. » (Douet d'Arcq, *Compt. de l'arg.*, p. 123.)

(1) On emporta jusqu'à de grands draps lamés d'or et d'argent. Et, chose qui donne une triste idée de la surveillance exercée, de vastes coupes « à boire vins nouveaux » ne se retrouvèrent pas non plus. (*Preuves*, pp. 67 et 73.)—Une nouvelle preuve de l'orgie à laquelle s'abandonna la cour en cette occasion se trouve dans une lettre de rémission accordée à un sergent qui, revenant ivre de la fête de l'Étoile et trouvant sa place occupée au logis conjugal, se serait laissé aller à des voies de fait. Je n'ai pu découvrir cet acte de bien naturelle clémence à l'égard d'un complice, l'indication de son existence ne m'en ayant été donnée que d'une façon malheureusement insuffisante.

(2) Après la fête, le roi resta quelques jours à Saint-Ouen, occupé à constater et à réparer tous ces dégâts. Plusieurs de ses actes furent signés à la Noble-Maison au mois de janvier 1352. (Voir *Ord. des Rois*, IV, 110, et Arch. Nation., *Trés. des Ch.*, JJ, 81, f°s 39 v°, 45 v° et 59 r°.)

CHAPITRE VI.

Dissolution de l'ordre de l'Étoile. Le roi Jean attribue les forfaitures et les épaves à la Noble-Maison et à la chapelle de l'ordre. (1352-1356.)

La fête des 5-6 janvier 1352 eut un immense retentissement (1). Tous les historiens contemporains, nous l'avons vu, en parlent, et sont d'accord pour en célébrer l'éclat et la magnificence. Mais ce fut un beau jour sans lendemain : les mêmes historiens, par leur silence, nous en fournissent la preuve.

C'est faute d'avoir remarqué ce silence que l'on a jusqu'ici embrouillé comme à plaisir une question qui me paraît fort simple. D'innombrables recherches, consignées dans de longues dissertations (2), ont été faites pour savoir ce qu'était devenu un ordre aussi pompeusement inauguré. On se serait épargné toute cette peine si l'on s'était borné à se poser les questions suivantes : Quelles sont les autres fêtes de l'ordre de l'Étoile après le 6 janvier 1352? A-t-on conservé quelque part l'indication que Jean, ou quelqu'autre roi, à

---

(1) Dès l'année même, l'exemple de Jean fut imité. Le jour de la Pentecôte 1352, Louis de Tarente, roi de Naples et de Jérusalem, institua dans la capitale de son royaume l'ordre du « Saint-Esprit au droit désir. » —Le magnifique manuscrit des statuts de cet ordre, qui était à la Biblioth. Nat., a été reproduit en *fac-simile* par M. H. de Vieil-Castel. Paris, 1853, in-f°.

(2) Voir les ouvrages cités de Favyn, Sauval, Lebeuf, Dacier, Vallet de Viriville, Stenackers, Félibien, etc., etc.

l'époque indiquée par l'ordonnance de 1351, le 15 août, ait réuni les chevaliers de l'Étoile au chef-lieu de l'ordre, la Noble-Maison de Saint-Ouen, ou ailleurs? Est-il resté quelque souvenir officiel d'une cérémonie quelconque, ou seulement trouve-t-on dans les notes des fournisseurs de la cour des réclamations semblables à celles dont il vient d'être parlé ? Y a-t-il enfin, une seconde fois, dans les comptes de l'argenterie, la mention d'aussi fortes dépenses ?

Et l'on aurait été forcé de se répondre chaque fois non, car on n'aurait rien trouvé, absolument rien.

Au lieu de cela, l'imagination ou l'absence de méthode a égaré tous ceux qui se sont jusqu'à présent occupés de ce sujet. On n'a pas pu admettre qu'une aussi belle institution, après avoir fait tant de bruit, ait eu si peu de durée, et on en a cru voir partout des traces.

Les uns, sur la foi de je ne sais quel passage de Brantôme, veulent que l'ordre de l'Étoile ait été tellement prodigué par Charles V et Charles VI, qu'il finît par tomber en discrédit. D'après leur opinion, qui est généralement admise, c'est quand cet ordre fut ainsi discrédité que Charles VII dut le donner, par mépris, au Chevalier du Guet, en 1455. Tel n'était pas l'avis de Sauval, suivant lequel cet ordre, après avoir, au contraire, été encore assez considéré, du temps de Charles VII, pour que ce roi pût songer à en honorer son gendre Gaston de Foix, ne fut aboli que par Charles VIII, « à cause de l'ordre de Saint-

Michel que Louis XI avait institué à sa place (1). »
Tel n'est pas non plus l'avis de M. Troche (2), qui
déclare, sans dire d'après quelle autorité, que, si, dans
une assemblée des grands officiers de la couronne
tenue à Clichy en 1445 (?), Charles VII ôta de son cou
le ruban de soie noire auquel était suspendu l'ordre de
l'Étoile en or, pour en décorer le Chevalier du Guet,
cette disposition royale renfermait une pensée de pieuse
protection pour la ville de Paris et ses habitants, et
cela par la raison, ajoute-t-il, que « l'ordre de Notre-
Dame de l'Étoile avait la sainte Vierge pour patronne
titulaire. » D'autre part, Dacier (3), après une bonne
réfutation de l'opinion de Sauval, avait expliqué la faveur dont l'Étoile passait pour avoir joui sous Jean le
Bon et son fils, en supposant que c'était alors le seul
ordre de chevaliers français. Mais à cela M. Vallet de
Viriville a répondu que tous les textes sur lesquels
s'appuie Dacier pour établir que l'ordre du roi doit
alors s'entendre de l'ordre de l'Étoile ne prouvent
rien; car, selon le regretté professeur, il y eut, au
XIVe siècle, un autre ordre de chevalerie, l'ordre de la
Cosse de Geneste, et ce serait celui-là seul que l'on
verrait toujours représenté.

Je n'en finirais pas si je voulais relever tout ce qui a été
écrit sur cette question. Aussi bien, les mêmes controverses qui s'étaient déjà élevées à propos de l'institu-

---

(1) *Ant. de Paris*, II, 718.
(2) *Revue archéologique*, t. VII, p. 17.
(3) *Hist. de l'Ac. des inscript.*, XXXIX, pp. 696 et suiv.

tion des chevaliers de l'Étoile reprennent ici de plus belle au sujet de leur destinée. Et pourtant, ici comme dans le premier cas, la chose, je le répète, ne demandait pas tant de science : pour trouver la solution de ce problème historique, l'on n'avait qu'à ouvrir Froissart.

Remarquez d'abord que ce grand coloriste, cet admirateur de belles fêtes, qui aime tant à les décrire, et qui n'avait pas laissé passer la cérémonie des 5-6 janvier, n'aurait pas manqué de nous raconter les fêtes suivantes, en quelque lieu qu'elles se fussent tenues. Or non-seulement il se tait sur ce point, ainsi que tous les autres historiens et tous les titres, mais il dit même implicitement le contraire (1).

« Or avint que, assez tôt après cette ordonnance emprise, grant foison de gens d'armes issirent hors d'Angleterre et vinrent en Bretagne pour conforter la comtesse de Montfort. Tantost que le roi de France le sceut, il envoya celle part son maréchal et grant foison de bons chevaliers pour contrester aux Anglois. En cette chevauchée alerent grant foison de ces chevaliers de l'Étoile. Quant ils furent venus en Bretagne, les Anglois firent leur besogne si subtilement que, par un embûchement qu'ils firent, les François, qui s'embattirent trop avant follement, furent tous morts et déconfits; et y demeura mort sus la place messire

---

(1) Notons, en outre, que le chapitre qui contient le récit de l'institution de l'ordre de l'Étoile, et se termine par le paragraphe que je reproduis ici, porte ce titre significatif : « Comment le roi Jean ordonna les chevaliers de l'Étoile à la Noble-Maison delez Saint-Denis, *et comment meschef advint à cette noble compagnie.* »

Guy de Nelle, sire d'Aufemont en Vermandois, dont ce fut dommage, car il étoit vaillant chevalier et preux durement; et avec lui demeurèrent plus de IIII^{xx} et x chevaliers de l'Étoile, pour tant qu'ils avoient juré que jamais ne fuiroient : car si le serment n'eut été, ils se fussent retraits et sauvés. *Ainsi se dérompit cette noble compagnie de l'Étoile, avec les grands meschefs qui avinrent depuis en France, si comme vous orrez recorder avant en l'histoire* (1). » Jehan le Bel, qui est contemporain des faits, qu'on ne l'oublie pas, était allé bien plus loin encore. Immédiatement après avoir raconté aussi la mort des chevaliers de l'Étoile dans des termes que Froissart, du reste, n'a fait que copier, il ajoute ce peu de mots catégoriques : « *Oncques puis ne fut parlé de cette noble compaignie, et m'est avis qu'elle soit allée à neant*, et la maison vague demourée; si m'en tairay et parleray d'autre matière (2). »

Ainsi, selon Froissart et Jean le Bel, dès l'année même de son établissement, l'ordre de l'Étoile se serait « dérompu. » C'est, ce me semble, aller vite en besogne. L'institution subsista au contraire quelque temps, et fut regardée comme sérieuse par son fondateur et ses membres. Nous allons en voir tout à l'heure quelques preuves. Mais ce qu'on peut affirmer

---

(1) Ed. Buchon, *loc. cit.* Conf. Ed. Kervyn, t. v, p. 308.
(2) Ed. Polain, t. II, p. 174. — Dacier, je le sais, ne pouvait connaître Jean le Bel, découvert seulement de nos jours, mais Froissart, sur lequel j'insiste à dessein, il le connaissait bien, puisqu'il en avait préparé une édition !

hardiment, c'est que toute l'histoire de l'ordre tient pour ainsi dire dans les deux journées de janvier 1352. En outre, il n'y eut qu'une seule promotion, celle que nous connaissons, et encore ne fut-elle pas longtemps sans disparaître. Froissart vient de nous apprendre que quatre-vingt-dix chevaliers de l'Étoile furent tués ou pris en Bretagne (Jean le Bel dit quatre-vingt-neuf). Attendons seulement quatre ans : une lutte acharnée et terrible, une guerre qui devait durer cent ans, sera reprise. Jean, occupé à défendre le royaume contre les Anglais et à extorquer des subsides aux États-Généraux, aura moins de temps et d'argent à donner à l'accomplissement de ses projets chevaleresques. Et dès le début, dès la bataille de Poitiers, tout ce qui restait de membres de notre ordre se fera tuer ou s'en ira avec le roi prisonnier en Angleterre.

Je me trompe, il en restera un vivant en France : le dauphin Charles. Mais au milieu des désastres de la guerre civile, il se souciera peu, cet homme sérieux et froid, de la brillante société de secours mutuels créée par son brouillon de père. Après avoir reconnu que cette institution, qui après tout contenait une idée généreuse, a pu être conservée comme marque de distinction, leur vie durant, par ceux qui en avaient été dès l'abord honorés, laissons donc d'obstinés et zélés historiens reconnaître à leur guise les traces de l'ordre de l'Étoile dans les colliers de fantaisie accrochés par Charles VI et Charles VII au cou de quelques courtisans ; laissons-les déplorer la défaite et la captivité de Jean le Bon, sans lesquelles, selon eux, l'ordre de l'Étoile eût peut-être prospéré, et, pour nous, revenons à Saint-Ouen, car, si l'ordre périt, la maison demeura, et c'est elle seule qui nous occupe.

D'ailleurs, bien que les embarras où fut jetée la France aussitôt après la fête de l'institution de l'Étoile aient dispersé les chevaliers de l'ordre et rendu impossibles, selon moi, de nouvelles assemblées, ils n'empêchèrent pas le roi Jean, toujours confiant en des jours meilleurs, de chercher à maintenir et à compléter la fondation qu'il avait entreprise. Quelles que fussent alors ses préoccupations, on le voit sans cesse désireux, pendant quatre ans encore, de 1352 à 1356, d'enrichir et d'agrandir la Noble-Maison, et cela principalement en tant que siége de sa chère chevalerie. En ce sens, l'on peut dire qu'en exposant le récit des faits relatifs, dans cet espace de temps, à la Noble-Maison de Saint-Ouen, nous continuerons à écrire l'histoire de l'ordre de l'Étoile.

Les premiers soins du roi furent pour la chapelle. Dans la précipitation de la création de l'ordre, puis au milieu des préparatifs de la cérémonie, Jean n'avait pas eu le temps de s'occuper d'en construire une digne de l'ordre. Il est probable que pour cette fois il avait décidé qu'on se servirait de la chapelle établie par son grand-père dans la Noble-Maison, comme il avait déjà utilisé la grande salle et tout le manoir. Cette chapelle, vu le nombre encore restreint de la première promotion des chevaliers, put suffire à les

h

contenir, et l'on se contenta, pour la circonstance, de la tendre de riches draperies.

Mais, avant de poursuivre, il convient de nous arrêter ici un instant; je prévois une objection, et j'y veux dès à présent répondre. On pourrait s'élever contre la supposition que je viens de faire, en disant : La chapelle fondée par Charles de Valois était consacrée à Saint-Georges, et c'est toujours sous ce titre que nous l'avons vue désignée. Celle, au contraire, qui se trouve pour le moment en question, est appelée, dans les statuts de novembre 1351, « église de la Noble-Maison, » dans la donation dont il s'agira tout à l'heure, « chapelle de l'Étoile, » et enfin, dans les actes de la fin du siècle, « chapelle du roi (1). » Pourquoi vouloir qu'une église, après avoir été appelée par son fondateur chapelle Saint-Georges au début du XIVe siècle, perde son nom pendant cinquante ans pour le reprendre trois siècles plus tard? N'est-il pas plus naturel de supposer qu'il y eut dans la Noble-Maison au moins deux chapelles : l'une fondée du titre de Saint-Georges par Charles de Valois, et encore nommée ainsi en 1643 (2), et l'autre désignée par des appellations différentes mais qui toutes s'adressent clairement à la chapelle de l'ordre de l'Étoile?

La réponse n'est pas difficile : la chapelle qui se trouvait dans le manoir royal en 1351 était devenue

---

(1) *Preuves*, pp. 109 et 112.
(2) *Preuves*, n^{os} L et LI.

tout naturellement la chapelle de l'ordre; elle perdit alors le nom de Saint-Georges qu'elle portait auparavant, et cela par suite de l'éclat de la nouvelle institution qui rejaillit un instant sur tout le manoir; puis, quand, l'ordre de l'Étoile s'étant éteint, la Noble-Maison ne fut plus de nouveau, comme nous le verrons bientôt, qu'un simple château royal, personne ne songea à appeler cette chapelle autrement que chapelle du roi, pour la distinguer de l'église paroissiale qui en était voisine; et, si plus tard le nom de Saint-Georges reparut, ce n'est que dans un seul acte destiné à constater les droits d'un chapelain et reproduisant presque mot pour mot l'ordonnance de Philippe de Valois de 1331. Et d'ailleurs, au XVIIe siècle, c'est l'acte lui-même qui le dit, la chapelle Saint-Georges n'existait plus depuis longtemps.

A propos de la chapelle, laquelle, du reste, pas plus que le manoir, ne fut sans doute jamais complétement achevée (1), j'ai encore quelques mots à dire. Le P. Héliot (2) et beaucoup d'autres prétendent que les fêtes et assemblées de l'ordre de l'Étoile se tenaient dans l'église de Notre-Dame-des-Vertus, à Aubervilliers. J'ignore quelle peut avoir été la source de cette fable, mais je sais que, si les actes ne sont pas d'accord sur le nom à donner à la chapelle de Saint-

---

(1) Du moins est-ce ainsi qu'on peut interpréter les paroles de Jean le Bel et de Froissart: « Si fut la Noble-Maison presque faite. »

(2) *Histoire des Ordres religieux* (voir Dacier, *Mém. cit.*, p. 666, note *l*).

Ouen, ils s'unissent tous pour dire qu'il y avait au moins une chapelle dans ce manoir ; ils ne portent surtout aucun souvenir d'une cérémonie quelconque de l'ordre de l'Étoile qui se serait passée ailleurs qu'à la Noble-Maison (1).

Du reste, s'il en était besoin, j'aurais encore un nouveau témoignage que le siége religieux de l'ordre de l'Étoile était à Saint-Ouen, et n'était que là.

Jean avait fait faire (2) un recueil de prières en prose française, contenant le serment que prêtaient les chevaliers, leurs pratiques religieuses, leurs obligations, leurs priviléges. Or, quel était son titre ? « Oraisons de la feste Notre-Dame mi-aoust, qui fu faite à l'*ostel*

---

(1) Cette bévue historique doit tomber devant le même mépris que celles que nous avons déjà signalées. J'ai dit le cas qu'il fallait faire de l'opinion qui attribue à Robert la fondation de l'ordre de l'Étoile, et des médailles à l'Étoile, ainsi que les colliers à l'Etoile. Que n'a-t-on cherché à rattacher à la compagnie chevaleresque, instituée par Jean le Bon ! Trouve-t-on quelque part le mot *étoile*, vite il faut que l'objet qui le porte ait un rapport avec la compagnie du même nom. C'est ainsi que, selon Dacier, *Jacques de Brie*, dans sa *France métallique*, publie une médaille représentant une étoile rayonnante, surmontée d'une couronne, avec ces mots : « MONSTRANT REGIBUS ASTRA VIAM, » et en conclut que c'était là la devise des chevaliers de l'ordre de l'Étoile. Sur quoi appuie-t-il son dire ? Sans doute sur la concordance des mots. Ce qui n'a pas empêché vingt personnes de répéter depuis que *monstrant regibus astra viam* était la devise des chevaliers de la Noble-Maison, et les badauds de les croire ! Encore un fait, admis sans conteste, que nous regarderons comme absolument faux, les statuts de l'ordre et tous les monuments n'en faisant nulle part mention.

(2) Bien que le titre porte : « Oraisons de la feste Notre-Dame mi-aoust, *qui fu faite* à l'ostel de Saint-Ouyn pour la feste de l'Estoille, » cela ne contredit pas mon assertion, à savoir qu'il n'y eut que la fête de l'Epiphanie 1352. Ces oraisons furent composées d'avance, en vertu et sur la foi des statuts de l'ordre.

de Saint-Ouyn pour la feste de l'Estoille, et sont en prose, en françois, en un tres petit livret, et les fist frère *Pierre d'Asnières* (1). »

Conclusion de cette longue mais indispensable digression : il n'y avait dans la Noble-Maison qu'une chapelle, et c'est celle-là seule, et non une autre, qui servit à la société de l'Étoile.

Mais cette chapelle, pour la rendre digne du nouvel ordre de chevalerie dont elle devenait l'église, il fallait la doter plus richement qu'elle ne l'était depuis Charles de Valois. C'est à quoi, je l'ai dit, Jean songea tout d'abord. Cependant, quelque diligence qu'il y apporta, quelqu'un fut encore plus empressé que lui et se montra plus vite généreux envers Notre-Dame de l'Étoile. Ce fut le chapelain en personne, celui-là même qui avait, sans aucun doute, officié pendant les fêtes de l'Institution (2). Ce chapelain était, du reste,

---

(1) Ainsi que l'a bien lu Lebœuf. M. Van Praet a imprimé : *Pierre d'Asincors*. (Voir *Inventaire de la Bibliothèque de Charles V au Louvre*, par Gilles Malet, Bibl. Nat., Mss. fr. n° 2700, f° 22, r°.) Malheureusement ce petit livre, qui devait contenir des renseignements précieux pour nous, n'avait déjà pas pu être retrouvé à la bibliothèque du roi du temps de Dacier (note *a*, p. 10), et il n'est pas signalé par M. Léop. Delisle (*Cabinet des mss. de la Bibl. nat.*) comme existant aujourd'hui rue de Richelieu, ou dans d'autres bibliothèques.

(2) Aucun des historiens de Saint-Ouen (pas même Lebœuf) qui rapportent cette donation ne connaissait l'intérêt immédiat qu'avait Henri de Culent, en tant que chapelain, à enrichir la Noble-Maison. Ce n'est qu'après de longues recherches que je suis moi-même parvenu à découvrir le fait dans une charte du registre 81 du *Trésor des Chartes*. (Voir aux *Preuves*, n° LVI. p. 81.) Que dire, après cela, de cette assertion de l'abbé Lecanu, dont je demande pardon d'avoir si souvent à m'occuper : « Cette donation, d'Henri de Culent, dit-il, achève de démontrer que l'église de

riche et noble ; il se nommait Henri de Culent, avait le titre d'archidiacre de l'église de Thérouanne, et était seigneur de Langennerie, au diocèse d'Orléans. Dès le mois de mai 1352, il se dépouille de son domaine de Langennerie en faveur de la chapelle dont il était titulaire ; il s'en réservait seulement l'usufruit sa vie durant. Son intention était que cette donation, qui était assez considérable, servît à entretenir une ou plusieurs prébendes dans l'église de la Noble-Maison (1).

Jean le Bon, comme on le pense bien, s'empressa d'approuver la donation. Il s'engagea, en outre, à ne rien réclamer de Henri de Culent, ni des chanoines qui jouiraient par la suite de cette donation, et fit l'abandon du droit de gruerie qu'il avait sur la terre et le bois de Langennerie (2). Enfin, comme cette terre relevait du chevalier de la Ferté-Habert, Jean de Saint-Bricon, le roi fut forcé, quelques mois plus tard (février 1353), pour obtenir de ce dernier la confirmation du legs, de lui payer le droit de rachat de la seigneurie (3).

Notre-Dame-des-Vertus (à Aubervilliers!) et que le palais des rois n'étaient pas séparés, et que le tout était situé dans la paroisse de Saint-Ouen. » Il faudrait autant ne pas se servir des documents originaux que d'en tirer de pareils renseignements!

(1) En 1790, les bois de Langennerie rapportaient encore à la Sainte-Chapelle de Paris, héritière des biens de la chapelle de l'Étoile, 3,691 liv. 16 s. 2 den.— Voir Cochéris, *Hist. de Paris*, II, 543.

(2) *Preuves*, n°ˢ LV et LVI.

(3) Voir dans l'*Inventaire du Trésor des Chartes*, par Dupuy, la cote de la pièce, aujourd'hui égarée, qui portait le n° 31 de la layette du *Tr. des Ch.*, J, 169. Cette cote est ainsi conçue : « Vente du droit

Toutefois il rêvait pour la Noble-Maison et la chapelle de l'Étoile une bien plus grande fortune, et ce n'était pas deux ou trois chapelains, mais tout un personnel religieux en rapport avec l'importance nouvelle du manoir royal, que, dès l'origine, il s'était proposé d'y entretenir. Mais où trouver l'argent nécessaire ?

Cette difficulté l'arrêta quelque temps et fut cause qu'il fut prévenu par la libéralité de l'archidiacre de Thérouanne. Cependant, après y avoir, dit-il, longuement pensé, il se décida enfin, et, en octobre 1352, il signa à Royaumont des lettres portant la création de tout un chapitre de chanoines, chapelains et clercs pour célébrer l'office divin dans la chapelle royale de la Noble-Maison (1). Du même coup, il se dessaisit, en faveur tant de ce chapitre que de la Noble-Maison tout entière, d'un des droits les plus productifs de l'ancienne monarchie : il leur donna les épaves du royaume ainsi que toutes les *forfaitures* ou confiscations pour crimes de lèse-majesté.

Afin d'assurer par avance l'exécution de cet acte, Jean avait, dès le troisième jour du mois précédent, chargé

» de rachat et de la féaulté et hommage d'une maison appelée
» Longinerie, bailliage d'Orléans, donnée par Henri de Culent à la
» maison de Saint-Ouin, ladite vente faite au roi par Jean de Saint-
» Bricon, seigneur de la Ferté-Habert. » (Arch. Nat., JJ, 586, t. I, p. 122.)

(1) Cette pièce importante a été souvent reproduite, entre autres, par : d'Achery, *Spicilége*, III, 731 ; Leibnitz, *Cod. dipl.*, p. 194 ; *Ord. des Rois*, IV, 116 ; Félibien, *Hist. de Saint-Denis*, etc., etc. Il en existe des copies aux Archives nationales, *Mém. de la chambre des comptes*, C , f° 124, et *Trés. des Ch.*, reg. JJ, 81, f° 288, r°.

un nommé Étienne Lepellier, bourgeois de Paris, de lever et de recevoir de la main des gens de la chambre des comptes les forfaitures recueillies par toute la France et de les appliquer à la fondation qu'il préparait (**1**).

Le receveur de la Noble-Maison (on l'appelle aussi quelquefois le gouverneur) devait en outre convertir en sommes d'argent les biens-fonds et les meubles con-confisqués, s'il le jugeait plus utile et profitable à l'œuvre de l'Étoile. Et c'est ce qui arriva le plus souvent, ainsi qu'on va le voir dès la première occasion où Étienne Lepellier eut à exercer son office.

Ce fut en novembre 1352, à peine un mois après la fondation faite. Les biens d'un chevalier, messire Gilles d'Acy, « naguère justicié à Meaulx pour ses maléfices, » avaient été saisis et régulièrement attribués comme forfaiture à la Noble-Maison. Mais ces biens, qui consistaient en une maison et plusieurs petits fiefs à Torcy en Murcien, convenaient fort au chambellan du roi, Robert de Lorris, sire d'Ermenonville, l'un des chevaliers de l'Étoile. Aussi proposa-t-il à son maître de les faire estimer, s'engageant à payer la somme qui serait fixée. Jean ne savait rien refuser à ses joyeux compères : la totalité des propriétés et droits de Gilles d'Acy fut prisée 284 livres tournois, et, le 1ᵉʳ juillet 1353, Étienne Lepellier, sur le com-

---

(**1**) *Preuves*, n° LVII, p. 85. Je dois la connaissance de ce document inédit à l'obligeance de mon savant confrère, M. Siméon Luce.

mandement de Philippe Oger, secrétaire du Dauphin, donna quittance de cette somme au nom de la Noble-Maison (1).

Cependant les choses ne se passaient pas toujours aussi facilement. Bientôt même, le produit des forfaitures, qui était le plus clair du revenu attribué, ne parvint plus à la Noble-Maison, soit par suite de l'infidélité des receveurs, soit par la faute même du roi, comme il l'avouera tout à l'heure.

Jean, s'il faut en croire Dacier (2), prit bien quelques mesures. Suivant une pièce du 22 août 1354, il aurait donné commission à Pierre du Chastel, dit Cabaret, clerc-procureur de la Noble-Maison de Saint-Ouen, « d'aller par tout le royaume lever le produit des forfaitures et épaves accordées à la Noble-Maison, pour et au lieu de maistre Philippe Oger, clerc-notaire du roi et gouverneur (3) de la Noble-Maison, lequel, trop occupé aux besoignes qui lui sont enchargiées, ne peut soi absenter de Paris pour vaquer à cette levée ; sans néanmoins que la dite commission diminue en rien le pouvoir que le roi avait ci-devant accordé à Philippe Oger. »

---

(1) *Preuves*, ibid., pp. 82-87.

(2) *Mém. cité*. Nous n'avons pu retrouver l'acte dont il parle et qu'il dit n'avoir jamais été publié : nous avons donc été obligé de nous en rapporter à son témoignage.

(3) C'était donc alors Philippe Oger, et non plus Étienne Lepellier, qui avait le titre de gouverneur de la Noble-Maison. Ce titre était-il le même que celui de « général visiteur des bâtiments de la Noble-Maison de Saint-Ouin » que lui donnent Lebeuf (d'après D. Martène, *Thesaurus anecd.*, t. I) et Le Laboureur, *Hist. de Charles VI* ?

Soins inutiles! Malgré les diligences que put faire Pierre de Chastel et les poursuites qu'il exerça partout où des confiscations survenaient, aucun nouvel amortissement n'eut lieu en faveur de la Noble-Maison. On n'entendait pas plus parler d'épaves que de forfaitures, et la chapelle de l'Étoile, surtout, en était réduite au domaine de Langennerie et aux 300 livres provenant de Gilles d'Acy. Pourtant on lui avait promis bien davantage. Aussi les ecclésiastiques attirés à Saint-Ouen par l'espérance d'une riche prébende, ne touchant rien, se plaignirent, et parlèrent de quitter la place.

Le roi fait bien vite faire une nouvelle ordonnance (1), où il confesse qu'il a donné, bien à tort, à d'autres personnes une grande partie des revenus promis aux chapelains ; puis, reconnaissant qu'il a eu également tort de promettre à ces derniers et à l'œuvre de la Noble-Maison le produit tout entier des épaves et des forfaitures, sans fixer de maximum, il fait son compte, calcule que les gages des chapelains et clercs, ainsi que le luminaire et les autres frais du culte, « peuvent monter, par an, environ à 800 livres parisis, » et ordonne de leur attribuer désormais, sur les confiscations échues et à échoir, ce revenu fixe de 800 livres. Enfin, rendu méfiant par expérience, et désireux d'éviter le retour de ce qui s'est passé, ainsi que les nouvelles tentatives d'exploitation que ne manqueront

---

(1) Donnée au Temple, près Paris, 17 fév. 1354 (1355 n. s.). — Voir *Spicilége* de d'Achery, III, 732, *Ord. des Rois*, IV, 161, et Arch. Nation., *Mém.* C., f° 158.

pas de faire auprès de lui les courtisans et même toute sa famille, il se met bravement en garde contre sa propre prodigalité : « Nonobstant, dit-il en terminant, toutes les clauses que je pourrais introduire dans les actes postérieurs, nonobstant le don de ces mêmes épaves que je ferais à d'autres personnes, fussent-elles de ma famille, les chapelains et clercs (1), en vertu de la présente ordonnance, auront toujours seuls des droits sur les épaves, jusqu'à concurrence de la somme fixée. » Enfin, il déclarait nul tout don fait à l'encontre. Ah ! le bon billet qu'avaient les chapelains ! nous le verrons au chapitre suivant.

Mais cette conduite dépensière et brouillonne dont se plaignait la chapelle de Saint-Ouen, c'est celle de Jean le Bon dans toutes les affaires, petites ou grandes. Il était tellement à court d'argent et toujours si pressé d'en avoir, que pendant trois étés de suite (1353-1355), où il fit de nombreux séjours à la Noble-Maison, on ne le voit, la plupart du temps, occupé qu'à falsifier les monnaies et à changer le taux de l'argent (2).

En juin 1352, il commença par faire des générosités. Par un acte donné à Saint-Ouen, il remet à Charles

---

(1) Lebeuf et Dacier font remarquer avec raison que, dans cette seconde pièce, il n'est plus question de chanoines. On les avait sans doute supprimés par mesure d'économie. Par la suite, en effet, c'est toujours seulement de chapelains que l'on parle.

(2) Je ne mentionne ici que les ordonnances rendues à Saint-Ouen : que serait-ce si je comptais toutes celles de l'année ! En 1352, Jean avait déjà changé *seize* fois le cours de la monnaie. (Bordier et Charton, *Hist. de Fr.*, I, 129.)

d'Espagne, connétable de France, la rente que celui-ci lui devait pour le fief de la Garenne (1).

Mais, dès le 23 juillet, il mande aux généraux-maîtres des comptes de faire donner à tous changeurs et marchands, sur chaque marc d'argent, tant blanc que noir, apporté aux hôtels des monnaies, une crue de 15 sous tournois, outre le prix ordinaire (2).

Quatre jours plus tard, il date de Saint-Ouen un ordre de faire juger un procès entre les gens du roi et l'abbaye de Saint-Denis, au sujet de la juridiction de la foire du Lendit (3).

Mais pendant le mois de septembre il ne fait que signer des lettres de rémission et concéder à Jean du Bois, vicomte de Rouen, le fief de Bapaume (4).

Par contre, en 1354, où il habite la Noble-Maison en mai, juin et juillet, sur sept ordonnances qu'il rendit, à notre connaissance, durant son séjour, deux sont encore consacrées à donner de nouvelles crues au marc d'argent (5).

Mais ce fut encore bien pis l'année suivante. Les

---

(1) Arch. Nation., *Trés. des Ch.*, JJ, 81, n° 837.
(2) *Ord. des Rois*, II, 524.
(3) Arch. Nation., *Cart. des Rois*, K, 47, n° 22.
(4) 12 et 14 septembre, 3 actes, Arch. Nation., *Trés. des Ch.*, JJ, 81, pièces 822 et 826.
(5) 17 mai 1354, *Ord. des Rois*, II, 554, et 27 mai, *ibid.*, II, 555. — Trois des autres sont de mai, *Ord. des Rois*, IV, pp. 149 et 287, et du 9 juillet, *ibid.*, IV, 290. — Le 9 mai, il avait confirmé à Saint-Ouen des lettres de Philippe, duc d'Orléans, son frère, obtenues par Alexandre Doublé, valet d'écurie du roi Philippe de Valois. (Arch. Nation., K, 47, n° 26 ; Tardif, *Cart. des Rois*, p. 388.) — Enfin, pour une dernière, du 6 juin, relative au Lendit, voir Doublet, *Antiquités de Saint-Denis*, p. 988.

très-fréquentes visites que ce roi fit à son cher manoir, de mai à août 1355, ont été, presque entièrement, employées à trouver les moyens de se procurer de l'argent à tout prix (1); ce qui ne l'empêchait pas de tenir table ouverte aux courtisans en même temps qu'il faisait bon accueil aux grands dignitaires ecclésiastiques, tels que Pierre, archevêque de Rouen, qui, d'après un de ses actes, se trouvait à la Noble-Maison le 12 juin 1355 (2).

Les choses en arrivèrent au point que Jean dut avoir recours à la ressource qu'employaient alors les monarques aux abois : il convoqua les États-Généraux. Mais revenons à Saint-Ouen.

On connaît la brusque irruption que le roi avait faite, le 16 avril, au château de Rouen, dans la salle où le dauphin Charles offrait un banquet à plusieurs jeunes nobles de la province. Parmi les convives se

---

(1) Pour les ordonnances rendues à ce sujet à Saint-Ouen en 1355, voir *Ord. des Rois*, t. III, pp. 4 et 9, 3 et 18 juin, 17 et 20 août.
En outre, on a cinq autres preuves des séjours de Jean pendant cette période : 1° ordonnance par laquelle il confirme une seconde fois la charte du 25 mars 1302, relative à la réformation du royaume (mai) (*Ord. des Rois*, III, p. 2); — 2° ordre donné aux maîtres des eaux et forêts de laisser Geoffroy de Sergines, chevalier, jouir du droit de chasse dans la forêt de Jouy-l'Abbaye (juin) (Tardif, *Cart. des Rois*, p. 339,; — 3° lettres qui déterminent la manière dont sera levée l'aide dans l'Anjou et le Maine (juillet) (*Ord. des Rois*, III, pp. 7 et 68 , et D. Martène, *Thes. anecd.*, I, col. 1412); — 4° lettres homologuant les statuts des orfèvres de Paris (août) (*Ord. des Rois*, III, p. 10); — 5° enfin, d'après les comptes de l'argenterie, Jean aurait, les 6 et 8 août, donné des cédules à la Noble-Maison. (Arch. Nation., KK, 8, f°ˢ 209 et 211.)

(2) C'est là qu'il signa une charte d'amortissement en faveur de la chapelle de l'Hôtel-Dieu de Louviers. (Bonnin, *Cartulaire de Louviers*, 1871, in-4°, t. II, 1ʳᵉ partie, p. 91.)

trouvait le roi de Navarre, à qui Jean avait voué une haine aussi implacable qu'irréfléchie. Il s'empara de lui et le fit emmener prisonnier. Puis il tourna sa colère contre quatre des seigneurs présents, et incontinent, sous le simple soupçon d'entente avec l'Angleterre, et sans autre forme de procès, Jean *le Bon* leur fit trancher la tête (1). L'un d'eux était Jean Malet, sire de Graville. Comme sa prétendue trahison constituait un crime de lèse-majesté, ses biens furent confisqués et formèrent une de ces forfaitures promises aux chapelains de Saint-Ouen.

Ceux-ci s'empressèrent sans doute de réclamer leur dû. Il ne semble pas que Jean ait fait droit à leur demande. On le voit seulement échanger (2) ces biens éloignés, situés dans le comté d'Alençon, contre un manoir et ses dépendances que Marie d'Espagne, comtesse d'Alençon et d'Étampes, ainsi que son fils Charles, possédaient à Saint-Ouen (3). Mais il n'est nullement dit dans l'acte, ainsi que Dacier paraît l'avoir cru, que

---

(1) Voir, sur ce curieux incident : Froissart, Éd. Buchon, I, 222-224; *Chron. des quatre premiers Valois*, p. 36; *Chron. de Saint-Denis*, éd. par Paris, VI, p. 26.

(2) *Preuves*, nos LVIII et LIX. J'ai à peine besoin de faire remarquer l'erreur où est tombé Sauval (t. II, p. 717), quand il croit que c'est dans le manoir acquis par échange de la comtesse d'Alençon en 1356 que Jean fonda l'ordre de l'Étoile en 1352.

(3) Marie était veuve de Charles d'Alençon, frère de Philippe de Valois et par conséquent oncle paternel du roi Jean. Il est fort probable que Charles d'Alençon tenait cette maison de Saint-Ouen du chef de son père, qui, comme je l'ai dit, avait partagé ses biens entre ses enfants et ne possédait pas seulement à Saint-Ouen le manoir devenu la Noble-Maison. Jean rentrait ainsi peu à peu dans la totalité de l'héritage de son aïeul.

cette nouvelle acquisition ait été attribuée à la chapelle ; bien au contraire, le roi déclare expressément que le manoir de Marie d'Espagne servira à embellir et à augmenter le siége de sa chère compagnie de l'Étoile. Il vante l'agréable situation du manoir, qui, sans doute, était mitoyen à la Noble-Maison ; mais de la chapelle, pas un mot.

Du reste, ce fut la dernière marque d'attachement que Jean le Bon donna, pour quelques années du moins, à son château de Saint-Ouen et à la société qu'il y avait fondée. Trois mois à peine après les faits que je viens de rapporter, il était vaincu à Poitiers avec ses fidèles chevaliers, et, prisonnier du prince de Galles, partait pour l'Angleterre.

CHAPITRE VII.

La Noble-Maison et les ordonnances relatives aux forfaitures (*Suite*).
(1357-1367.)

Ainsi que cela arrive toujours, les troubles à l'intérieur avaient suivi la défaite des armées françaises. La bourgeoisie des villes, voyant son roi prisonnier et le pays si mal défendu par une noblesse folle, commença à se remuer. Elle se trouva assez grande pour se diriger elle-même, et le prévôt des marchands, Étienne Marcel, fit appel à tous les bourgeois de France.

Un pays non-seulement démoralisé par la guerre civile, mais encore ruiné par les Anglais et pressuré par les nobles qui avaient leurs rançons à payer, voilà donc le royaume qu'eut à gouverner un enfant de vingt ans. Et ce n'est pas tout : aux désastres politiques vinrent bientôt se joindre les embarras financiers ; sans compter que, même absent, le roi Jean continuait de coûter cher au pays. Il fallait déjà fournir les frais de son entretien en Angleterre, et bientôt il allait falloir recueillir l'argent de sa rançon. Aussi, par nécessité comme par instinct, le dauphin Charles n'eut garde de songer à faire des dépenses inutiles. Occupé qu'il était à mettre un peu d'ordre dans les finances, pour subvenir à ses énormes charges, on pense bien qu'il ne prit pas le temps de s'occuper de tenues de chapitres ni d'assemblées de chevaliers. Ses préoccupations étaient ailleurs ; sans compter qu'autour de lui les exigences de ses partisans augmentaient à mesure que décroissait leur nombre.

C'est ainsi qu'en 1357, lorsqu'il vint à Saint-Ouen pour s'y reposer un instant et y passer la semaine de Pâques (1), il ne cessa d'être harcelé par ses courtisans et les capitaines de ses gens d'armes, réclamant leurs gages. Le lundi, 10 avril (2), il donne des lettres pour suspendre jusqu'à la Toussaint le payement de toutes les dettes du roi, excepté les aumônes et les dettes dues aux pauvres, *les gages des officiers qui servaient alors* et ceux *des officiers gardant les châteaux situés sur les frontières*.

Quatre jours après, le vendredi 14, nouvelles réclamations, nouveau besoin d'argent et nouvelle ordonnance, aussi datée de la Noble-Maison (3). On devra « réunir au domaine tout ce qui en a été aliéné depuis le règne de Philippe le Bel, et les officiers de la maison du roi, de la reine, du duc (c'est le Dauphin), de la duchesse de Normandie et de ses frères, recevront leurs gages de la chambre aux deniers. »

L'année suivante (1358), la lutte entre Charles et les Parisiens s'est accentuée. Le malheureux Dauphin

---

(1) Cette année, Pâques tomba le 9 avril.
(2) *Ord. des Rois*, III, 161.
(3) *Ibid.*, III, 162.

est en guerre ouverte avec Marcel et son parti. On cherche à s'emparer de sa personne. Le lendemain du jour (1) (vendredi 16 mars) où, pour se donner plus d'autorité, il venait de prendre officiellement le titre de régent du royaume, il s'était rendu à Saint-Ouen. Là encore, il faillit tomber entre les mains d'un partisan du prévôt des marchands. Voici comment les grandes chroniques de Saint-Denis rapportent l'incident : « Le samedi au soir, dix-septième jour du moys de mars, fut pris à Saint-Cloud, près de Paris, un escuier françois, appelé Phelipot de Repenti, et fu amené à Paris. Et le lundi matin ensuivant, dix-neuviesme jour dudit moys susdit, ledit Phelipot eut la teste couppée es halles de Paris, et puis fu pendu au gibet ; pour ce qu'il confessa qu'il estoit de la compaignie de plusieurs qui avoient empris de prendre ledit duc de Normandie, régent du royaume, à Saint-Oyen, en l'ostel de la Noble-Maison, là où il estoit alé trois jours ou quatre devant. Mais pluseurs disoient que ce n'estoit point pour mal, mais estoit pour le mettre hors de la puissance et des mains de ceux de Paris (2) ».

Charles ne demeura pas longtemps à la Noble-Maison, non plus qu'à Paris. Forcé de s'éloigner, il réunit une armée de nobles, et se porte successivement sur Senlis, Meaux, Provins, Vertu en Champagne ; puis il

---

(1) *Chron. de Saint-Denis*, VI, 97.
(2) *Ibid.*, VI, 98.

revient en Beauvaisis, où il a une entrevue avec le roi de Navarre, qu'il quitta bientôt pour gagner Sens et Montereau.

De son côté, abandonnant aussi le Beauvaisis, où il avait contribué à la répression de la jacquerie (1), le roi de Navarre, Charles le Mauvais, appelé par les Parisiens, se rapproche de la capitale. Il n'était encore arrivé qu'à Saint-Ouen, dans le manoir royal même, quand Marcel le vint trouver pour lui faire des propositions acceptées avec d'autant plus d'empressement que le prince voyait déjà au delà de ce qu'on lui promettait. Écoutons encore parler les chroniques de Saint-Denis : « Et pour ce que ceux de Paris lui mandèrent qu'il alast vers eux à Paris, il se traist à Saint-Ouyn en l'ostel du roy appelé la Noble-Maison. Et là ala le prévost des marchans parlementer avec ledit roy. Et le jeudi, 14e jour dudit moys de juing, ala ledit roy de Navarre à Paris (2). »

Tandis que ses adversaires s'entendaient contre lui dans son propre palais, le régent menaçait Paris du côté opposé. Il avait son camp en avant de Saint-Maur et de Charenton, vers la porte Saint-Antoine, et ses soldats désolaient la campagne environnante. Du

---

(1) C'était nuire aux bourgeois, qui comptaient s'appuyer sur la guerre des Jacques. Mais Marcel était pressé d'en finir et n'avait pas le choix des alliés. Malgré ce qu'on pouvait avoir à craindre de l'ambition de Charles le Mauvais, celui-ci était encore le seul capitaine possible pour le parti de Marcel.

(2) *Chr. de Saint-Denis*, vi, 115.

reste, Charles le Mauvais n'avait pas tardé à se retirer de Paris avec sa troupe vers Saint-Denis et les alentours, pour surveiller le Dauphin. Son armée, à son tour, rivalisa de déprédations et de pillage avec l'armée française : durant les six semaines qu'elle resta dans le pays, Saint-Ouen ne fut pas épargné (1).

Je n'ai pas à raconter ici comment, Marcel tué, le régent put entrer à Paris ; mais deux faits qui se sont passés au commencement de juillet 1358, pendant le siége de la capitale, intéressent Saint-Ouen et méritent d'être signalés.

Il s'agit de deux lettres du régent, datées de « l'ost devant Paris, » où les ordonnances de Jean le Bon, attribuant les forfaitures du royaume au chapitre et au château de Saint-Ouen, recommencent à être méconnues. Toujours plus soucieux de retenir auprès de lui des partisans que d'embellir la Noble-Maison et de payer ses chapelains, c'est à ses officiers que Charles distribuait les biens confisqués sur ses adversaires (2).

Une première fois il donne au comte de Porcien, un des seigneurs de son entourage, une partie des biens pris à Jean Maillart, bourgeois de Paris, qui

---

(1) Secousse, *Mémoire pour servir à l'histoire de Charles le Mauvais*, t. I, pp. 274-275.

(2) Le Dauphin n'avait guère d'autres ressources pécuniaires que les confiscations. C'était là qu'il puisait en grande partie la solde de son armée. Or les chroniqueurs du temps nous apprennent qu'il avait au siège de Paris environ 30,000 hommes avec lui, et qu'il parvenait à payer régulièrement tout ce monde. C'est donc qu'il avait reçu beaucoup de forfaitures.

« a esté et est rebellez (1), ennemi et adversaire de la couronne de France, de Monseigneur (le roy Jean) et de nous (2). »

Par le second acte, il abandonne et cède à un de ses conseillers, Gilles de la Loucière, chevalier, le manoir de Beauvoir, confisqué sur Jean Pisdoë « pour les rebellions et malefices perpétrés par lui encontre la majesté royal..., en soy armant avec le prévost des marchands, etc.; » et cette fois, il dit en propres termes que le don est fait « nonobstant que les confiscations dudit royaume, par aucune ordonnance pieçà faite, *deussent être appliquées et converties en réparacions, accroissements et augmentacions de la Noble-Maison de Saint-Ouyn,* ou du Palais-Royal à Paris (3). »

Mais ce n'était là qu'un commencement, qu'un avant-goût de la curée réservée aux vainqueurs. Une fois l'insurrection domptée, Charles confisqua en bloc tous les biens de Marcel et de ses principaux partisans, et s'empressa de les distribuer autour de lui. Malheureusement, dans l'ivresse du triomphe, non

---

(1) Peu de jours après, on le sait, Maillart, reconnaissant son erreur, tuait le prévôt des marchands et ouvrait les portes de la capitale au Dauphin.

(2) Secousse, *Mém. sur Ch. le Mauvais*, t. II; *Preuves*, p. 79; d'après le *Trés. des Ch.*, reg. 86, p. 115. La pièce n'est qu'en fragment dans Secousse : on n'y voit pas, comme dans la suivante, le régent dépouiller expressément la Noble-Maison.

(3) *Trés. des Ch.* (reg. 90, pièce 97, f° 50), publié en appendice de l'article de M. Sim. Luce sur le *Rôle politique de Jean Maillart en 1358.* (Biblioth. de l'École des Chartes, 4e série, t. III, pp. 425-426.)

seulement il ne tint aucun compte des droits de la Noble-Maison, mais d'abord il n'en parla même pas. Voici le relevé de ces confiscations, où ce singulier silence fut gardé.

Dès le lendemain de la révolution du 31 juillet (voilà qui s'appelle aller vite en besogne!), Jacques des Essarts obtint du régent une maison et ses dépendances que possédait de son vivant, à Paris, Charles Toussac (1).

Le 11 août, c'est Jean le Maingre, dit Bouciquaut, qui se fait adjuger les immeubles de Robert le Coq, évêque de Laon (2).

Toujours dans le même mois, un des rares chevaliers de l'Étoile survivant en France, Robert de Saint-Venant, conseiller du roi, demande pour lui la maison que possédait et habitait le frère et complice d'Étienne, Gilles Marcel (3).

En octobre, c'est le tour d'un partisan du roi de Navarre, Jean dit le Boucher. Ses propriétés sont saisies et données à maître Jean dit Fourcy, avocat au Parlement (4).

Avançons toujours. Le 10 décembre, une autre maison provenant de Charles Toussac, et aussi située à Paris, est cédée à un enlumineur de livres (5).

---

(1) *Pièces inédites, relatives à Étienne Marcel*, etc., publiées par Sim. Luce. (Biblioth. de l'École des Chartes, 4ᵉ série, t. I, pp. 83.)
(2) *Ibid.*, p. 85, note.
(3) *Ibid.*, p. 80.
(4) *Ibid.*, p. 91.
(5) *Ibid.*, p. 83, note.

Enfin, tous les bois et terres du chef même de l'insurrection, à Ferrière en Brie, passent aux mains de Jean de Dormans, chancelier du Dauphin, et lui sont confirmés en mars 1359 (1).

Cependant les choses ne se passaient pas toujours ainsi. Même dans les intervalles des six donations qui précèdent, l'oubli fut en partie réparé, toutefois on va voir avec quelle peine et après combien de complications, confirmations, annulations, lettres et contre-lettres !

Quelque peu de souci qu'il eût des affaires de son royaume, Jean le Bon commençait à regretter la France. Pour le laisser rentrer, les Anglais exigeaient une rançon. Ils voulaient quatre millions d'écus d'or et, en outre, l'abandon de toutes les provinces de France qu'ils avaient prises.

Grâce aux sollicitations de son père, Charles se fût montré assez accommodant sur le dernier point; le difficile à trouver, c'était l'argent. Avant même de considérer si les propositions de l'Anglais étaient acceptables, si elles n'ajoutaient pas la ruine du pays à son morcellement, il cherche à réunir l'énorme somme qu'on lui demandait, et, pour fournir les premiers fonds, faisant appel à toutes les ressources du royaume, il pensa tout d'abord aux forfaitures. « Par la délibération de notre conseil, dit-il dans des lettres du 2 octobre

---

(1) *Pièces inédites*, etc., publiées par Sim. Luce, *ibid.*, p. 78.

1358 (1), nous avons ordonné et ordonnons par ces présentes que toutes les forfaitures, amendes, confiscations, rachapts et quint deniers, qui du jour de la date de ces présentes jusques à la Saint-Jean-Baptiste prochaine venant écherront par tout le royaume de France en quelconque lieu et pour quelconque cause, et pour quelque manière que ce soit, appartenant à Monseigneur et à nous, soient convertiz en la rédemption (2) de Monseigneur; non contrestant que nous paravant les eussiens ordenéz estre convertiz en accroissement de la Noble-Maison et en réparations des œuvres du Palais ou ailleurs, etc. (3). »

Heureusement les Etats-Généraux, convoqués par le régent, ne voulurent pas approuver un traité aussi désastreux, et d'un commun accord répondirent à ceux qui l'avaient apporté : « qu'ils auroient plus cher à endurer et à porter ce grand meschef et misère où ils étoient que de voir le noble royaume de France amoindri et défraudé; que le roi demeurat donc

---

(1) *Ord. des Rois*, IV, 194.
(2) Il est à remarquer que *rédemption*, qui était alors un mot nouveau, un mot savant, est employé dans le même sens que son doublet de formation populaire, le mot *rançon*.
(3) Lebeuf a fait, à propos de cette pièce et d'une des suivantes, une erreur bien étrange de la part d'un savant aussi sérieux. Il semble croire qu'elles furent rendues pour embellir Saint-Ouen, tandis que c'est tout le contraire. « Deux monuments de l'année 1358, dit-il, font mencion de la Noble-Maison, sçavoir des lettres de Charles, régent du royaume, qui parlent des sommes qu'on devoit employer à son aggrandissement. Aussi Christine de Pisan assure-t-elle, dans la *Vie* de ce prince, qu'il avait réparé l'hôtel de Saint-Ouen. » (Leb., p. 302.)

en Angleterre jusqu'à ce qu'il pleut à Dieu d'y pourvoir de remède (1). »

Les forfaitures l'avaient pour cette fois échappé belle ! Et quant à la Noble-Maison, si les lettres que la décision des États-Généraux venait d'annuler avaient eu pour objet de la dépouiller, au moins n'avaient-elles pas été sans reconnaître son droit. Une autre ordonnance, rendue le mois suivant, observe les mêmes formes : je veux parler de la donation faite par Charles, le 24 novembre, à la congrégation des aveugles, nommés les *Quinze-Vingts*, de la maison qu'habitait de son vivant Étienne Marcel (2). Ici encore le produit de la confiscation est, par une clause spéciale, retiré à la Noble-Maison.

Enfin, quelques jours plus tard, un règlement plus équitable intervient. Le Dauphin essaie de se reconnaître un peu au milieu de ce désordre. Le 30 novembre, il déclare que dorénavant il ne paiera plus ses gens d'armes sur les forfaitures échues et à échoir « pour cause des trahisons et rebellions faites et perpétrées par feu Étienne Marcel et plusieurs autres de ses complices, » mais qu'il les « pourvoira par autre manière. » Et les forfaitures, désormais devenues libres, il en rend, demandera-t-on, le produit aux chapelains de Saint-Ouen ? — Non, mais il leur donne au moins une affectation raisonnable, tant ses obligations étaient

---

(1) Froissart. — Voir Bordier et Charton, *Hist. de France*, I, 444.
(2) *Pièces inédites, relatives à Étienne Marcel*, loc. cit., p. 77.

nombreuses ! On fera, dit-il, deux parts : « La moitié sera tournée, appliquée ou convertie en réparations nécessaires du Palais-Royal (1), jusques à temps qu'il soit mis en bon estat, *pourvu que les chapelains et clercs de la Noble-Maison de Saint-Ouyn en soient payés de leurs gages, si comme monseigneur (le roi) et nous l'avons voulu et ordonné pour le service divin;* et l'autre moitié en la rédemption et estat de nostre très chier seigneur et père (2). »

C'était là une confirmation implicite de la donation faite trois ans auparavant au chapitre de la Noble-Maison, et une reconnaissance des 800 livres de rente que nous savons lui avoir été accordées. Si les chapelains n'avaient pas touché beaucoup d'argent pendant les deux années de la guerre civile, ils pouvaient au moins espérer être plus assurés à l'avenir, d'autant plus que c'était le même Étienne Lepellier qui était de nouveau désigné comme receveur des forfaitures, d'autant plus surtout que Charles entourait l'exécution de cette nouvelle ordonnance de toutes les précautions imaginables, et défendait expressément à ses gens de comptes d'enregistrer par la suite aucunes lettres contraires !

Mais, hélas! Charles avait compté sans son père. Jean resté prisonnier, par suite de la rupture des négocia-

---

(1) Cette clause se trouve déjà dans l'ordonnance du 2 octobre que je viens de citer.
(2) Félibien, *Hist. de Paris*, t. v ; *Preuves*, p. 657.

tions, ne se contenta pas de la part qui lui était faite, et, sans s'occuper davantage des engagements que le Dauphin venait de prendre, il exerça sur lui une telle pression que l'infortuné prince fut bientôt contraint de se dédire.

En conséquence, le 29 mai 1359, surviennent d'autres lettres du Dauphin, qui fixent les sommes destinées à l'entretien de la maison royale d'Angleterre; il ne s'agit plus, comme six mois plus tôt, de donner seulement au roi, tant pour économiser sa rançon que pour son entretien, la moitié du produit des confiscations : le roi avait entendu être payé avant tout le monde ; ses besoins étaient pressants, et il avait fallu s'exécuter, la nouvelle décision dût-elle préjudicier à la fameuse fondation qui, il y avait quelques années à peine, semblait lui tenir tant à cœur : « Pour la grant nécessité que nous avons sceu et scavons que Monseigneur a de finance pour le gouvernement de lui, de son estat et de son hostel qui avecques lui sont de présent es parties d'Angleterre, avons ordené que l'on prendra et levera *avant tous dons ou octroys fais ou à faire* quelconques, vingt mille deniers d'or au mouton sur les biens meubles et héritages des forfaitures et confiscacions tant ja venues comme à venir, eschues ou à escheoir à nostre dit seigneur et nous, es ville de Paris, d'Amiens et d'ailleurs, en quelconque ville ou lieu que ce soit du dit royaume, tant pour crime de lèse-majesté comme pour autre crime, meffait ou délit quel que il soit; non contrestant quelconques dons, grâces, octrois ou rémissions que dores en avant nous, ou autres quelconques lieuxtenans ou capitaines de Monseigneur et nostre ou dit royaume, par importunité des requérans ou autrement, en facions ou aient esté faiz à quelconque personne ou pour quelconque cause que ce soit, etc. » Et l'on n'oublie pas la clause ordinaire : « Non contrestant l'ordenance faiste par monseigneur de convertir les forfaitures du dit royaume au profit et augmentacion de la Noble-Maison de Saint-Ouyn, et autres faites ou à faire au contraire (1). »

Et l'on était tellement pressé d'avoir cet argent que le Dauphin autorise les receveurs à mettre promptement aux enchères tous les biens confisqués et à user de tous les moyens possibles pour les faire rentrer au plus tôt (2) !

Ce fut là, selon moi, le dernier acte de la chancellerie royale où les droits du chapitre de l'Étoile, établis en 1352, furent encore reconnus. Accaparées d'abord en partie, puis en totalité, par une série d'ordonnances diverses dans leur objet, mais toutes concordantes dans la forme, les confiscations et forfaitures furent ainsi successivement détournées de la destination que le roi Jean leur avait primitivement

---

(1) *Ord. des Rois*, IV, 196.
(2) ... « Ou si mieux vous semble, et que plus prestement en puissiez avoir l'argent sans très-grande perte ou dommage de monseigneur et de nous, vendez-les ou exploiticz par composition ou autrement, si comme vous verrez que selon le cas appartiendra à faire. » (*Ibid.*)

assignée ; et je pense, avec Dacier, qu'à partir de ce moment ces fonds ne servirent plus jamais, comme l'avait voulu le roi, à l'embellissement et à l'entretien de la Noble-Maison de Saint-Ouen.

Cependant Édouard III s'était décidé à signer la paix à Brétigny (8 mai 1560). Il gardait toujours les provinces conquises, mais ne réclamait plus que 3 millions d'écus d'or (environ 250 millions de notre monnaie). A ce prix, encore exorbitant, Jean fut libre de rentrer en France.

Une fois de retour, le roi Jean ne songea guère à relever son ordre de l'Étoile ; mais il vint encore de temps en temps se reposer à la Noble-Maison.

Il y fut le 26 février 1361, mais pour s'y occuper encore de falsifier les monnaies. Il mande qu'on ne fabrique des parisis et tournois petits qu'une journée en 15 jours, et fixe le prix du billon allégé à deux deniers dix-huit grains (1).

Il y fut aussi en mars ; Lebeuf (2) avait vu des lettres expédiées par lui de la Noble-Maison le 31 de ce mois.

Il donna encore, le 1er mai (3), à Saint-Ouen, des lettres de rémission pour Louis de Sancerre, chevalier, au sujet d'actes commis par ce seigneur et ses partisans contre les habitants de Bourges.

---

(1) *Ord. des Rois*, III, 4 9.
(2) P. 302. Dacier, en citant cette ordonnance, a tort de dire qu'il ne connaît pas d'autres lettres de Jean relatives à l'ordre de l'Étoile ou datées de Saint-Ouen.
(3) Arch. Nation., K, 48, n° 4. (Tardif, *Cartons des Rois*, p. 391.)

Deux jours après, c'est son fils Charles qui, en homme rangé qu'il est, y rembourse à un de ses conseillers, Jaques le Flament, 232 florins d'or que celui-ci lui avait prêtés (1).

Une dernière preuve, enfin, de la prédilection que ne cessa de montrer le roi Jean pour la Noble-Maison, c'est qu'il y séjourna encore en 1363, avant de retourner se reconstituer le prisonnier d'Édouard. J'ai retrouvé l'ordonnance par laquelle il confirme des lettres de *committimus*, accordées par le dauphin Charles, pendant la régence, aux chanoines de la Sainte-Chapelle, et ces lettres sont encore datées de Saint-Ouen (2).

Mais après sa mort, qui arriva l'année suivante, son cher manoir fut négligé. Entre toutes les maisons royales, Charles V préféra surtout le château de Vincennes et celui de Beauté, près Nogent-sur-Marne, qu'il avait fait bâtir. Il semble même que, loin d'avoir réparé la Noble-Maison, comme on l'a trop répété d'après Christine de Pisan, il l'ait, au contraire, laissé presque tomber en ruines. Que dit, en effet, Christine de Pisan dans son *Livre des fais et bonnes meurs du sage roi Charles V*, 3ᵉ partie, chap. XI, intitulé : *Des beaux maçonnages que le roi Charles fist faire* (3) ? Après une longue énumération qui ne nous intéresse pas, on ne trouve rien que cette simple

---

(1) 3 mai 1361. — Voir *Preuves*, n° LX.
(2) Arch. Nation., K, 48, n° 33. (Tardif, *ibid.*, p. 395.)
(3) Voir collection Petitot, t. VI, pp. 22-26.

phrase, aussi souvent mal comprise que copiée (1) : « (Le roi) édifia Beauté, Plaisance, la Noble-Maison (2) ; *répara l'ostel de Saint-Ouyn* et mains autres cy environs de Paris. »

Je demande quel fondement on peut faire sur l'assertion d'un historien qui, après avoir affirmé que Charles V *édifia* la Noble-Maison, ajoute qu'il *répara* « l'hostel de Saint-Ouyn. » D'abord, d'après cela, il semblerait que les rois possédaient à Saint-Ouen deux châteaux : 1° la Noble-Maison que Charles « édifia, » 2° l'ostel de Saint-Ouen qu'il « répara, » ce qui, — pour cette époque, du moins, — est faux. En outre, nous savons bien que ce n'est pas Charles V qui construisit la Noble-Maison, puisqu'elle avait été bâtie 50 ans auparavant par son bisaïeul Charles de Valois ; on peut donc affirmer que ce que Christine dit de la réparation de l'hôtel de Saint-Ouen par Charles V n'est pas plus vrai que l'édification de la Noble-Maison par le même roi, et que cette assertion erronée peut être attribuée à deux causes : d'abord, quand Christine écrivit son livre des « Fais et bonnes meurs, » plusieurs années s'étaient déjà écoulées depuis la mort

---

(1) Michelet, *Hist. de Fr.*, III, 516 ; Lebeuf, *loc. cit.*, p. 241 ; *Histoire litt. de la France*, XXIV, 647, etc.

(2) J'adopte la ponctuation de l'*Hist. littéraire*. Petitot et Michelet mettent : « Édifia Beauté ; *Plaisance la Noble-Maison* ; répara, etc. » C'est évidemment une faute ; car le nom de Noble-Maison n'a jamais été donné qu'au manoir du roi Jean, à Saint-Ouen, à ce que je crois, du moins.

de Charles V, et ses souvenirs étaient probablement confus ; puis, influencée par ce fait que, lors de la rédaction de son ouvrage, dans les dernières années du xive siècle, il y avait, comme nous le verrons, plusieurs hôtels royaux à Saint-Ouen, elle ne se sera pas rappelé qu'il n'en était pas encore ainsi du temps de Charles V, et aura de la sorte augmenté sans scrupule les « beaux maçonnages » que son héros avait fait faire !

Aussi bien, un nouveau témoignage vient à l'appui de mon raisonnement. Privés des revenus qu'on leur avait d'abord attribués, et, en particulier, de la rente de 800 livres que leur avait promise la charte de 1355, on peut se demander ce qu'étaient devenus les chapelains attirés à la Noble-Maison. La réponse est bien simple : il n'y en avait plus. Et voici ce qui le démontre : en 1367, une ordonnance de Charles (1), datée du mois d'avril, rappelle aux chanoines *de la Sainte-Chapelle de Paris* qu'il leur a concédé par des lettres antérieures (2) cette terre de Langennerie donnée au chapitre de la Noble-Maison par Henri de Culent en 1352. Quand cette concession avait-elle été faite par Charles V à la Sainte-Chapelle ? cela est assez difficile à fixer, car il m'a été aussi impossible qu'à

---

(1) *Ord. des Rois*, v, p. 1.
(2) « Quas quidem villam, terram, pertinencias et appendicias universas, dictis Sacrosanctæ Capellæ ac thesaurario et canonicis prælibatis meminimus concedisse per nostras alias litteras in filis ceraque viridi sigillatas... » *(Ibid.)*

Dacier de retrouver les lettres antérieures où la donation était établie ; mais nous savons maintenant qu'en 1367 un des biens possédés par le chapitre de Saint-Ouen ne lui appartenait déjà plus. Ne sommes-nous pas autorisés à supposer, avec quelque apparence de raison, que l'abandon datait déjà de plusieurs années, puisque dans le nouvel acte il n'est même pas une seule fois question de Saint-Ouen ? Remarquons en passant que Charles V avait, contrairement au dire de ses panégyristes, une singulière manière de réparer ses châteaux en les dépouillant des revenus et de l'argent qu'on leur avait précédemment attribués !

Pourtant, tout en préférant d'autres hôtels, Charles vint encore, comme nous le verrons, de temps en temps à la Noble-Maison ; mais il n'y faisait que de courtes apparitions. La seule marque de sa sollicitude qu'il donna à l'ancien siége de la chevalerie de l'Étoile, redevenu simple maison de plaisance, fut de l'abandonner, dans l'état où il était, à son fils le dauphin Charles « pour son esbattement. » C'est du moins ce que nous apprend, d'une façon indirecte, une pièce de 1374, dont nous nous occuperons bientôt.

Mais, auparavant, laissons pour un instant les rois, leurs préférences et leurs palais ! Il n'y avait pas que la Noble-Maison à Saint-Ouen. Inquiétons-nous un peu du village et de ses habitants ; nous ne cesserons pas d'ailleurs pour cela de parler des rois. C'est une nécessité que subit l'historien moderne : dès qu'il interroge les annales ou les monuments des siècles passés pour y chercher la trace du peuple, il ne trouve que le souvenir des princes. Ce souvenir absorbe et accapare tout. Le roi de France laisse à peine entrevoir les Français, et, malgré nous, notre attention, un moment distraite, sera bientôt ramenée à lui.

CHAPITRE VIII.

Histoire du village pendant la seconde moitié du XIVᵉ siècle.

Dans les premières années qui suivirent l'avénement de Jean le Bon, le village de Saint-Ouen tint une place importante dans l'histoire générale du pays; mais qu'il en coûta cher à ses habitants! Ces brillantes fêtes de l'institution de l'ordre de l'Étoile, sujet de liesse et de gloire pour le roi et sa cour, n'avaient été, pour les paysans du village, qu'une nouvelle occasion d'être rançonnés. Prestations, corvées, réquisitions, services de toute espèce, voilà tout ce que la cérémonie leur rapporta.

Mais cela n'était rien. Aux fêtes, aux banquets, succédèrent bientôt la guerre et ses désastres. La France, surtout aux environs de Paris, fut tour à tour ravagée par les Anglais, les Jacques, les grandes compagnies, le roi de Navarre, par les troupes mêmes du Dauphin, et Saint-Ouen ne fut pas plus épargné que les villes voisines. En 1357, les soldats de Charles le Mauvais avaient brûlé la grange de Lendit, Saint-Cloud, la Villette-Saint-Lazare, la Chapelle (1) et tout le pays d'alentour. Bien que Saint-Ouen ne soit pas nommé dans cette énumération, nous savons qu'il subit

---

(1) *Continuateur de Nangis*, Ed. Géraud, II, 261.

le même sort, et qu'après avoir été pillé par la soldatesque, il fut presque entièrement détruit par les flammes (1). Jusqu'en 1360, même après la chute de Marcel, des bandes armées continuèrent de courir le pays ; les chemins étaient si peu sûrs que les marchands qui se rendirent cette année-là à la foire de Lendit risquèrent tous d'être tués ou dévalisés (2).

Puis, au milieu de toute cette désolation, la France eut à payer la rançon de son roi. Par le traité de Brétigny, elle était fixée à 3 millions d'écus d'or. Il fallait d'abord donner 600,000 écus dans les quatre mois de la délivrance de Jean, et le reste devait être acquitté par annuité de 400,000 écus. Mais la charge était trop lourde pour nos finances, et les obligations ne furent jamais exactement remplies; au bout de 15 ans, en 1375, nous n'étions pas encore libérés. Pour réunir ces grosses sommes, on établit une imposition extraordinaire. Le compte de l'aide qui fut levée pendant l'exercice 1369-1370 sur les prévôté, vicomté et diocèse de Paris nous a été conservé. On y voit que, tant « à cause des impositions de 12 deniers parisis pour livre et du treizième du prix des vins vendus en gros dans la dite prévosté, » le village de Saint-Ouen eut chaque année à payer 30 livres parisis. Le 15 mai 1370,

---

(1) Voir, ci-après, p. 150.
(2) « Landetum more solito juxta S.-Dyonisium in Francia tunc fuit, sed pauci ibi mercatores ad emendum mercantias advenerunt, timentes per itinera depraedari, vel propter suas pecunias interfici a latronibus qui in magna multitudine in itineribus tunc et nemoribus latitabant. » (*Cont. de Nangis,* Ed. Géraud, II, 315.)

le fermier de l'aide, appelé Jean Maigret, de Saint-Denis, n'avait encore payé que la moitié de l'annuité qu'il devait fournir. Saint-Ouen cependant n'avait pas trop à se plaindre, car, bien que plus important que les villages des environs, il était imposé moins lourdement. Ainsi Clichy devait 48 livres, Montmartre réuni à Clignencourt 60, et la Chapelle 78. C'est sans doute parce que Saint-Ouen avait été plus éprouvé par les guerres civile et étrangère (1).

Quand, enfin, avec le règne de Charles V, un peu de calme étant revenu au moins aux environs de Paris, le village commença à se relever de ses cendres et de ses ruines, il eut encore et toujours à souffrir du voisinage de cette Noble-Maison qui faisait son orgueil. Le séjour des Rois était ainsi le pire de tous ses maux, car les autres étaient passagers, celui-là revenait sans cesse. L'hôtel de Saint-Ouen n'était plus, il est vrai, habité que de temps en temps par le Dauphin, et le roi ne s'y rendait qu'à de rares intervalles ; mais il continuait d'avoir un gouverneur, un concierge, toute une valetaille, et, pour l'entretien de ces derniers, les habitants de Saint-Ouen étaient toujours soumis au *droit de prises !*

Ce droit était devenu exorbitant, surtout depuis qu'il s'exerçait sur un pays ruiné. Dans toutes les provinces on se soulevait contre lui, on refusait de s'y

---

(1) *Rançon du roi Jean : compte de l'aide imposée pour la délivrance de ce prince*, etc., publ. p. L. Dessalles, Paris, 1850, in-8°, p. 59.

soumettre. Le recueil des *Ordonnances des Rois* est rempli des exemptions arrachées une à une par les villes indignement spoliées.

En février et mai 1372, deux lettres de Charles V avaient relevé du droit de prise les gens d'Aubervilliers et ceux de Saint-Denis, ainsi que les religieux de l'abbaye (1).

Enfin le tour de Saint-Ouen arriva. Le village, pour qui la paix n'était pas moins ruineuse que la guerre, obtint (octobre 1374) de ne plus être soumis aux réquisitions pour l'entretien de la maison royale. Toutefois, si le roi cède, il met une restriction ; pendant tout le temps que le prince ou quelqu'un des siens leur fera l'honneur de demeurer à la Noble-Maison, les habitants continueront d'être inquiétés et se verront dépouillés de leurs biens, comme si de rien n'était ! Mais laissons la parole à Charles : on ne peut pas plus le charger qu'il ne se charge lui-même (2) :

Charles, etc., savoir faisons à touz présens et avenir que, pour considéracion des grans pertes et dommaiges que les habitanz de Saint-Ouyn ont euz et soustenuz pour le fait et occasions de nos guerres, par lesquelles la ville a esté *arse*, (brûlée) *et destruitte*, et les diz habitanz menéz à telle mendicité que onquez depuis ilz, en la plus grand partie, ne se poient ressoudre (3) ; attenduz aussi les bons et agréables

---

(1) *Ord. des Rois*, t. v, 462 et 481. — Le *Bourget* avait été exempté dès le mois de juin 1364 (*id.*, vi, 176); *la Courtneuve* et *Crevecœur* le furent en avril 1374 (*id.* vi, p. 6), et *la Villette-Saint-Ladre* aussi la même année (*id.* vi, 77).

(2) Arch. Nation., *Trésor des Ch.*, reg. 106, p. 114. — Voir *Ord. des Rois*, t. vi, p. 67.

(3) Ne peuvent rétablir leurs affaires.

services qu'ilz firent ja pieça à nostre très-cher seigneur et père cui Dieux pardoint, et les grans charges qu'ilz soustindrent ou fait et visitacion de son hostel de la Noble-Maison ou temps qu'il vivoit, et aussi pour contemplacion et à la prière de nostre très-chier et ainsné filz, Charles, dauphin de Vienne, *auquel nous avons donné et delessié* le dit hostel pour son esbattement ; nous à yceulx habitanz avons octroié et octroions de nostre certaine science et grace especial, par la teneur des présentes, que, pour nécessité que nous aïons, leurs chevaux, charioz, charrettes, bléz, vins, foins, avoinnes, feurres, fourrages, coustres, coissins, draps à lit, couvertures, nappes, touailles, tables, tresteaux, volailles, ne quelxconques autres biens appartenans aus diz habitans ens (dans) ou hors la dicte ville, et environ ycelle, ne soient prins pour la garnison et provision et nécessité des hostéz de nous, de nostre chiere compaigne la Royne, nostre dit ainsné filz, noz autres enfans, noz très-chiers et améz frères, et quelxconques autres de nostre sanc, le connestable et noz mareschaulx, par quelxconques noz fourriers, chevaucheurs, et quelxconques noz officiers et serviteurs, de quelque condicion estat, povoir ou auctorité qu'ilz usent ; auxquels nous ne voulons par les diz habitanz ne aucuns d'eulz estre obéï aucunement ; *excepté toutes voies quant nous, nostre dicte compaigne et nostre dit filz serons au dit lieu de Saint-Ouyn en nos personnes, auquel cas nous voulons les diz habitanz et leurs biens estre prin à nostre volonté et plaisir ;* si donnons en mandement par ces présentes, à noz améz et feaulx les maistres de noz hostelz, preneurs, chevaulcheurs, etc , que les dessusdiz habitanz de Saint-Ouyn et chascun d'eulx, facent, seuffrent et lessent joir et user plainnement et paisiblement de nostre présente grace, sanz les molester, faire ne souffrir empeschier comment que ce soit ou contraire ; voulanz... que au *vidimus* ou transcript de ces présentes soulz scel de notre Chastellet de Paris, soit obeï plainnement, et leur vaille comme original. Et pour ce que, etc. »

Il ne se passa pas longtemps avant que les habitants de Saint-Ouen, en vertu de la dernière clause, eussent de nouveau à supporter les impôts corporels et réels dont on vient de lire la longue énumération. Outre que ce sont toujours les pêcheurs et les vignerons de notre village qui paient les frais de la fête quand il plaît au Dauphin de venir s'*ébattre* à la Noble-Maison, on voit encore, dès l'année qui suivit l'octroi de la précédente charte, en 1375, le roi en personne passer une partie du mois d'août à Saint-Ouen (1), et pendant tout ce temps le village entier était à son service.

Cependant, deux ans plus tard, Saint-Ouen eut la chance d'échapper à de nouvelles vexations. Dans les premiers jours de janvier 1378, l'empereur d'Allemagne, Charles IV, vint rendre visite au roi de France. La réception fut magnifique ; il faut en lire le récit dans les *Chroniques de Saint-Denis* (2). Après un séjour à l'abbaye et une entrée à Paris que tous ceux de Saint-Ouen durent aller admirer, Charles V mena son hôte, tout ingambe qu'il fût, dans ses divers châteaux des environs, au Louvre, à Vincennes, à Saint-Pol, à Beauté-sur-Marne et au monastère de Saint-Maur. On ne vint pas à la Noble-Maison, preuve nouvelle qu'elle commençait à être délaissée et peu en état de recevoir d'illustres visiteurs. Cet abandon évita bien des ennuis aux habitants.

---

(1) *Ord. des Rois,* VI, p. 140, 7 août. Charles y donna pendant son séjour des lettres par lesquelles il mande au chancelier de ne point sceller de commission d'ajournement sur les plaintes faites contre les jugements de la Cour des comptes et de renvoyer l'affaire à la dite Chambre, et non ailleurs.

(2) *Ed.* P. Paris, VI, pp. 364 et suiv.

Du reste, ils n'avaient pas seulement à souffrir des exigences royales. Le chapitre de Saint-Benoît de Paris continuait d'être seigneur d'une partie de Saint-Ouen, et d'y exercer, à ce titre, haute, moyenne et basse justice, d'où résultait naturellement pour lui le droit d'y établir des fourches patibulaires, des piloris et autres instruments de torture, enfin d'y faire les exécutions capitales. Mais les guerres civile et étrangère n'avaient pas ménagé les fiefs ecclésiastiques plus que les autres. Les chanoines se plaignaient de ce que, pendant la lutte, on avait détruit les instruments de supplice élevés par eux non-seulement à Saint-Ouen, mais aussi en divers endroits de Paris, ainsi qu'à Saint-Marcel, à Clichy et à Lymeil. Aussi, dès l'avénement de Charles V, font-ils entendre leurs réclamations, demandant qu'en raison des subsides et des corvées qu'ils doivent fournir, en raison surtout des pertes et dommages que les biens du chapitre ont eu à supporter par le fait des guerres, il leur soit permis de rétablir leurs piloris détruits, sinon partout où ils en avaient autrefois, du moins dans un de leurs fiefs. Par des lettres du mois de juin 1364 (1), Charles V s'empresse de leur donner satisfaction; il décide « qu'afin de devenir participant des biens qui sont faits dans la dite église (Saint-Benoît), il accorde aux dits suppliants, par grâce especiale et autorité royale, de pouvoir faire à l'avenir l'exécution des

---

(1) *Preuves*, n° LXI.

corps et membres dans les lieux et juridiction du chapitre à Lymeil, quel que soit celui de leurs fiefs où le crime aura été commis, et cela sans avoir à payer d'amende maintenant ou plus tard. »

Du même coup, les habitants de Saint-Ouen n'eurent donc plus à subir, outre la vue des fourches patibulaires et autres engins, le droit de juridiction des chanoines et tous les frais et obligations que ce droit entraînait à sa suite. Toutefois, délivrés de ce côté, ils étaient encore tenus d'ailleurs.

Leur puissante voisine l'abbaye de Saint-Denis avait aussi une justice qui s'étendait de l'autre côté du village sur toute la plaine Saint-Denis, le Lendit et une partie du territoire de Saint-Ouen jusqu'à la *Pointe Lisiard* (1). Et cela durait depuis si longtemps « qu'il n'estoit mémoire du contraire. »

Or il advint qu'en 1384 le roi Charles VI eut besoin d'argent pour faire réparer et augmenter les fortifications de Paris. Il décida qu'une aide supplémentaire serait levée « en la ville, fourbours et banlieue de Paris sur les vins vendus en gros et en détail. »

Le vin, c'était une des principales richesses de Saint-Ouen ! Aussi le prévôt de Paris ne manque-t-il pas, en vertu de cette ordonnance, de faire lever l'aide dans toute la banlieue et justice du monastère de Saint-Denis, dont le vignoble de Saint-Ouen

---

(1) Selon Lebeuf (III, 265), la *Pointe Lisiard* était « à l'endroit où la jonction des deux chemins formait une pointe au-dessous de Montmartre et de Clignancourt. »

dépendait. Mais les religieux de l'abbaye s'empressèrent de réclamer, prétendant que le roi allait ainsi « encontre leurs priviléges, droits, usages et possessions. » Un procès s'ensuivit, et l'affaire était si urgente et les récriminations si vives, que la cause fut renvoyée aux plus prochains jours du Parlement.

Les pièces du procès nous fournissent des détails curieux, surtout en ce qui concerne Saint-Ouen. En attendant le jugement, une première suspension avait été ordonnée par le roi. Cependant le prévôt avait continué de lever l'aide, et une contestation en était résultée entre lui et Jehan Brulé, fermier de l'aide à Saint-Ouen; en même temps, plusieurs habitants du village avaient refusé de la payer: c'étaient les nommés Guillaume de Gregy, meunier, Robin de la Chartre et Adenet Bureau.

C'est alors (1) que le procureur du roi jugea prudent d'intervenir et admit l'opposition du fermier de Saint-Ouen. Pour cette fois encore, les réclamations du peuple furent donc entendues!

L'abbaye de Saint-Denis avait de quoi se consoler de cet échec. Pour un privilége méconnu, elle en gagnait dix autres, et sa seigneurie recommençait à s'étendre de ce côté. Déjà, en 1352, Guillemin de Mantes lui rendait hommage pour un fief consistant 1° en dix arpents de terre tenant aux biens du roi à Saint-Ouen et à la Seine, et 2° en dix autres arpents

---

(1) 30 septembre 1384. *Preuves*, n°ˢ LXII et LXIII.

de prés et de saussaies situés entre le chemin allant de Saint-Ouen aux marais et le chemin de Clichy-la-Garenne (1).

En outre, à l'époque où nous sommes, elle possédait en entier l'île Saint-Ouen et l'île Saint-Denis, et, selon Doublet (2), y exerçait des droits assez singuliers. Sur l'île Saint-Denis était construit un hôtel ou manoir seigneurial. Les terres environnantes étaient labourables, et les bords plantés de saules. L'autre île, alors appelée île Saint-Marcel, était habitée par des hôtes sur lesquels pesaient de lourdes charges. Entre autres choses, il leur était défendu de se servir d'engins (filets) qui ne seraient pas du « moule raisonnable du roi ; » sinon on pouvait leur prendre ces engins et les brûler. Il paraît de plus que cette île était alors très-giboyeuse, car il est défendu aux hôtes d'avoir des chiens et de chasser. Les deux îles avaient été achetées en novembre 1363 d'un nommé Pierre de Saint-Pol, écuyer (3), par Jean Patourel, procureur de l'abbaye, et en son nom.

Enfin les religieux de Saint-Denis continuaient de jouir d'un droit de péage sur « toute nef qui passait devant Saint-Denis, venant de Rouen à Paris, et sur tout autre bateau vide ou plein ; » c'est Doublet (4) qui nous l'apprend encore. Le monastère resta pen-

---

(1) Lundi 4 juin 1352. (Arch. Nation., LL, 1191, p. 529.)
(2) *Antiq. de l'abbaye de Saint-Denis*, p. 1040.
(3) Arch. Nation., S, 2255, n°ˢ 14 et 15.
(4) *Loc. cit.*

dant tout le reste du moyen âge en possession des divers priviléges dont nous venons de parler, car en 1421 une sentence fut rendue, qui ordonna de saisir, au profit du cuisinier de l'abbaye, les filets dont s'était servi un pêcheur du nom de Michel de Liencourt. Celui-ci n'avait pu prouver contre sa puissante adversaire le droit de pêche qu'il prétendait avoir sur deux *gords* à lui appartenant devant Saint-Ouen (1).

---

(1) *Preuves*, n° LXIV.

CHAPITRE IX.

Les hôtels de Charles VI, d'Isabeau de Bavière et du duc de Guienne (1380-1410).

Dans les premiers temps du règne de Charles VI, alors que ses oncles promenaient ce faible roi de 12 ans depuis Paris jusqu'en Flandre, pour le ramener, par Arras, à Paris, les historiens ni les actes ne font mention de Saint-Ouen. Il n'est bruit à cette époque que des exactions des princes du sang, de leurs querelles, de leurs rivalités, ou des violences des Maillotins. Si le roi séjourne quelque temps dans un de ses nombreux palais, c'est à Saint-Pol, à Melun, à Vincennes, à Beauté-sur-Marne. Cependant, sous ce règne, la Noble-Maison verra encore se passer plusieurs faits importants. Voici la première occasion où son souvenir reparaît.

Nous savons déjà que lors des visites, du reste assez rares, dont plusieurs souverains étrangers avaient honoré la France pendant le règne de Charles V, Saint-Ouen avait eu la bonne chance d'être oublié. Il n'en fut pas de même dans les premières années de son fils. Ces visites, que l'esprit économe de Charles le Sage ne provoquait pas, étaient plus volontiers accueillies par le nouveau roi. C'étaient des causes de dépenses pour le trésor public ; mais qu'importait à Charles VI ?

Aussi fut-ce à bras ouverts qu'il reçut, en 1385, le roi d'Arménie, Léon VI, prince de la famille des Lusignans, qui avait eu la fantaisie de venir visiter Paris. Il y eut d'abord les fêtes accoutumées, puis, comme l'Arménien désirait prolonger son séjour, on s'occupa de pourvoir largement à ses dépenses : « Fut regardé, dit Froissart (1), que le roi d'Arménie, pour tenir un estat moyen, serait assigné d'une rente et revenue par an sur la chambre des comptes et bien payé de mois en mois et de terme en terme. Si fut assigné le dit roi d'Arménie de six mille francs par an, et en ot cinq mille présentement pour lui pourvoir de chambre et de vaisselle et autres menues nécessités, et lui fut délivré l'ostel de Saint-Ouin delez Saint-Denis, pour là demeurer luy et ses gens et pour y tenir son estat. »

Bientôt le duc de Bourgogne, qui venait d'hériter des Flandres, voulut entraîner Charles VI à la conquête de l'Angleterre. Une flotte considérable fut préparée. On n'attendait que les grands seigneurs français avec leurs armées : mais ceux-ci ne se pressaient pas, le roi moins encore que les autres. En digne petit-fils de Jean le Bon, il passait son temps dans les festins et les tournois, et faisait parader ses troupes au lieu d'entrer en campagne. Il fixa cependant le départ au 5 août 1386. Mais auparavant il ne voulut pas manquer une occasion qui s'offrait à lui

---

(1) Ed. Kervyn de Lettenhove, t. XI, p. 248.

de s'amuser et de faire bombance. Il venait d'obtenir du pape une dispense pour marier sa sœur Catherine, qui n'était que dans sa 10ᵉ année, avec le propre cousin de la petite princesse, Jean, fils du duc de Berry.

C'est à la Noble-Maison de Saint-Ouen que se firent les épousailles. Le château royal revit tout son ancien éclat, et entendit de nouveau le bruit des chants et le fracas des coupes (1). Cependant il fallut promptement s'arracher à ces plaisirs : le 5 août au soir, les noces à peine terminées, le roi alla baiser les reliques des martyrs à Saint-Denis et se décida à se mettre en route. Mais il perdit tellement son temps le long du chemin, qu'il n'arriva pour prendre la mer qu'au mois de décembre. Il était trop tard : l'expédition avorta.

Charles VI, alors, pour trouver matière à son activité, se rejeta sur l'Allemagne. Au retour de cette

---

(1) Voir *Chron.* du *Religieux de Saint-Denis*, livre VII, chap. VII. Ed. Bellaguet, t. I, p. 449. — Ce fait n'avait encore été relevé par aucun des historiens de Saint-Ouen. L'assertion du *Religieux* est confirmée par une note qui se trouve dans le manuscrit de la Biblioth. Nat. lat., n° 14669, f° 101, v°, parmi d'autres faits relatifs au règne de Charles VI : « Item, l'an IIII** et VI le roi à Saint-Ouyn, près de Paris, le vᵉ jour d'aoust, pour faire les noces de madame Ysabel, sa fille. » On voit que cette mention est en désaccord avec le *Religieux* sur un point : le nom de la mariée. Mais le *Religieux* a raison. Charles VI, marié lui-même depuis une année à peine (juillet 1385, à 16 ans), ne pouvait encore, quelque précoces que fussent alors les unions, avoir de filles à marier. Il eut bien, en effet, une enfant du nom d'Ysabel; mais il ne la maria qu'en 1396. Le rédacteur de notre manuscrit, bien que contemporain des faits, a donc commis une confusion quant à la personne de l'épousée. Mais le fait de cérémonies nuptiales à Saint-Ouen, au mois d'août 1386, n'en reste pas moins acquis par un double témoignage.

ridicule campagne contre le duc de Gueldre, comme il venait d'atteindre sa majorité, il déclara qu'il voulait régner par lui-même. Mais il ne faisait ainsi acte de volonté que pour être plus libre de se livrer à ses fantaisies. A défaut de batailles il lui fallait des fêtes. Et le voilà qui vient à Saint-Denis, le dimanche 2 mai 1388, avec la reine et une foule innombrable de seigneurs et de dames. C'était pour faire assister toute la cour à de grandes joutes données en l'honneur du souverain, qui même semble n'avoir pas dédaigné d'y prendre part en personne (1).

Cependant, cette vie agitée fatiguait Isabeau de Bavière, qui était enceinte. Aussi ne tarda-t-elle pas à se retirer à Saint-Ouen, dont, dès cette époque, elle affectionnait le séjour. Nous aurons d'autres preuves de cette préférence. C'est là que, dans le mois qui suivit (14 juin), elle accoucha d'une fille. Mais cette enfant, qu'on avait nommée Jeanne, mourut peu de temps après son baptême (2).

Le roi fut bien vite consolé. L'année 1389 se passa encore tout entière en fêtes et en promenades. A la suite de la cérémonie magnifique où les princes d'Anjou furent faits chevaliers à Saint-Denis (mois de mai), Charles vint se reposer quelques jours à

---

(1) Biblioth. Nat., manusc. lat. 14669, f° 101, v° : « Item, l'an mm^{xx} et viii, le dymenche 2° de may, le roy à Saint-Denis, la royne et tous les seigneurs et grans, dames et demoiselles, pour la grant feste que le roy y fist et les joustes. »
(2) *Chronique du Religieux de Saint-Denis*, liv. ix, chap. iv. Ed. Bellaguet, t. i, p. 519.

Saint-Ouen (1); mais il repartit incontinent pour Melun (2), puis pour Avignon et le Languedoc.

Les habitants de Saint-Ouen durent attendre plus d'un an son retour et sa bonne volonté pour obtenir de lui la confirmation de l'exemption de prises que leur avait accordée, on se le rappelle, le roi Charles V. Il semble résulter de cette confirmation que, pendant l'absence de son mari, la reine ne s'était pas fait faute, de concert avec les oncles du roi, de rançonner la ville de Saint-Ouen, au mépris de ses franchises.

Aussi Charles VI, dans son ordonnance, a-t-il soin de dire expressément que l'exemption s'adresse aux officiers de sa femme et de ses oncles comme aux siens (3). Par malheur pour notre village, ces lettres ne furent pas mieux observées que les premières.

Mais voici qu'avec la folie du roi commencent les années les plus tristes peut-être de l'histoire de France. Alors que l'air et le calme de la campagne eussent pu le soulager, ceux qui avaient causé le mal

---

(1) C'est ce que prouvent des lettres du 12 juin, portant que les habitants de Clermont, en Auvergne, ne payeront point l'imposition que le duc de Berry veut lever sur eux. Ces lettres sont, en effet, ainsi datées dans le *Recueil des Ord. des Rois*, t. vii, p. 284 : « *Données à Saint...... lez-Paris.* » Il est évident qu'il ne peut être question ici que de Saint-Ouen, car l'on ne disait jamais Saint-Denis-lès-Paris, et le roi n'avait pas d'autre manoir aux environs de la capitale dont le nom commençât par le mot de *saint*.

(2) Il y était le 22 juillet. Douet d'Arcq, *Comptes de l'hôtel des Rois*, p. xl.

(3) *Ord. des Rois*, vii, 375, et Arch. Nation., *Trésor des Chartes*, reg. 139, p. 204, acte du 18 octobre 1390.

en surmenant la jeunesse de Charles VI et en favorisant ses débauches gardaient le malheureux monarque enfermé dans un sombre palais. De longtemps, ni lui ni la reine ne vinrent à Saint-Ouen. Au moins n'est-il resté, que je sache, aucune trace de leur passage.

Toutefois, vers la fin de 1397, il se fit une réaction. Nous avons retrouvé 29 pièces originales qui établissent que, pendant près de 2 ans, à partir de cette époque, on ne cessa, avec une persistance remarquable, d'acheter au nom du roi des hôtels et de nombreuses pièces de terre en diverses parties du territoire de Saint-Ouen et des environs. Je dis *au nom du roi*, car, bien qu'il figure seul comme acquéreur dans tous les actes, il est fort probable que ces importantes acquisitions furent faites à son insu.

Les chartes dont je parle sont des documents très-curieux pour l'histoire et la topographie de Saint-Ouen. Elles fournissent des renseignements pleins d'intérêt sur le prix des immeubles à la fin du xive siècle, les diverses censives qui se disputaient alors le territoire du village, les chemins, les constructions importantes, le nom des habitants, les lieux-dits, l'état des cultures, etc. Je renvoie le lecteur à l'appendice, où elles sont toutes copiées ou analysées. Je me contenterai ici de résumer ces actes par ordre chronologique, en faisant ressortir ce que chacun d'eux contient de particulier. Puis, de cet examen, nous tirerons les conséquences générales, et peut-être en sortira-t-il quelques traits nouveaux pour l'histoire des rapports du roi et de la reine avec notre village.

Passons vite devant une première pièce, du 29 décembre 1397, sur la vente d'un quartier de vigne, près des jardins du roi (1), et arrivons de suite à deux contrats considérables, tous deux conclus le mercredi 16 janvier 1398.

Le premier surtout appelle toute notre attention. Gilles de Clamecy, marchand de Paris, et sa femme, vendent au roi un hôtel avec cour, grange, étable, *bergeries*, pressoir, jardin, pourpris, et quinze arpents de terre y tenant, sans compter de nombreuses pièces de blé ou de vigne en divers quartiers de Saint-Ouen, un fragment d'île et quantité de redevances. Ces biens, selon leur emplacement, relevaient de Saint-Benoît de Paris, de l'aumônier de Saint-Denis, du prieur de Saint-Denis-de-l'Estrée, du seigneur de Clichy, de celui des Porcherons, des religieux de Sainte-Catherine, de Saint-Pol, de Saint-Denis, etc. Il est stipulé que l'hôtel est vendu avec tout son contenu, soit 200 bêtes à laine, 3 vaches, 4 chevaux de trait, « toutes les cuves et cuviers à faire vendanges, » tous les instruments et voitures de labour, ainsi que les meubles meublants, sauf ceux qui sont particuliers aux vendeurs. Le tout est cédé au roi pour la somme importante de 4000 écus d'or (2).

---

(1) *Preuves*, n° LXV.
(2) *Preuves*, n° LXVI. Lebeuf mentionne brièvement cet acte et le suivant, d'après *les Mémoires de la Chambre des Comptes*.

La charte dit seulement que cet hôtel était situé à Saint-Ouen, sans désigner plus précisément l'emplacement. Mais de ses termes mêmes il semble résulter que l'immeuble qui fait l'objet principal du contrat était situé près de la Noble-Maison, entre la rue du Lendit actuelle et la route de Saint-Denis, dans la partie du village que le cadastre appelle encore « les Châteaux (1). »

Dans le second acte, c'est d'un autre riche marchand de Paris, Pierre Varropel, que le roi acquiert encore deux hôtels avec leurs cours, jardins, granges, étables et enclos de vigne ; il se fait céder également une quantité de prés, vignes, terres labourables, cens, fiefs, rentes et droits dans différentes parties des territoires de Saint-Ouen et d'Aubervilliers. La vente est faite, cette fois, pour la somme encore considérable de 4,000 florins d'or. L'emplacement des deux hôtels n'est pas davantage désigné ; j'avoue laisser à de plus versés que moi dans la connaissance du pays le soin de la déterminer. Je ferai seulement remarquer que plusieurs des lieux-dits dont il est question dans cette charte et dans les suivantes, tels que: les *Carreaux*, les *Trieres*, *Chantaloue* (2), les chemins du *Lendit*, des *Poisson-*

---

(1) Voir plus loin ce que nous dirons de cet hôtel et de sa destinée.

(2) Et non *Chantaloup* ou *Champaloup*, comme ce territoire est encore appelé de nos jours. *Chante aloue* (ou mieux *Chante aloe*) veut dire lieu où chante l'alouette, et n'a jamais pu signifier *Chante le loup*, ce qui serait absurde. Ce lieu-dit s'est conservé sous sa bonne forme à Saint-Ouen jusqu'au xv° siècle; l'étymologie que j'en donne peut servir à la plupart des *Chanteloup* de France.

nières, existent encore aujourd'hui. Je signalerai, en outre, des censives nouvelles, celles de Jean de Haie, écuyer, du maire d'Aubervilliers, des religieuses de Montmartre. Enfin, je note qu'on peut établir d'après cette charte qu'il y avait toujours une chapelle dans la Noble-Maison, puisqu'il est question des terres de la chapelle du roi. Dernière conclusion à tirer : Saint-Ouen, comme presque tous les villages du moyen âge, était alors entouré de murs. Mais il est difficile de spécifier jusqu'où ils s'étendaient, l'acte disant seulement que certaines pièces de terre sont situées « au bout des murs (1). » Cette enceinte existait encore au XVIIe siècle, puisqu'on la trouve représentée dans quelques-unes des vues d'Israël Sylvestre.

Les 26 actes qui me restent à analyser ont bien moins d'importance. Il ne s'agit plus pour le roi (ou pour ceux qui parlaient en son nom) que de se débarrasser de voisins gênants par l'acquisition de menues pièces de terre ou de constructions mitoyennes, soit à l'ancienne Noble-Maison, soit aux nouveaux châteaux. Il faut pourtant signaler que les terres acquises ainsi successivement, à des intervalles rapprochés, se tenaient toutes les unes aux autres, et que la plupart appartenaient à des habitants de Saint-Denis. Il y a en outre

---

(1) *Preuves,* n° LXVII. Il est toujours bien entendu que les rapprochements que j'ai faits et que je vais faire restent sous ma responsabilité. Les personnes qui connaissent le pays pourront en faire bien d'autres à l'aide des pièces justificatives. C'est du reste, je le répète une fois pour toutes, une des raisons de leur publication.

une remarquable coïncidence entre la façon de procéder du roi et celle de Guillaume de Crespy, au siècle précédent. Ces achats se succèdent rapidement, comme on va voir.

Ainsi, le 10 mars 1398 (a. s. 1397), l'administrateur de l'Hôtel-Dieu de Saint-Denis vend au roi une maison et un jardin tenant à « l'Hôtel du Roi » et à la chapelle dont il vient d'être question. C'était dans la censive de Saint-Benoît (1).

Deux jours plus tard, il s'agit de deux maisons avec cour, étables, cellier, etc., entre la Noble-Maison et le cimetière de l'église paroissiale, aboutissant à la Seine, — sans doute une partie du parc actuel de M. Legentil (2).

Puis, ce sont divers jardins et masures que le roi achète, le 30 juin, encore près de son hôtel. Cette charte est à signaler en ce qu'elle nous apprend que, au moins à cette époque, il y avait un chapelain à la Noble-Maison, et qu'il s'appelait messire Hervy Rousseau (3).

Deux autres pièces du même jour traitent de vignes et de jardins touchant au parc du roi, toujours dans la censive de Saint-Benoît de Paris (4).

C'est tout pour cette année-là. La suivante (1399), le roi recommence de plus belle. Les 9 et 10 avril, il

---

(1) *Preuves*, nos LXVIII et LXIX. Voir aussi *Gallia Christiana*, t. VII, col. 401.
(2) *Preuves*, n° LXX.
(3) *Preuves*, n° LXXI.
(4) *Preuves*, nos LXXII et LXXIII.

achète au bout de son jardin, dans les censives de Mineaux (ou Migneaux) et de Clichy, plusieurs pièces de terre et de vigne (1).

Le 13 mai, six nouveaux actes où il s'agit encore d'arpents de terre, acquis de diverses personnes à peu près au même quartier, mais plus près de la Seine. Il y est encore question des murs de Saint-Ouen de ce côté, puis du vieux port de Saint-Denis, et de divers lieux-dits: les Grès, la Pointe (peut-être la Pointe-Lisiart), l'Avallée de Saint-Ouen, et toujours la censive de Mineaux. On y trouve, à deux reprises, signalés les biens du curé ou chapelain de Saint-Quentin. Peut-être sont-ce là des terres possédées au XIIIe siècle par Guillaume de Crespy, dont tel était, on s'en souvient, un des titres, et qui auront passé à ceux qui avaient hérité de son bénéfice (2).

C'est encore au vieux port Saint-Denis, au clos de Mineaux, au chemin des Poissonniers, que touchent des immeubles achetés les 30 juin, 1er et 12 juillet. Dans l'une on cite une « terre qui est à la royne, » sur laquelle je reviendrai. Les principales censives sont celles de l'aumônier de Saint-Denis et de Pierre Ogier (3).

Enfin cinq chartes, échelonnées du 19 juillet au 3 septembre de la même année, terminent la série de ces achats. A côté des censives déjà souvent nommées,

---

(1) *Preuves*, n°s LXXIV à LXXIX.
(2) *Preuves*, n°s LXXX à LXXXV.
(3) *Preuves*, n°s LXXXVI à LXXXVIII.

on voit, par l'une de ces pièces, que les Hospitaliers de Saint-Jean-de-Jérusalem avaient aussi des droits sur une partie de Saint-Ouen. La dernière mentionne près de Saint-Denis, le long de la Seine, un four à chaux dont il ne serait peut-être pas impossible de reconnaître les traces (1).

Le prix de toutes ces ventes réunies formait un total très-fort, surtout eu égard au triste état où se trouvait alors le trésor royal.

Maintenant, je pose de nouveau la question : Est-ce le roi qui prit l'initiative de ces coûteux marchés ? Je crois que non. Je vais même chercher à établir que quelqu'un se servit alors du nom du roi, et que cette personne fut la reine. Il est un fait que Lebeuf et tous ses plagiaires n'ont pas ignoré : c'est qu'Isabeau de Bavière possédait en 1431, à Saint-Ouen, deux hôtels, puisque, comme nous le verrons en temps et lieu, elle en disposa alors par testament. D'où lui venaient ces hôtels ? Nous n'avons aucun texte précis pour nous l'apprendre, mais il n'est peut-être pas impossible de le savoir, au moins pour l'un d'eux. On vient déjà de voir que la reine avait en propre des biens à Saint-Ouen dès le mois de juillet 1399 ; car, dans une charte de cette époque, il est question d'une « terre qui est à la royne. » En même temps Lebeuf affirme, d'après les *Mémoriaux de la Chambre des comptes*, que le roi donna, cette année-là, deux hôtels qu'il avait dans le

---

(1) *Preuves*, n°⁵ LXXXIX à XCIII.

village. A qui fut faite cette donation? c'est ce que le savant historien ne dit pas, et que je ne puis savoir; car il ne m'a pas été loisible de retrouver le passage d'où le fait est tiré (1). Mais l'assertion de Lebeuf suffit pour que nous la tenions pour certaine. Eh bien! n'est-il pas dès lors très-naturel de supposer avec moi : 1° qu'Isabeau, après avoir fait acheter sous le nom du roi plusieurs maisons et de nombreux biens à Saint-Ouen, trouva ensuite commode de s'en faire donner une partie au moins par son mari (2); 2° que ces biens, dont elle continua de jouir toute sa vie, sont ceux qu'elle légua à sa mort; 3° qu'enfin quelques-uns d'entre eux se trouvaient sur l'emplacement qui a porté jusqu'à nos jours le nom de *terre* ou *château de la reine* (3)?

Voici qui vient, d'ailleurs, à l'appui de cette supposition : Toutes les fois que nous aurons désormais à parler du passage de la cour à Saint-Ouen, c'est de la reine qu'il s'agira et non du roi; jamais, en outre, on ne

---

(1) T. III, p. 303. Du moins, il n'y a rien dans les copies des *Mémoriaux* conservés aux Archives et à la Bibliothèque nationale. Il est probable que Lebeuf avait recueilli ce fait avant l'incendie qui a détruit une si grande partie des archives de la Chambre des Comptes au XVIII° siècle.

(2) On peut s'appuyer sur les termes mêmes du testament, où la reine dispose à la fois « de toutes les terres, maisons et seigneuries, cens, rentes et possessions que notre seigneur par *sa grâce nous a donnés*, et que nous avons acquis, etc. » (Voir plus bas.)

(3) Dans le même testament, cet hôtel ou ensemble d'hôtels est appelé « *les Bergeries.* » Or, il y avait des *bergeries* dans la vente faite le 16 janvier 1398 par Gilles de Clamecy, vente qui comprenait un hôtel et de vastes dépendances.

verra qu'elle ait habité la Noble-Maison, et pourtant elle vint souvent dans notre village. Dès 1401, deux ans à peine après cette donation que je suppose, les comptes d'Isabeau de Bavière nous la montrent restant à Saint-Ouen pendant tout le mois de juin (1). Le 16, elle y reçoit plusieurs messagers chargés d'aller récolter l'argent nécessaire à ses dépenses ; le 18, on lui apporte une lettre qu'elle avait envoyé chercher chez l'abbé de Coulombs, au diocèse de Chartres. Enfin on voit ce que lui coûtèrent le pain et le vin qui lui furent fournis pendant le mois entier pour les hôtels de Saint-Pol de Paris et de Saint-Ouen par les religieuses de la Saussaye et les nonnains d'Yères (2).

Veut-on un autre témoignage de l'affection de la reine pour Saint-Ouen ? L'extrait d'une chronique anonyme du règne de Charles VI (3) nous apprend qu'en 1410, le jeune duc Charles d'Orléans, profitant de ce que le duc de Bourgogne était en Flandre, se mit en mesure de venger son père. Il releva le courage de son parti, et s'efforça de discréditer les gens que son oncle de Bourgogne avait laissés auprès du roi. Il envoya, à cet effet, des lettres « au roy et à la

---

(1) Douet d'Arcq, *Comptes de l'hôtel des rois de France*, p. 143, 147, 163, etc. — De plus, il n'est pas douteux que si l'on consultait tous les comptes inédits de cette princesse, mentionnés par M. Douet d'Arcq dans son *Introduction*, p. 32, on ne trouvât de nombreuses autres preuves de ses séjours à Saint-Ouen cette année-là et les suivantes.

(2) Douet d'Arcq, *ibid.*, p. 143.

(3) Publiée également par M. Douet d'Arcq, à la suite de la *Chronique de Monstrelet*, t. VI, p. 206. — Voir aussi le *Religieux de Saint-Denis*, liv. XXXII, chap. XXVI.

royne de France, *laquelle se tenoit lors entre Paris et Saint-Denis, sur la costière de la place du Lendit, en un hostel que l'on appelle Saint-Awain*, au duc de Guienne, leur fils, etc. » On remarquera que le rédacteur de la chronique a soin de mentionner que c'était Isabeau seulement qui se trouvait alors à Saint-Ouen. N'est-il pas admissible que, dans cette circonstance comme dans les autres, elle préférait habiter son hôtel particulier que celui de son mari ?

Mais, si Charles VI ne fut pas souvent conduit dans notre beau pays, quelqu'un y accompagnait la reine, et songea même à s'y acheter aussi un hôtel : c'est le jeune dauphin Louis, duc de Guienne, dont il vient d'être question. Précisément cette année-là, et à peu près vers le même temps où nous venons de le voir mêlé aux intrigues de la cour, il fit, ou on fit pour lui (il avait, bien que déjà marié, à peine vingt ans) d'importantes acquisitions. C'est le mardi 29 avril qu'un conseiller du roi nommé Jehan le Flament lui vendit un grand hôtel avec « court, granche, estables, jardin et clos de vigne, » ainsi que de très-nombreux arpents de vigne et de terre, situés auprès de l'hôtel ou sur le territoire de la paroisse. L'acte mentionne aussi la liste des cens et rentes cédés par Jehan le Flament. Le prix du contrat est digne de ceux que nous avons vu le roi payer douze ans auparavant : 4,000 livres tournois (1) !

---

(1) *Preuves*, n° xciv. — Nous prions encore qu'on se reporte à cette pièce considérable, pleine de renseignements curieux.

L'emplacement des terres et des censives qui font un des objets de cette charte est assez facile à reconnaître. La plupart se trouvaient dans la partie occidentale de Saint-Ouen, qui touche à Clichy. Elles comprenaient presque tout l'espace occupé aujourd'hui par les lieux-dits les *Trières,* les *Épinettes,* les *Carreaux,* le *Chemin-de-Saint-Cloud;* il y en avait aussi vers Saint-Denis, et l'on voit même figurer ici le fief entier de *Mineaux,* qui se trouvait de ce côté, le long de la Seine, à l'extrémité nord-est du village. C'est à cet endroit que s'élevait sans doute sur la rivière un moulin appelé moulin de Romaincourt (1), au bout des jardins de la Noble-Maison. Enfin, dans l'acquisition du Dauphin, on comptait aussi une grande pièce d'île, entre Saint-Ouen et Clichy.

Mais l'hôtel et ses dépendances, dont parle d'abord le contrat, et qui en est la partie principale, où était-il situé? On pourrait d'abord penser qu'il fut près de l'hôtel de la reine, dans le quartier qui s'appelle encore les Trois-Châteaux. Cependant, bien que les termes de la charte ne soient pas fort clairs et ne désignent pas de lieux-dits précis, il paraît résulter des mots « tenant d'une part au chemin par où l'on va de Saint-Ouen à Clichy-la-Garenne, et d'autre part par où l'on va aux Maraiz, » qu'il faut chercher la situation de cet hôtel vers le lieu encore appelé, en 1830, « *le Clo-*

---

(1) Ce nom est signalé, dès le xiiie siècle, dans la charte du 2 mars 1286, *Preuves,* n° xxi.

seau, » c'est-à-dire du côté où l'on a creusé *la Gare* et où sont établis *les docks*. Il aurait ainsi été assez près des 31 arpents acquis dans le même acte sur la limite du territoire de Clichy. Peut-être aussi était-il plus proche du parc de Mme de Craon. Il ne semble pas, d'ailleurs, qu'il en reste aucun vestige.

La totalité des biens acquis par le Dauphin relevait, à un titre ou à un autre, de l'abbaye de Saint-Denis. Tout prince du sang qu'il était, il dut en prêter foi et hommage au puissant monastère. Il ne perdit même pas de temps : dès le 18 mai suivant, son chancelier, Jean de Nyelles obtint de l'abbé des lettres qui l'attestent (1).

Ces acquisitions faites, le village presque tout entier devait toutefois appartenir au roi et à sa famille. Louis de Guienne, pour sa part, n'eut pas longtemps à jouir de son hôtel, et encore sa jouissance, si courte qu'elle ait été, fut-elle bien peu tranquille. Mais avant de raconter ce qu'il en advint, il nous faut remonter de quelques années en arrière, jusqu'aux premiers temps de la démence de Charles VI, époque à partir de laquelle Saint-Ouen vit revenir de bien tristes jours.

---

(1) *Preuves*, n° xcv.

CHAPITRE X.

(Suite du chapitre précédent.)

Pillage et destruction de Saint-Ouen pendant les règnes de Charles VI et de Charles VII.

Les rivalités et les compétitions qui s'agitaient autour du roi avaient semblé devoir se calmer après la paix de Bicêtre (nov. 1410) ; deux mois pourtant ne s'étaient pas écoulés, que Bourguignons et Armagnacs recommençaient de plus belle à se disputer Paris. Pendant toute l'année 1411, la banlieue ne cessa d'être leur proie et leur victime. Toutefois, là où les Flamands, partisans de Jean Sans-Peur, duc de Bourgogne, se contentaient de rançonner pour s'enrichir et de charger de butin les chariots qu'ils renvoyaient dans leur pays, les gens du Midi, partisans d'Armagnac et d'Orléans, dévastaient, ravageaient, brûlaient tout avec rage, avec férocité. Leur quartier général était à Saint-Denis, et ces bandes fourmillantes de pillards s'étendaient sur toute la campagne à l'entour.

Rappelons, d'après un témoin oculaire, tout ce que Saint-Ouen eut alors à souffrir, et quel rôle il joua à ses dépens dans l'histoire. D'abord, si le duc d'Orléans s'était établi à Saint-Denis, ce n'avait pas été sans peine. Il avait même commencé par s'en voir refuser l'entrée. Mais, à la tête de sept escadrons, il l'avait cerné en occupant Saint-Ouen (1), Montmartre, la Chapelle et quatorze autres villages des environs de Paris; et le chef bourguignon, défenseur de la ville, Jean de Châlon, n'avait pas tardé à l'évacuer avec ses troupes. C'est à ce moment que les Armagnacs s'étaient installés au monastère, après avoir pillé maisons et champs partout où ils avaient passé (2).

Pour se défendre contre ces soldats brigands qui menaçaient la capitale, les Cabochiens se mirent à faire plusieurs sorties. Des arbalétriers envoyés par eux descendirent la Seine en bateau jusqu'à Saint-Ouen, et blessèrent les chevaux de l'armée d'Orléans qu'on conduisait à la rivière pour s'abreuver. A un autre moment, profitant d'une absence des Armagnacs, les cavaliers parisiens serrèrent Saint-Ouen de plus près, et même leur artillerie lança, à l'aide de ses machines, « des pierres d'une grosseur énorme qui, tombant avec un horrible fracas sur le village même,

---

(1) Ce fait est confirmé par un historien du camp opposé : « Or, les enfanz d'Orléans et leurs aliés passerent Aise (l'Oise) joedi 1er jour d'octobre cccc et xi, et s'en vindrent logier entre Saint-Deniz et Paris, à Montmartre et à la Noble-Maison de Saint-Ouain ; et venoient tous les jours escarmucher à la porte de Paris, en disant : « Issiés, truans bourgois, bouchiez, tripiez ! » et assez de villanies, dont tout ce peupple du royaume estoient bien esbahis, comme ils osoient ce faire. » (*Chronique normande de Pierre Cochon*, éd. p. Robillard de Beaurepaire, 1870, in-8°, p. 257.)
(2) *Chronique du Religieux de Saint-Denis*, l. xxxii, ch. xxv-xxix Éd. Bellaguet, t. iv, pp. 491-500.

ébranlaient les murs de l'hôtel royal et allaient écraser les autres maisons (1). »

Mais pendant que leurs adversaires perdaient leur temps à battre en brèche toutes les murailles, les Armagnacs firent un retour offensif. Les soldats et les bourgeois de Paris étaient presque sans armes et ne s'attendaient pas à être attaqués. « Aussi ne purent-ils résister à un choc si imprévu ; ils s'enfuirent sans combattre, abandonnant leurs tentes et tous leurs bagages. Nouveau butin pour les vainqueurs (2). »

Alors la fureur des Armagnacs ne connut plus de bornes : les maisons étant vides ou détruites, les champs bouleversés, elle se tourna contre les habitants. Ceux qui ne pouvaient payer une rançon exorbitante furent pendus ou noyés. On les accusait de favoriser les Bourguignons, et on les soumettait à d'horribles tortures ; puis, comme ils refusaient de ne rien dire ou de rien donner, n'ayant rien à donner ni à dire, on les égorgeait (3). Les paysans de la Chapelle partagèrent le sort de ceux de Saint-Ouen.

Ces désordres se passaient au mois d'octobre. Il semble qu'ils aient fini par faire horreur aux chefs du parti. Peut-être aussi, craignant de devenir odieux au roi à force d'exactions, voulurent-ils se rap-

---

(1) *Chronique du Religieux de Saint-Denis.* Édit. Ballaguet, t. IV, p. 495.
(2) *Ibid.*, p. 511.
(3) *Ibid.*, p. 513.

procher de la cour, — l'objet commun de ces luttes n'étant, après tout, que de savoir qui gouvernerait, des Armagnacs ou des Bourguignons. Toujours est-il que les principaux seigneurs du parti d'Orléans se réunirent à Saint-Ouen pour aviser. De là, ils adressèrent une *Déclaration* à l'Université et au roi, dans laquelle ils se défendent d'avoir cherché à accaparer le pouvoir, et disent qu'ils ne veulent que venger la mort de Louis d'Orléans, « père de Monseigneur qui à présent est (1) » (9 octobre). Ils ajoutent que c'est dans cette intention qu'ils sont venus, et qu'ils ne demandent qu'à servir le roi. Mais les habitants de Saint-Ouen auraient pu leur crier, à tous ces princes et capitaines, pendant qu'ils rédigeaient leur *déclaration*, que leur façon de servir le roi n'était guère du goût de ses sujets.

D'ailleurs, de quoi se seraient-ils plaints? A quelques jours de là, le jeune duc Charles d'Orléans lui-même, après avoir, dans l'intervalle, séjourné à Saint-Ouen, sans doute dans la Noble-Maison, ne partait-il pas avec le duc de Bourbon, le comte d'Armagnac et tout un brillant cortége de chevaliers pour se rendre à Saint-Denis? Quel cœur tant soit peu chrétien ne leur eût pas pardonné tous leurs méfaits après la pénitence publique à laquelle ils venaient se condamner? « Ils entendirent une basse messe, dit le chroniqueur de Charles VI,

---

(1) Douet d'Arcq, *Pièces inédites sur le règne de Charles VI*, t. I, p. 344.

baisèrent les saintes reliques et retournèrent à Saint-Ouen, sans avoir rien mangé (1). » Et le brave religieux profite de l'occasion pour protester, au nom de l'abbaye, contre l'accusation d'avoir livré au duc le sceptre, le diadème et les autres insignes de la royauté. Il est possible que les Armagnacs se soient abstenus ce jour-là, mais il n'y avait pas longtemps que le comte d'Armagnac lui-même s'était fait livrer par les moines toute la vaisselle royale.

Pendant les trois années qui suivirent, nous ne savons rien de Saint-Ouen. Les gens de guerre s'étaient éloignés peu à peu de ces contrées, où il n'y avait plus rien à prendre, laissant le pays ruiné, les routes détruites, les villages rasés ou brûlés. Les nombreuses maisons royales de Saint-Ouen avaient souffert comme le reste, et plus peut-être, s'il est possible. Cependant à la faveur d'une nouvelle trêve intervenue entre les deux partis, les fêtes allaient recommencer.

La Noble-Maison n'était pas encore, paraît-il, si délabrée qu'elle ne pût servir de théâtre aux réjouissances et aux tournois. Car telle était la fièvre de ces temps agités que, pour se reposer des batailles, il fallait encore à tous ces écervelés des joutes où ils pussent exposer leur vie ! Saint-Ouen vit, en 1414 et en 1415, deux de ces luttes qui avaient pour témoin toute la cour assemblée.

---

(1) *Chronique du Religieux de Saint-Denis.* Édit. Bellaguet, t. IV, p. 515.

Je passe de nouveau la parole au *Religieux de Saint-Denis*. Les détails que donne ce témoin bienveillant sont rendus encore plus piquants par les réflexions censées dont il les accompagne (1) :

A l'occasion des fêtes données pour la réception des ambassadeurs du roi d'Angleterre, je vais placer ici, en reprenant les faits un peu plus haut, le récit d'un combat où figurèrent des chevaliers portugais, et qui fixa l'attention non-seulement des Français, mais encore des ambassadeurs d'Angleterre ; je crois devoir en transmettre le souvenir à la postérité, bien qu'elle puisse n'y voir qu'un acte de forfanterie.

Vingt braves champions, venus des rives lointaines du Portugal et appartenant aux premières familles de ce pays, se présentèrent devant le roi en pompeux et brillant équipage, demandant instamment qu'il leur fût permis de se mesurer avec autant de Français à toutes armes, soit un contre un, soit plusieurs ensemble contre un nombre égal d'adversaires, avec la condition que le vainqueur pourrait tuer le vaincu s'il refusait de payer rançon. Ils déclarèrent

---

(1) *Chronique du Religieux de Saint-Denis*, liv. xxxv, ch. xxxii. Édit. Bellaguet, t. v, pp. 411-415. — Je reproduis ce récit en entier parce qu'il semble le plus exact. Mais il importe de le comparer avec un autre que donne, des mêmes faits, Juvénal des Ursins, lequel, du reste, s'accorde avec le *Religieux* sur beaucoup de points. Juvénal oublie seulement de dire que les deux tournois se firent à Saint-Ouen. (Voir *Histoire de Charles VI*, par Juvénal des Ursins, collection Michaud et Poujoulat, 1re série, t. ii, pp. 503-504. Paris, 1836, in-8º.) — Il résulte, on le verra, de l'une et l'autre narration, qu'il y eut deux combats, lesquels, selon le *Religieux*, le seul des deux historiens qui donne les dates, eurent lieu à quatre mois de distance. C'est ce qui n'avait pas encore été remarqué. Lebeuf, en effet (p. 306), ne parle, d'après Juvénal, que du tournois du 11 octobre 1414, et Diderot (*Dictionnaire Encyclopédique*) croit que ce fut ce jour-là que les six champions portugais et gascons se mesurèrent en présence de Charles VI, tandis que, d'après le *Religieux*, il est évident que ce fut seulement au mois de février suivant.

à plusieurs reprises qu'ils s'étaient tous engagés par serment à courir cette chance.

Quoique tous les gens sages qui se trouvaient là représentassent que c'était un crime de vouloir la mort de son semblable sans avoir reçu de lui aucune offense, le Roi fut obligé de céder aux instances de ses chevaliers, qui regardaient comme le comble de l'infamie de refuser un cartel, et qui l'assuraient que le diable lui-même, vînt-il en personne du fond de l'enfer, trouverait des gens prêts à le combattre pour l'honneur du royaume.

Il leur permet donc d'accepter le défi. J'ignore les noms de tous ces étrangers; mais les chevaliers les plus expérimentés m'ont rapporté, à la louange de ceux qui prirent part aux dernières passes d'armes, qu'ils n'avaient jamais vu de champions plus intrépides, quoiqu'ils aient eu le dessous dans toutes les rencontres.

Ces joutes eurent lieu au mois d'octobre, en présence du roi et des seigneurs de la cour, en son palais de *Saint-Ouen*. Un illustre et vaillant écuyer breton, nommé Guillaume de la Haye, l'un des familiers du duc de Berry, se mesura le premier contre le Portugais Jean de Metz, qui se disait de la maison du duc de Bourgogne. Leur défi mutuel avait été excité, dit-on, par une contestation survenue entre eux à l'occasion de la discorde des deux princes, dont chacun des champions soutenait la cause avec chaleur.

Le combat dura près d'une demi-heure. Je laisse aux chevaliers et aux écuyers qui se trouvaient là le soin de raconter avec quelle vigueur ils rompirent les lances, s'attaquèrent à coups d'épée et se frappèrent à la hache. Je dirai seulement que l'écuyer breton soutint la lutte sans lever la visière de son casque pour prendre haleine, ce qui prouvait une force peu commune, et qu'il aurait infailliblement tué son adversaire si le roi ne l'en avait empêché.

Les jours suivants, le roi montra la même bonté pour trois étrangers qui furent encore vaincus et auxquels il sauva la vie.

L'échec éprouvé par les Portugais n'avait rien rabattu de l'audace obstinée de leurs compagnons.

Jaloux même de réparer la honte de leur défaite, ils résolurent de tenter les chances d'un combat trois contre trois. Messire François de Grivaux, illustre chevalier, François de Roque et un nommé Marrigou, tous trois Poitevins d'origine, se chargèrent de soutenir leur défi, le 21 février, en présence du roi, au palais de Saint-Ouen.

Les champions se rendirent donc vers le soir au lieu de la bataille. Des chevaliers anglais introduisirent les Portugais dans le champ clos, comme alliés et amis de leur nation; les Français y furent menés par des seigneurs de la cour.

Lorsqu'ils eurent successivement présenté leurs salutations au roi et que les hérauts eurent défendu à toute voix, en son nom et sous peine de mort, à tous les assistants, de troubler le combat par un mot, un geste ou un signe quelconque, on donna le signal.

Ils entrèrent aussitôt en lice, s'attaquèrent à coups d'épée et de hache, et cherchèrent mutuellement à se donner la mort en frappant avec vigueur.

Au bout de peu de temps, François de Rogues, écuyer, désarçonna son adversaire, au grand déplaisir des autres Portugais, qui, le croyant mort par suite de la grande quantité de coups qu'il avait reçus après sa chute, demandèrent instamment et obtinrent du roi qu'on le tirât du champ de bataille.

Le vainqueur put alors voler au secours de ses compagnons, qui étaient serrés de près, et qui eurent bientôt contraint leurs adversaires à se rendre à merci.

Cela mit fin au combat. En effet, les autres Portugais, voyant qu'ils avaient toujours le dessous, retournèrent chez eux, couverts de honte et de confusion, et n'emportant avec eux que l'humiliation, au lieu du triomphe qu'ils avaient espéré.

Après ces beaux faits d'armes, Charles VI et les princes continuèrent de demeurer à Saint-Ouen. Nous voyons en effet que, dans le courant de la même année 1415, Sigismond, roi des Romains, étant venu à Paris, visita, « par passe-temps, les maisons royales des environs, et resta dix jours au monastère de

Saint-Denis. De là, il se rendait à Saint-Ouen, lorsqu'il rencontra presqu'à mi-chemin le roi de France, escorté par une suite nombreuse de chevaliers, et dans un équipage d'une magnificence extraordinaire, et l'embrassa en soupirant et les larmes aux yeux, et accepta à dîner chez lui (à Saint-Ouen) pour le lenmain (1). »

Nous pourrions terminer ici l'histoire de Saint-Ouen au moyen âge. Dans le cours des guerres qui ensanglantèrent la fin du règne de Charles VI et le début de celui de Charles VII, pendant que le roi de France était chassé jusqu'en Touraine et en Berry, les environs de Paris furent de nouveau ruinés. A peine trouverons-nous, jusqu'à la fin du xve siècle, le nom de notre village une dizaine de fois mentionné dans les chroniques ou dans les ordonnances : son rôle historique est fini. Cependant il nous reste à dire la destinée des différents châteaux royaux.

C'est du dernier acheté qu'il s'agira d'abord. Le dauphin Louis de Guienne mourut, en effet, cette année-là (1415). Comme il ne laissait pas d'héritier, ses biens revinrent à la couronne (2). Mais son hôtel de Saint-Ouen, qui bien peu de temps auparavant lui avait coûté si cher, n'avait pas été plus épargné que le pays environnant, et se trouvait tout délabré. Il est certain que la reine (car il ne peut être question du roi), qui avait

---

(1) *Chron. du Religieux de Saint-Denis.* Édit. Bellaguet, t. v, p. 745.
(2) Lebeuf, p. 303.

déjà la charge de la Noble-Maison et de ses propres châteaux, ne dépensa pas un denier pour sa réparation. On laissa le temps continuer l'œuvre de destruction que les hommes avaient commencée.

Cependant un beau jour, sous prétexte de générosité, on se débarrassa d'une propriété sans rapport, et pour laquelle il devenait même urgent de faire quelques dépenses. Sous Charles VII, ce manoir fut distrait de la couronne, et cédé à un particulier. Mais ce cadeau coûta cher à celui qui le reçut ; c'est ce que prouvent les *Comptes de l'ordinaire de la prévôté de Paris* pour 1454. On y lit que l'hôtel de Guienne, sis à Saint-Ouen, fut alors donné à « Henri le Fèvre, examinateur au Châtelet, pour lui, ses hoirs et ayant-cause, pour 60 sols parisis de rente, payables au domaine aux termes accoutumés, » à la charge « d'employer aux réparations dudit lieu, dans deux ans prochains, la somme de deux cents livres parisis (1). » Henri le Fèvre remercia et s'exécuta. Il fit les réparations stipulées dans le laps de temps requis ; et le 16 octobre 1456, la Chambre des comptes le déclara déchargé de toute obligation (2).

Toutefois, de ce premier hôtel il ne reste rien aujourd'hui, comme j'ai eu à le dire. Après les désastres causés par la Ligue, son emplacement et ses dépendances devinrent, au XVIIe siècle, la propriété de

---

(1) Sauval, *Ant. de Paris*, t. III, p. 337.
(2) *Ibid.*

M. de Mauroy. C'est dans le château qui remplaça à cette époque celui du duc de Guienne que, deux cents ans plus tard, le 2 mai 1814, Louis XVIII signa la fameuse *déclaration* de Saint-Ouen.

Avant de parler du deuxième château, remontons de quelques années en arrière pour noter que, le 20 avril 1420, le vicaire général de Gérard de Montagu, évêque de Paris, conféra la cure de Saint-Ouen (1). La *Gallia christiana* fait remarquer, à ce propos, que la collation de cette cure, qui appartenait auparavant aux chanoines de Saint-Benoît, regardait alors l'évêque de Paris.

Cependant Charles VI mort, les Anglais, aidés par sa veuve, étaient maîtres de la France. Il semble que, prévoyant sa fin prochaine, Isabeau de Bavière ait fini par se repentir. Prise de l'envie de réparer un peu le mal qu'elle avait fait au roi et au royaume, elle eut recours au moyen usité au moyen âge pour racheter ses fautes : quatre ans avant de mourir, en 1431, elle donna entre vifs ce qui lui restait de biens (2) à des établissements religieux. « Adonc, dit Jean Chartier (3), elle fist son testament bien ordonnément, receult son Créateur et autres sacremens de sainte Église, comme bonne catholique, et fist plusieurs laiz (legs) *selon sa possibilité qui estoit lors bien petite...* Entre

---

(1) *Gallia christiana*, t. VII, col. 144.
(2) Il est facile de voir, par ce que dit J. Chartier, et par la comparaison des deux testaments dont je vais parler, qu'elle était beaucoup plus riche vingt ans plus tôt.
(3) *Chron. de Charles VII*. Edit. Vallet de Viriville, t. I, p. 210.

lesquelz laissa en l'église et monastère de Saint-Denis, patron de France, une maison qu'elle avait à Saint-Ouain-les-Saint-Denis, appelléz les Bergieres (Bergeries), avec tous les cens, rentes et autres appartenances audit hostel. »

Ce fait nous est confirmé non-seulement par le testament même de la reine (1), dont parle J. Chartier, mais par l'acte spécial de donation à l'abbaye (2). Le testament est du 2 septembre. Sans perdre de temps, dès le 15 du même mois, les moines se font délivrer cet acte de donation en bonne et due forme. Néanmoins, ce ne fut que le 26 novembre que l'abbé accepta le legs (3). Pourquoi ces lenteurs après cet empressement ? C'est qu'Isabeau mettait quelques conditions à sa libéralité, et qu'il fallait le temps de réfléchir. La reine avait bien commencé, comme d'habitude, par se recommander aux prières des religieux, leur demandant de dire en leur église « à perpétuité un obit solennel par chascun an pour les âmes de feu mon très redoubté seigneur (Charles VI) et de nous; » mais elle s'était en même temps réservé l'usufruit de son hôtel jusqu'à sa mort, et surtout elle avait ajouté ces deux clauses : « Frere Anceau Happart, nostre confesseur, pour les agréables services qu'il nous a faiz, et afin qu'il

---

(1) Publié par Félibien, *Histoire de Paris*, t. III, p. 556. Seulement Félibien, comme J. Chartier, a mal lu le nom de l'hôtel, qu'il appelle « *l'hôtel des Bourgeois*. » Voir aussi Peignot, *Choix de testaments*, t. I, p. 86.

(2) Arch. Nation., K., 63, n° 16. — Conf. Doublet, p. 1123, et Félibien, *ibid.*, p. 346.

(3) Arch. Nation., K, 63, n° 16 *bis*.

puisse vivre après nous sans mendier, prendra sur la dicte abbaye franchement, sa vie durant sculement, cinquante livres parisis par chacun an ; et semblablement Katherine la Fouquette, fille de Guillaume Fouquet, escuier, pour ce que nous avons promis à sa mère de lui quérir sa vie, prendra aussi franchement, et sa vie durant seulement, sur la dicte église, cinquante livres parisis (1). »

Ainsi les charges imposées par la reine consistaient en cent livres viagères à fournir par les religieux, et ces charges les avaient fait hésiter ! Il fallait que l'hôtel des Bergeries fût en bien mauvais état pour qu'on ait pu craindre un instant de voir son produit ne pas valoir cent livres.

Ce que devint ce manoir entre les mains de l'abbaye, je l'ignore ; je sais seulement que, comme l'hôtel de Guienne, il eut fort à souffrir au XVIe siècle ; c'est Doublet qui nous apprend, en 1625 (2), que la maison donnée au monastère de Saint-Denis, « appellée encore de présent l'hostel de la Reyne, » avait été ruinée « pendant les derniers troubles et guerres civiles. »

Mais, si les *Bergeries* n'existaient plus au commencement du XVIIe siècle, le souvenir ne s'en perdit pas dans le pays, et le terrain où elles s'élevaient continua de s'appeler « *l'hôtel de la Reine.* » Un grand nombre de baux de 1740 à 1759 mentionnent

---

(1) Arch. Nation., K, 63, n° 16.
(2) Page 1312.

différents arpents de terres labourables faisant partie des « terres appellées l'hostel de la Reine (1). » Et même de notre temps, comme je l'ai dit, une propriété portant encore ce nom, devant le parc de M. Legentil, a été mise en vente en 1867.

Mais Isabeau avait encore un autre hôtel à Saint-Ouen, qui ne semble pas être, comme le précédent, un de ceux que nous avons vu acquérir par le roi. Dans le même testament de 1431, on lit : « Item, nous donnons à l'Hostel Dieu et hospital de Gonesse nostre hostel assis audit lieu de Saint-Ouyn, qui fut à maistre Guillaume Fleureau, avec toutes ses appartenances, pourvu que ceux dudit hospital célébrent à perpétuité par chacun mois, le dernier jour du dict mois, une messe à nottes et vigiles, à neuf leçons de requiem (2). » Ce fut aussi le 15 septembre que la reine délivra les lettres de don à l'Hôtel-Dieu de Gonesse, qui accepta le legs immédiatement (3).

Quatre ans après, Isabeau mourut, non à Saint-Ouen, comme son affection pour ce pays aurait pu le faire croire, mais à Paris dans l'hôtel Saint-Paul, où, après une vie d'intrigue et de désordre, elle avait vieilli seule, abandonnée, misérable !

---

(1) Arch. de Seine-et-Oise. Fonds de Saint-Cyr. Liasses Gabriel Leclerc, Auguste Delacroix, François Legrand.
(2) Félibien, *Hist. de Paris*, et Peignot, III, 556; *Choix des testaments*, I, 87.
(3) Lettres du 15 septembre 1431, datées de Paris, dans les arch. de l'Hôtel-Dieu de Gonesse, cassette P. — Voir *Bibliothèque de l'école des Chartes*, t. XX, 1859, p. 140; fragments de l'*Histoire de Gonesse*, par M. Léop. Delisle.

Mais pendant que nous nous occupions d'elle et de son château, la guerre avait recommencé terrible entre la France et l'Angleterre, et avec la guerre étaient revenues toutes les calamités qu'elle entraîne à sa suite. De ces maux, comme toujours, Saint-Ouen eut sa large part, et les ravages s'y succédèrent à des espaces si rapprochés, qu'on est saisi d'admiration pour l'énergique opiniâtreté de ses paysans, qui, toujours pressurés et ruinés, se relevaient toujours.

D'abord, ce fut après Azincourt. Dans le premier moment, Paris avait craint un siége, et tous les villages des environs de Saint-Denis furent remplis de garnison. On sait quelles charges cela suppose. Mais cette fois la capitale en fut quitte pour la peur. C'est seulement cinq ans plus tard (1420) que, cédé aux Anglais par le traité de Troyes, Paris leur ouvrit ses portes. Tout autour l'occupation étrangère s'étendit et pesa neuf ans sur le pays.

Alors arriva Jeanne d'Arc avec l'armée royale. Saint-Denis, la Chapelle, Saint-Ouen furent repris aux troupes de Henri VI, et le quartier général français établi à Montmartre. On sait que, par suite de la blessure de Jeanne, Charles VII crut devoir lever le siége, mais son armée avait eu le temps de prendre à Saint-Ouen le peu qui restait des récoltes que les Parisiens et les Anglais avaient réquisitionnées et rentrées à l'approche des Français.

En 1435, ceux-ci revinrent, cette fois plus sûrs de la victoire, car le traité d'Arras avait privé Bedfort de son meilleur allié, le duc de Bourgogne. L'armée du roi de France commença par fixer son quartier général à Saint-Denis, ce qui était attirer de ce côté l'effort de la lutte et offrir aux troupes des deux partis l'occasion de tout mettre à rançon, à feu et à sang dans les environs : « Vers la fin d'aoust vint grand foison d'Angloys; ils assiégèrent ceux qui dedans Saint-Denis estoient, et leur ostèrent la riviere qu'on nomme Crout; et à faire leurs logeys, despecèrent les maisons de Saint-Ouïn, de Haubervilliers, de la Chapelle, brief de tous les villages d'entour, que n'y demoura ni huys, ni fenestre, ni traillis de fer, ne quelque chose qu'on pust emporter; ne n'y demeura aux champs, depuis qu'ils furent logéz, fèves, ne pois, ne quelque autre chose; et se y avoit encore des biens sur terre, mais quelque chose n'y demoura; et coppoient les vignes a tout le grain, et en couvroient leurs logeys; et alloient piller tous les villages d'entour Saint-Denis (1). »

Ces dévastations, où l'on voit que les soldats irréguliers d'alors parvenaient à surpasser les armées permanentes d'aujourd'hui, durèrent jusqu'en avril 1436. Alors la garnison anglaise capitula et sortit de Paris. Mais on verra tout à l'heure qu'elle n'alla pas très-loin. Cependant le temps des grands désastres était passé.

---

(1) *Journal d'un bourgeois de Paris sous Charles VII*. Éd. Buchon, p. 465. On peut lire aussi l'*Histoire de Charles VII*, par Jean Chartier.

CHAPITRE XI.

Saint-Ouen et la foire du Lendit au XVe siècle. — Fin de l'histoire de la Noble-Maison.

J'ai déjà eu l'occasion, à propos de Saint-Ouen, de parler de la foire du Lendit. Ce célèbre marché se tenait dans la plaine entre Saint-Denis, Saint-Ouen, Aubervilliers et la Chapelle. Il avait lieu tous les ans, du second mercredi de juin jusqu'à la veille de la Saint-Jean-Baptiste (23 juin). Dans les nombreuses chartes qui ont réglé les droits fort contestés de l'abbaye de Saint-Denis sur le Lendit, il est quelquefois question des villages qui avoisinaient le lieu du marché ; et ces pièces peuvent nous fournir, surtout au xve siècle, en l'absence d'autres actes, quelques renseignements précieux sur Saint-Ouen.

Telle est une ordonnance de Charles VII, du 15 avril 1444. Ce roi avait fait sa rentrée à Paris dès 1437; mais sept ans plus tard, ses généraux n'avaient pas encore réussi à débarrasser la France des Anglais. Même aux portes de la capitale, l'ennemi tenait encore. Charles ordonne donc que la foire du Lendit serait transférée, cette année-là, dans la ville de Saint-Denis, afin que les marchands ne puissent être « empechéz ne endommagéz par noz anciens ennemis et adversaires les Anglois qui occupent encore aucunes places près du dit lieu de Saint-Denis (1). » L'une de ces places était Saint-Ouen, qui n'avait échappé aux pillages de la guerre que pour supporter de nouveau l'occupation de l'étranger.

Mais les Anglais enfin chassés, la foire se tint de nouveau dans la plaine (2). Or, on apportait au Lendit toutes sortes de marchandises. Un poëte du xive siècle nous en a laissé une énumération qui se termine ainsi :

> Si n'oubli pas, comment qu'il aille,
> Ceus qui amainent la bestaille,
> Vaches, bueus, brebis et porciaus,
> Et ceus qui vendent les chevaus,
> Roncins, palefrois et destrier,
> Les meilleurs que l'en puet trover,
> Jumens, poulains et palefrois,
> Telz com[me] pour contes et por roys (3).

Mais, dans la plaine, on n'avait pas de baraques suffisantes pour loger toutes ces bêtes de somme. Aussi l'habitude s'était-elle établie de les rentrer le soir dans les villages d'alentour. En 1460 (4), Charles VII décida que, pour les bêtes chevalines logées hors du champ du Lendit, à savoir à Saint-Denis et dans les villages d'Aubervilliers, de la Court-neuve et de Saint-Ouen, les marchands ne payeraient pas l'imposition due par toute marchandise amenée

---

(1) Doublet, p. 1084.
(2) C'est là un fait que je prouverai dans l'*Histoire de la Foire du Lendit*, dont je réunis les matériaux. Jusqu'à présent, sauf Lebeuf, ceux qui se sont occupés du Lendit ont cru à tort, d'après la pièce rapportée par Doublet, dont je viens de parler, qu'à partir de 1444 la célèbre foire n'eut plus lieu qu'à Saint-Denis.
(3) Bibl. Nat. ms. fr. 24,432 (anc. N. D. 198), fol. 262, v°. — Conf. Lebeuf, t. III, p. 164.
(4) 18 janvier 1459 (a. s.).

dise amenée à la foire, pourvu toutefois que ces bêtes fussent vendues au Lendit (1).

Une ordonnance postérieure de Louis XI (24 juin 1477) donne sur ce sujet des détails et des explications. Elle nous apprend d'abord qu'on continuait d'amener au Lendit, « de divers pays et lieux, plusieurs chevaulx, jumens, asnes, asnesses, mulles, mullets, lesquels ne peuvent estre vendus par les marchans sitost qu'ils sont arrivés, et que, à ceste cause, pour attendre la vente d'icelles bestes, durant ledit Landit, et parce que en la place et foire d'iceluy Landit n'a aucunes estables esquelz les dits chevaulx et autres bestes puissent estre bonnement ne aisement logés sans morfondre ou estre gastés, iceulx marchans, de tout temps, comme il est loysible, pour la conservation de leurs dites bestes et marchandises, ont accoustumé, l'eure du marché de chevaulx dudit Landit passée et heures convenables, retreire et logier leurs dits chevaulx et bestes à Saint-Denis, à Haubervillers, à Saint-Oyn et autres lieux environ et près dudit Landit, esquelx y a bonnes estables pour logier et conserver leurs dites bêtes chevalines, et à heure de marché les ramener audit Landit pour y estre vendues. »

Mais les fermiers de l'impôt mis sur les chevaux vendus à Saint-Denis, Saint-Ouen et Aubervilliers en temps ordinaire prétendaient lever aussi cette redevance

---

(1) Doublet, p. 1099. Doublet ne donne que la cote de cette charte.

sur les bestes que l'on ramenait dans ces villages durant la foire du Lendit. De là, plainte des marchands et menace de ne plus venir au Lendit si on leur faisait payer ce droit supplémentaire. Louis XI, pour prévenir cette abstention, qui, dit-il, « eût été contre raison et au grand préjudice de nous et de la chose publicque de nostre royaume, » décida enfin qu'on ne pourrait forcer les marchands de chevaux à payer aucune contribution pour les bêtes qu'ils feraient ainsi coucher le soir à Saint-Ouen et ailleurs, même s'il arrivait qu'on trouvât à les y vendre, pourvu, bien entendu, que la chose eût lieu durant le temps de la foire (1).

Cependant la foire du Lendit n'avait pu se tenir l'année suivante. Ce n'est qu'en 1480 que Louis XI ordonne qu'elle sera reprise désormais et confirme de nouveau les franchises et libertés que ses prédécesseurs et lui avaient données; entre autres priviléges, il rappelle ceux dont nous venons de voir jouir les marchands de chevaux (2).

Pour se montrer si empressés à faire valoir leurs droits et à réclamer si souvent aide et protection, les gens qu'attiraient les importantes transactions opérées au Lendit avaient malheureusement de bonnes raisons. Dans cette vaste plaine nue où se tenait la foire, les marchandises qu'ils apportaient étaient fort exposées, surtout en temps de guerre, et sous ce rapport le

---

(1) *Ordon. des Rois,* t. XVIII, p. 136.
(2) Doublet, p. 1119.

règne de Louis XI ne fut pas plus calme que celui de son prédécesseur. L'étranger, il est vrai, n'occupait plus la France, mais la lutte avait recommencé entre Français, et Saint-Denis servait de nouveau de centre aux opérations militaires. C'est là qu'en juin 1465, le comte de Charollais (plus tard Charles le Téméraire) s'était établi. C'est de là qu'il menaçait sans cesse la capitale et inquiétait les environs : « Après ce que le comte de Charollais eust fait sa montrée devant Paris, lui et son ost se retirèrent au Lendict, entre Paris et Saint-Denys, ou estoient encore loges et maisons de la feste (1). » La foire n'avait pas dû se trouver très-bien de cette visite. Heureusement, les Bourguignons ne tardèrent pas à se porter sur Monthléry, et Saint-Ouen fut délivré d'eux. Mais voici qui intéresse plus particulièrement ce village.

Dans le cours de la rivalité de Louis XI et de Charles le Téméraire, de nouvelles vexations des gens du roi étant venues se joindre aux maux de la guerre, les bourgeois et paysans de Saint-Ouen, forts de ce que, au siècle précédent, de semblables misères leur avaient valu une exemption du droit de prises, réclamèrent une nouvelle confirmation de leurs libertés. Les ordonnances de Charles V et de Charles VI, qui avaient été méconnues, furent produites, et le roi se vit forcé d'accorder de nouvelles lettres pour rappeler à tous

---

(1) *Continuateur de Monstrelet* (Mémoires de J. du Clercq). Coll. Buchon, t. XL, p. 9.

ses officiers et à ceux des princes du sang les franchises que revendiquait le village de Saint-Ouen (1) (juillet 1474).

Le règne de Charles VIII s'annonçait plus calme. Cependant, comme il était bon alors que les petits se tinssent toujours sur leurs gardes et fussent en règle avec les grands, dès 1484 nos villageois demandent au fils confirmation des priviléges que le père leur avait reconnus (2).

Pour Louis XII, ils n'attendirent même pas un an; deux mois à peine après son avénement (août 1498), ils obtinrent aussi des lettres de lui. Celles-ci doivent-être particulièrement remarquées en ce qu'elles ne sont pas une simple copie des précédentes. Elles témoignent d'une certaine indépendance municipale. En outre, ce sont les premières où les maires de Saint-Ouen soient nommés avec les habitants (3).

Il nous faut, à présent, remonter une dernière fois de quelques années en arrière, et achever de raconter la décadence des hôtels royaux de Saint-Ouen. Il me reste à dire ce que devint le plus célèbre de tous: la Noble-Maison. De l'ordre de l'Étoile, qui y avait été

---

(1) *Ord. des Rois*, t. xviii, p. 27.
(2) *Ord. des Rois*, t. xix, p. 499.
(3) C'est pour cette raison, et aussi parce qu'elles sont inédites et ne figurent pas dans les *Ordonnances des Rois*, que je les reproduis à l'appendice. (Voir *Preuves*, n° xcviii.) Si notre tâche ne se bornait pas au moyen âge, nous montrerions dans le xvie siècle les bourgeois de Saint-Ouen toujours jaloux de conserver leurs priviléges, et se faisant décerner de nouvelles lettres d'exemption, comme celles que leur accorde Henri II à Fontainebleau, en mars 1547. — Voir Arch. Nat., *Trésor des Chartes*, reg. 259, pièce 283 bis.

fondé, plus n'est question, on s'en souvient, depuis un siècle, et même davantage (1). Quant au palais lui-même, qu'avaient habité cinq générations de rois, il avait partagé la destinée des simples cabanes du village, et, comme elles, n'avait plus fait parler de lui sous Charles VII ni sous son fils. Inhabité, délabré, oublié, après avoir subi les incendies et les pillages, il représentait cependant encore, vers la fin du règne de Louis XI, une certaine valeur, grâce à ses dépendances, qui demeuraient assez considérables. Voilà à coup sûr ce qui engagea les religieux de Saint-Denis à se le faire donner par le roi. En 1482, une année avant sa mort, ils obtinrent en effet de Louis XI une charte où il est dit qu'en raison des « grandes ruines, pertes et désolacions » que l'abbaye avait souffertes « durant les guerres et divisions » qui avaient bouleversé le royaume, et pour relever ses revenus, qui, comme ceux du dernier des manants, avaient été alors « grandement diminués, » Louis XI leur donne le profit du péage du Petit-Pont, avec le revenu de la coutume du blé et des céréales

---

(1) On pourrra remarquer que je n'ai parlé ni du don fait du collier de l'Étoile à Gaston de Foix par Charles VII en 1458 (voir Lebeuf, Sauval, II, 718; Favyn, Dacier, Vallet, p. 29; Buchon, *Chronique de Foix*, 1841, p. 41), ni de la prétendue lettre envoyée par Louis XI au prévôt des marchands en 1470, pour l'inviter à venir célébrer la fête de l'Étoile à Saint-Ouen (voir Lebeuf, Sauval et Dacier); ni enfin de l'abolition de l'ordre, par Charles VII, sur laquelle discutent et s'embrouillent Lebeuf, Sauval, Favyn, Dacier, Troche, Jean Leclerc, etc. La raison de mon silence est que tous ces faits n'ont, selon moi, pas plus de fondements que ceux qui ont été relevés plus haut dans le chapitre VI; ils ne peuvent pas davantage prouver que l'ordre de l'Étoile subsista jusqu'à la fin du XVe siècle.

à Paris, et en même temps son hôtel de Saint-Ouen. Voici les termes de la donation en ce qui nous intéresse : Le roi abandonne « l'ostel de Saint-Ouyn, situé et assis à costé du grant chemin d'entre Saint-Denis et Paris, en la haute justice de la dite église, avec ses appartenances et appendances, et les terres, cens, rentes et revenus qui lui appartiennent (1). » Tout en tenant compte du grand nombre de propriétés que les prédécesseurs de Louis XI avaient acquises à Saint-Ouen, il est impossible de ne pas reconnaître dans cet hôtel l'ancienne Noble-Maison.

Par ce legs important, en retour duquel le prince ne leur demandait que quelques prières, et qui venait à la suite de ceux que nous avons vus au précédent chapitre, les religieux de Saint-Denis rentraient donc dans la possession du village presque tout entier, et, comme le fait avec raison remarquer Lebeuf, ils redevinrent réellement dès lors seigneurs de la paroisse.

Mais la Noble-Maison n'en continua pas moins à se démanteler. Le voisinage de Paris, qui avait déjà été si funeste à Saint-Ouen pendant le moyen âge, ne cessa pas de lui nuire. Aussi Du Breuil affirme-t-il que ce qui pouvait rester du palais royal fut, comme les autres hôtels, « détruit dans le temps de la Ligue » en 1590, et Gilles Corrozet (2) écrit, en 1633, que la

---

(1) Lettres datées de Plessy-les-Tours, déc. 1482, enregistrées au Parlement le 24 janvier suivant. (*Ord. des Rois*, t. XIX, p. 86.) Lebeuf dit à tort que c'est Charles VIII qui fit ce don. — Voir aussi Doublet, p. 1122, et Félibien.

(2) Le *Thrésor des hist. de France*.

Noble-Maison était de son temps « un vieil chasteau tout ruiné. »

Enfin, que vingt années se passent, et Louis XIV la déclarera *entièrement* détruite. Dans la même pièce, qui établit qu'au XVIIe siècle le service institué par Philippe de Valois à la chapelle Saint-Georges de Saint-Ouen était desservi à la Sainte-Chapelle de Paris, on trouve une des raisons pour lesquelles on avait transféré à Paris le chapelain de Saint-Ouen et les rentes attachées à sa chapelle : « C'est, dit le roi, parce que la chapelle de Saint-George, cy-devant bastie dans l'enclos de nostre chasteau de Saint-Ouin, près Saint-Denis, est à présent entièrement détruite, ensemble la maison du dit chapelain, en sorte qu'il n'en reste aucun vestige (1), et il n'y a pas apparence que nous les fassions réédifier si tost, attendu la destruction entière du dit chasteau (2). »

Mais nous ne sommes qu'à la fin du XVe siècle, et, si la maison ne valait pas grand'chose, les biens et les rentes qui en dépendaient avaient de quoi satisfaire les moines de Saint-Denis. Ils surent faire prospérer cette succession, qu'ils avaient obtenue, comme celle d'Isabeau de Bavière, à bon marché. Dans l'administration de tous ces biens, qui s'étendait alors sur

---

(1) Cette assertion est trop affirmative. Sans parler de ce que des recherches intelligentes feraient probablement découvrir, il y a le puits dit de Dagobert, qui est, sans aucun doute, un vestige de la Noble-Maison.

(2) Arch. Nation., S, 948.

la presque totalité de Saint-Ouen, leur activité ne se lassait pas. Nous en citerons deux preuves entre beaucoup d'autres. Dans ces derniers temps du moyen âge, comme pendant les deux siècles précédents, l'aumônier est toujours l'officier qui se remue le plus de ce côté. En 1475, il achète encore des terres près de la Seine et du four à chaux (1). Neuf ans plus tard, il échange un petit bien situé à Clichy contre un terrain de grandeur égale à Saint-Ouen, entre le chemin aux Bœufs et le chemin de la Chapelle. L'échange était fait avec Pierre Delacroix (2). J'ai à peine besoin de dire que, quelque part qu'elles fussent, toutes ces terres devaient un cens à l'aumônerie.

Pour achever de peindre les rapports du pays avec les religieux à cette époque, il reste à mentionner un procès qui s'éleva, en 1497, entre l'abbaye de Saint-Denis, les Bernardins de Paris et les pêcheurs du roi, relativement à la propriété de l'eau de la Seine sur un certain parcours, et en particulier devant Saint-Ouen. Le Parlement rendit, le 16 avril, un arrêt qui décida que toute la rivière appartenait aux religieux de Saint-Denis depuis Saint-Cloud jusqu'à Saint-Germain (3). Ainsi triomphaient des prétentions qui s'étaient déjà montrées au siècle précédent.

Arrivé au terme de mon travail, je dois deux mots de souvenir à plusieurs habitants de Saint-Ouen qui

---

(1) *Preuves,* n° xcvi.
(2) *Ibid.,* n° xcvii.
(3) Doublet, p. 1137.

vivaient dans les dernières années du xvᵉ siècle. Leurs noms, même, ne nous seraient pas parvenus si leur mémoire ne nous avait été conservée par les inscriptions de leurs tombeaux (1).

C'est d'abord le dernier curé de la paroisse au moyen-âge. Il s'appelait Henry Bertran, et c'est lui, ainsi que je l'ai dit plus haut (page 82), qui repose sous la grande pierre qu'on remarque encore au milieu du chœur de l'église. On voit par son épitaphe qu'il était prêtre, bénéficié en l'église Saint-Benoît de Paris, et grand bedeau de la faculté de théologie. De plus, il possédait une maison sur le territoire de Saint-Germain-des-Prés, près de Saint-Sulpice. Par son testament, il donna cet immeuble à la fabrique de la paroisse de Saint-Ouen, à la charge de dire une messe pour lui le lendemain de la fête du patron du village (25 août). Tout ce qu'on sait de plus sur son compte est qu'il mourut justement le jour de la Saint-Ouen, en 1517 (2).

---

(1) Je reproduis ces inscriptions d'après la liste recueillie par le curé Passard au début du xviiᵉ siècle, liste à laquelle j'ai déjà fait plusieurs emprunts.

(2) Voici les propres termes de la copie de M. Passard, relative à maître Henry Bertran; on remarquera que la grande pierre du chœur recouvre aussi le corps d'un autre curé de Saint-Ouen, mort au milieu du xviᵉ siècle :

« Premièrement, dessus et autour de la grande tombe dedans le chœur :

» Cy gist vénérable et discrète personne Mᵉ Henry Bertran, prestre, jadis curé de céans et bénéficié en l'église Sainct-Benoist de Paris, et grand bedeau de la faculté, qui trespassa l'an mil vᶜ xvii, le jour Saint-Ouyn.

» Sur la même tombe est ce qui suit :

» Cy gist vénérable et discrette personne Mᵉ Jehan Tauvet,

Ensuite viennent deux maires du village et leurs femmes. Leurs deux tombes se trouvaient encore, au commencement du xviie siècle, devant l'autel Saint-Nicolas.

Sur la plus petite, on lisait : « Cy gist honorable homme Jehan Gillebert l'aisné, dict Le Roy, en son vivant marchand et laboureur, demourant en ceste ville et maire dudict lieu, qui trespassa le xxvie septembre mil cinq cens dix-neuf, et Guillemette Lambert, femme du dit deffunt, qui trespassa le xviie aoust mil cinq cens trois. »

La plus grande, « sur laquelle étaient plusieurs petitz personnages et deux grandz, sçavoir d'un homme et d'une femme, » portait cette légende : « Cy gist honorable homme Guillaume Gillebert, dict Le Roy, en son vivant maire du village de Saint-Ouyn, lequel trespassa le jour..... mil cinq cens..... Aussi gist honorable femme Françoise Nicoüe, en son vivant femme du dict Le Roy, laquelle trespassa le jeudy xvi[e] jour de febvrier mil cinq cent cinquante huict, avant Pasques. Priez Dieu pour leurs âmes. »

---

prestre, aussi curé de céans, bénéficié à Sainct-Benoist, et grand bedeau de la dicte faculté de théologie, et bourcier du collège de Lysyeux de Paris, qui décéda le x[e] jour de novembre mil v[c] liii. Priez Dieu pour eux.

» Au dessoubz des piedz du dict maistre Henry Bertran il y a en escry :

» Le dict maistre Henry Bertran a donné sa maison assize à Sainct-Germain-des-Prez auprez de Sainct-Sulpice, à la fabrique de Saint-Oüyn, à la charge de faire dire une messe solennelle des trespassez tous les ans l'endemain du jour Sainct-Oüyn, pour luy et ses amis trespassez, comme apert aux lettres de ce faictes. Et ce icy escript du consentement des paroissiens pour perpétuelle mémoire. »

Ces deux épitaphes sont, avec l'ordonnance de Louis XII, adressées « aux mayeurs et habitants de Saint-Ouen, » les seuls documents à moi connus où il soit question des maires de notre village. Ce sont là des mentions bien rares et surtout de date bien récente, et dont il faut, ce semble, malheureusement conclure, comme de l'absence de toute charte de commune, que Saint-Ouen n'avait pas d'autonomie municipale au moyen âge, ni d'administration qui lui fût propre. Il dépendait donc tout entier des seigneurs ecclésiastiques et laïques dont nous avons relevé les censives.

Quelque énergique, en effet, quelque général qu'ait été en France du XIIe au XIVe siècle le mouvement d'affranchissement communal, on doit se garder de croire que tout village ou ville qui avait des *maires* était une commune. Bien au contraire, quand on rencontre dans les actes soit un, soit plusieurs *maires* ou *mayeurs* signalés en même temps, il importe de se demander si, le plus souvent, les personnages ainsi désignés n'étaient pas de simples receveurs des divers seigneurs ayant des droits sur le village (1). Or rien, par malheur, ne nous autorise à penser que ce n'était pas là le cas de Saint-Ouen.

Et pourtant, à la fin de ce volume, où, malgré que j'en eusse, j'ai dû parler des souverains plus souvent

---

(1) Je dois ces précieuses remarques à l'obligeance de mon ami et confrère M. L. Courajod, qui traitera à fond ce sujet dans son livre sur les *Villes-Neuves*.

que des habitants et m'occuper davantage des châteaux que du pays lui-même, il m'eût été agréable de fournir la preuve d'un régime municipal organisé et de conserver le souvenir de magistrats indépendants. J'aurais voulu écrire l'histoire d'une petite famille de Français, dire l'effort lent et continuel des bourgeois et des paysans autour d'un chef élu par eux, leur résistance et leur union contre les exactions et les violences; j'aurais voulu surtout, alors que tant d'autres ont raconté et raconteront encore les actes de la famille royale, apporter, ce que trop peu de gens ont tenté jusqu'ici, de nouveaux matériaux pour l'histoire des mœurs, des idées, des institutions de quelques-uns de mes compatriotes pendant le moyen-âge. Mais les documents sur les rois et les prêtres sont abondants; ceux sur le peuple, rares : le peuple, en effet, n'avait pas d'historiographes ni d'archivistes. J'ai tâché de mettre en lumière le peu de renseignements que j'ai trouvés sur la vie des classes rurales au moyen-âge dans un petit village des environs de Paris: il n'a pas dépendu de moi que la liste des droits reconnus fût plus longue, et plus courte celle des charges imposées; et, quelqu'incomplet que soit mon livre, ce n'est pas, du moins je n'ose l'espérer, sous le rapport de l'organisation municipale que ceux qui viendront après moi trouveront à le compléter. Je ne l'espère pas, mais je le souhaite.

FIN DE LA NOBLE MAISON DE SAINT-OUEN.

PIÈCES

JUSTIFICATIVES

I.

Diplôme de Chilpéric II donnant à l'abbaye de Saint-Denis la forêt de Rouvray (Roveritum) et le garde de cette forêt demeurant au Vetus-Clippiacum.

Compiègne, 28 février 717.

Chilperichus, rex Francorum, vir inluster. Se aliquid ad loca sanctorum de nostris munerebus pristamus vel concidemus, hoc nobis ad mercidem vel stabiletate rigni nostri in Dei nomene pertenire confidemus. Ideo cognuscat hutiletas seo magnetudo vestra quod nos, foreste nostra Roverito, cum omnem jure vel termene suo, ad integrum, que est in pago Parisiaco, super fluvium Sigona, una cum illo forestario nomene Lobicino, qui conmanit in fisco nostro Vetus Clippiaco, una cum mansus quod in ipso Clippiaco tenire viditur, vel terras ad ipsus mansus aspicientes, ad integrum, ad basileca peculiares patronis nostri S. Dionisii, ubi ipse preciosus domnus in corpore requeiscit, vel ubi domnus Turnoaldus episcopus custus preesse viditur, ad petitione inlustri viro Raganfredo Majorim-Domus nostro, plina et integra gracia, ad diæ præsente, vise fuemus concessisse. Quapropter per presente precepcione specialius decernimus urdenandum, quod in perpetuum circa ipso sancto loco mansurum esse volemus, ut ipsa foreste nostra Roverito, cum omnem jure vel termene suo, ad integrum, una cum suprascripto forestario vel mansus suos, cum terras vel prata in ipso Clippiaco, ad integrum, ipse domnus Turnoaldus episcopus ad ipsa sancta basileca domni Dionisii Martheris, plina et integra gracia, ex nostro munere largitates, hoc habiat concessum adque indultum, ut eis in antia semper melius delectit pro stabiletate rigni nostri, vel pro salute patriæ, Domini meserecordiæ adtencius exorare; et nulla requesicione, nec ullo inpidimento ad judicibus publicis, tam in nostro tempore quam et ad succedentium rigum, ob hoc habire non pertemiscant, nise ad suprascripta basileca domni Dionisii, nostris et foturis temporibus, proficiat in augimentis. Et ut hæc precepcio firmior habiatur, vel per tempora conservitur, manus nostri subscripcionebus subter eam decrivemus roborare.

Chilpricus rex subscripsit. Raganfridus optolit. Datum pridie kal. marcias, annum secundum rigni nostri, Compendio in Dei nomene feliciter.

(Orig. aux Arch. Nation., *Cart. des rois*, K, n° 3. D'après Tardif, p. 41. — Conf. Doublet, p. 987; Dom Bouquet, IV, 694; Pardessus, *Dipl. Chartæ*, II, 311.)

II.

Diplôme de Charles Martel par lequel il donne à l'abbaye de Saint-Denis ce qui reste de la villa Clippiacum.

Quercy (sur Oise), 17 septembre 741.

Se alequid de rebus nostris ad loca sanctorum condonamus, hoc nobis procul dubio apud æternum Domenum in æterna beatitudine retribuendum confidemus. Igitur ego in Dei nomene inluster vir Karlus, Majorim-Domus, filius Pippini quondam, ob amorem Domeni nostri Jesu-Christi, vel remissionem peccatorum meorum, ut veniam de delectis meis consequi merear in futurum, dono donatumque in perpetuum esse volo ad basileca Sancti Dionysii, ubi ipse preciosus domnus in corpore requiescit, villa nuncupata Clippiacum in pago Parisiaco constitutam, cum terris, domebus, ædificiis, accolabus, mancepiis, vineis, sylvis, campis, pratis, pascuis, aquis, aquarumve decursebus, cum peculo utriusque sexus, omnia et ex omnebus, quecquid in ipsa villa Clipiacus aspecire vel pertenire videtur, hoc totum ad ipsa basileca S. Dionysii cum omne integritate donamus vel concedimus, ita ut ab hoc die villa superius nominata Clippiacum habendi, tenendi, vel quecquid præfatum monasterium S. Dionysii aut agentis sui pro oportunitate ipsius monasterii facire voluerint, liberam ac fermissimam in omnebus habiant potestatem. Se quis vero, quod futurum esse non credemus, se nos ipsi, aut ullus de heredebus nostris, seu quælibet opposita vel extranea persona, contra hanc epistolam donationis nostræ, quam nos propter nomen Domeni fieri et confirmari decrevimus, venire, aut agere, aut alequam calumniam partebus S. Dionysii exinde generare voluerit, inprimis iram Dei celestis incurrit, et insuper inferit partebus ipsius monasterii, cogente fisco, auri libras decem, argenti pondo viginti coactus, et quod repetit evindicare non valeat; sed præsens epistola donationis nostræ, etc.

Actum Caresiaco villa, in Palatio, quod ficit mensis september die XVII, annum quintum post defunctum Theodericum regem. Signum inllustro viro Karlo Majorim-Domus, qui hanc epistolam donationis fieri rogavit, etc.

(Pardessus, *Dipl. Chartæ*, II, 380.—Cf. Doublet, 690; Mabillon, *De re dipl.*, p. 189, et Dom Bouquet, *Hist. de Fr.*, IV, 707.)

III.

Charte du roi Robert confirmant la concession de la chapelle de Saint-Ouen faite au monastère de Marmoutiers.

Vers 1004.

In nomine Domini Dei et Salvatoris Jesu Christi, Rotbertus rex et Augustus divina ordinante providentia. Si illius amore, cujus munere ceteris mortalibus sublimiores sumus, proprias facultates in alimoniis pauperum seu vestrûm, quod usibus die noctuque invicem servientium digna retributionis mercede distribuerimus, à Domino renumerari fideliter credimus : nos quoque congruis petitionibus fidelium nostrorum, quas pro universitate nobis annuunt gratuita mente, (si) secundum nostræ regalis magnificentiæ negotium probemus, protinus consensum et cultum regiæ celsitudinis sectari videbimur, eosque ad nostræ fidelitatis profectum devotiores, et ad tutamen summi regnorum gubernaculi promptiores sentiemus. Quapropter noverit universorum industria, tam etiam præsentium quam futurorum, quia deprecatum adiens fidelissimus comes Burchardus (1), illiusque filius (Rainoldus) Parisiorum antistes, nostræ regalis largitionis munificentiam, ut ex rebus suorum beneficii pro indulgentia eorumdem animarum concederemus eis aliquid perpetualiter condonare, oratorio videlicet piissimi confessoris episcopi Martini, quod Majus monasterium præ ceteris in nostris partibus (habere ?) hujus nuncupatur, ad usus fratrum ibidem Deo devote famulantium ; hoc est etiam (2) capella quædam S. Audoëni vice conservata (consecrata ?), quæ proprio nostro olim eidem loco videbatur adjecta, sed a ducibus Franciæ fuisse privata ab eodem loco vere scitur hactenus, beneficioque collata. Quorum petitioni propter amorem et venerationem prædicti sanctissimi egregii alacriter adquievimus, et memoratam ecclesiam, cum omni ejusdem adjacentia, vineis, pratis, ruribus incultis atque cultis, cursus aquarum ac mancipia utriusque sexus, per nostræ traditionis auctoritatem ad eundem locum restituimus ac prætitulamus ; eo scilicet tenore, ut perpetuo in ipsius jure

---

(1) Mort en 1012... Donc ce diplôme est antérieur.
(2) Hæc capella alio nomine abbatia Sancti-Audoëni vocatur. (MABILLON.)

monasterii consistat inconvulsa, et nullus fidelium nostrorum, neque abbas ipsius monasterii, vel etiam Deo dispensante (nullus) nostrorum successorum ullam habeat potestatem, prælibatam ecclesiam, atque omnia quæ ad ea pertinere noscuntur, de usu fratrum degentium inibi abstrahendi vel minorandi; sed (nec?) sicut supra sancitum est, memorata congregatio successoresque sui ad id quod superius diximus, de iis rebus quidquam inde quolibet modo exigi potest; sed habeant licentiam faciendi, ordinandi atque in melius disponendi, tam præsentibus quam futuris temporibus; proinde vero ut eis libentius pro nostri auxilii augmento, posterorumque nostrorum Domini misericordiam impetrare delectet. Et ut hæc nostræ concessionis atque reditionis auctoritas perpetuum et undique parte contineat subnixum vigorem, propria manu corroboravimus subter eam, et annuli nostri superficiis præsignari jussimus.

(Dom Bouquet, *Hist. de Fr.*, X, 584.)

IV.

Jean de Pissecoc et sa femme Jeanne vendent à l'abbaye de Saint-Denis tout ce qu'ils possèdent à Pierrefitte, Saint-Denis et Saint-Ouen, en censives ou autres droits et revenus, le tout mouvant en fief de l'abbaye.

Paris, juillet 1237.

Guillelmus, permissione divina Parisiensis ecclesie minister indignus, universis presentes litteras inspecturis, salutem in Domino. Notum facimus quod in nostra presentia constituti Johannes de Pissecoc miles et Johanna uxor ejus, recognoverunt se vendidisse abbati et conventui Beati Dyonisii pro ducentis libris Parisiensium XL solidos minus jam sibi solitis, ut dicebant, quicquid habebant et quicquid Petrus de Pissecoc miles, pater quondam ejusdem Johannis, habuit apud Petram Fictam, et apud Sanctum Dyonisium, et in territorio earumdem villarum, et etiam in territorio Sancti Audoeni, in censivis, hostisiis, redditibus, pressoragiis, dominio, justicia, seu quibuscumque rebus aliis, et quicquid juris habebant vel habere poterant ibidem, et ea que sic vendebant se tenere in feodum de ecclesia Beati Dyonisii asserebant. Promiserunt autem, fide data coram nobis, quod contra dictam venditionem per se vel per alium non venient in futurum, etc. In cujus rei testimonium ad petitionem partium presentes litteras sigilli nostri munimine fecimus roborari. Actum anno Domini M° CC° tricesimo septimo, mense julio.

(Copie aux Arch. Nation., *Cartul. blanc de Saint-Denis*, t. I, LL, 1157, p. 372.)

V.

Gautier Ribout achète des vignes sur le territoire de Chantaloue. Censives de l'abbé, de l'aumônier et du maître des charités de Saint-Denis.

Paris, février 1249 (Anc. S. 1248).

Omnibus presentes litteras inspecturis, officialis curie Parisiensis, salutem in Domino. Notum facimus quod in nostra presencia constitutus Galterus dictus Ribout, civis Parisiensis, recognovit se emisse a Drocone dicto Ratoni unum arpentum vinee situm in territorio de Chantaloe, ut dicitur, movens de censiva caritatum ecclesie Beati Dyonisii in Francia ad duodecim denarios censuales, ut dicitur, et unam aliam peciam vinee a Henrico dicto (1) elemosinario sitam in eodem territorio, ut dicitur, continentem circiter duo arpenta moventem de censiva ecclesie Beati Dyonisii ad quatuor decem denarios censuales, quorum duo denarii singulis annis debentur domino abbati Beati Dyonisii, sex elemosinario et sex alii caritatibus ejusdem ecclesie, sicut idem Galterus confessus est

---

(1) Le nom manque.

coram nobis. Et promisit dictus Galterus, fide in manu nostra prestita corporali, quod dictas vineas cum onere censuum predictorum tenebit ad usus et consuetudines illorum qui vineas vel censivas aliquas tenent et possident, ut dicitur, in territorio supradicto et quod se justiciabit, quantum ad censivas predictas pertinet, ad usus et consuetudines eorumdem aliqua libertate, usu vel consuetudine non obstante. Datum anno Domini M° CC° XL° octavo, mense februario.

(Copie aux Arch. Nation., *Cartul. de l'aumônerie de Saint-Denis.* LL, 1175, ch. xix.)

VI.

Thomas de Châteaufort achète un arpent de vigne au même lieu, à la charge d'en porter le marc au pressoir de Saint-Ouen. Censive de l'aumônier de Saint-Denis.

Paris, mai 1254.

Omnibus presentes litteras inspecturis, officialis curie Parisiensis, salutem in Domino. Notum facimus quod in nostra presencia constitutus dominus Thomas de Castro forti, canonicus Sancti Dyonisii de Passu, asseruit quod ipse emerat a Johanne de Pontisara, cive Parisiensi, et Genovefa ejus uxore, quoddem arpentum vinee vite in territorio de Chante aloe in censiva elemosinarii Sancti Dyonisii in Francia, ad quatuor denarios annui census, et tenetur dictus Thomas venire ad torcular sive pressorium de Sancto Audoeno ratione dicte vinee. Quam vineam idem dictus Thomas promisit fide data se tenere in villenagium ad usus et consuetudines per quos laica (*sic*) terras (et) vinea tenent. Actum anno Domini M° CC° L^{mo} quarto, mense mayo.

(Copie, *ibid.*, charte xvii.)

VII.

Guillaume le Bourrelier achète deux pièces de vigne au même lieu, à la charge d'en porter le marc au pressoir de Saint-Denis. Même censive.

Paris, octobre 1254.

Omnibus presentes litteras inspecturis, officialis curie Parisiensis, salutem in Domino. Notum facimus quod in nostra presencia constitutus Guillelmus dictus le Bourrelier, civis Parisiensis, recognovit in jure quod ipse emerit ab Ernulpho dicto Moquet de Capella Sancte Genevefe duas pecias vinee in territorio de Cantu alaude, in censiva elemosinarii Beati Dyonisii, ad octo denarios capitalis census, ut dicebant, tali conditione apposita quod dictus Guillelmus tenetur defferre acinum dictarum vinearum ad pressorium Sancti Dyonisii, et ibi debet ad tercium potum, ut dicebant, pressorari. Promisit etiam dictus Guillelmus quod quamdiu vixerit et dictas vineas teneat, quod dictum acinum ad dictum pressorium defferri faciet et pressorari ut superius est expressum, fide ipsius in manu nostra prestita corporali. Quod autem audivimus hoc testamur salvo jure cujuslibet. Datum anno Domini M° CC° L°° quarto, mense octobri.

(Copie, *ibid.*, charte XVI.)

VIII.

Aubin Le Mercier achète 6 arpents de vigne au même lieu, à la charge d'en porter le marc au pressoir de Saint-Denis à La Chapelle. Même censive.

Paris, septembre 1257.

Omnibus presentes litteras inspecturis, officialis curie Parisiensis, salutem in Domino. Notum facimus quod in nostra presencia constitutus Albinus le Mercier, civis Parisiensis, recognovit in jure quod ipse emerat a Radulpho le Norment quinque arpenta

vinee et ab Symone Ereren arpentum vinee site in
territorio de Cantu alaude, in censiva domini abbatis
Beati Dyonisii in Francia, ad tringinta et duos denarios
capitalis census, ut dicebant, tali conditione apposita
quod dictus Albinus tenetur defferre acinum dictarum
vinearum ad pressorium Sancti Dyonisii de Capella,
et ibi debet ad quartum potum, ut dicebant, pressorari ; promisit etiam dictus Albinus quod quamdiu
vixerit et dictas vineas teneat quod dictum acinum
ad dictum pressorium defferri faciet et pressorari ut
superius est expressum, fide ipsius in manu nostra
prestita corporali. Quod autem audivimus hoc testamur, salvo jure cujuslibet. Datum anno Domini
millesimo CC° L^{mo} VII°, mense septembri.

(Copie, *ibid.*, charte xviii.)

IX.

Vente au maître des Charités de Saint-Denis par les Religieuses du couvent de Saint-Mathieu-les-Rouen de 11 sous 15 deniers parisis de cens, à prendre sur une vigne près de la Seine, à Saint-Ouen.

Rouen, mardi 24 juin 1270.

Universis presentes litteras inspecturis, officialis
Rothomagensis, salutem in Domino. Noveritis quod in
presentia Nicholai de Gornaio, clerici, nostre curie
notarii jurati, ad hoc a nobis specialiter destinati,
constitute priorissa et sorores monasterii Sancti
Mathei juxta Rothomagum, de ordine fratrum predicatorum, recognoverunt se vendidisse et in perpetuum
quitasse religiosis viris abbati et conventui Sancti
Dyonisii in Francia, ad opus caritatum ipsius monasterii, undecim solidos et quatuor denarios parisiensium
capitalis census quos dicebant se habere et possidere
in territoriis de edicto Sancti Audoeni et supra vineas
de Secana et in locis circum adjentibus *(sic)* eisdem
priorisse et sororibus, ut dicebant, et earum monasterio

a sororibus Johanna et Dominica quondam filiabus defuncti Radulphi dicti Louvel militis, de propria hereditate ipsorum Johanne et Dominice, in puram et perpetuam elemosinam collatos et concessos, ut dicebant, pro quindecim libris parisiensium eisdem priorisse et sororibus in numerata pecunia traditis et solutis, etc. In cujus rei testimonium una cum sigillis priorisse et sororum predictarum et religiosi viri prioris fratrum predicatorum Rothomagensium presentibus litteris sigillum curie Rothomagensis duximus apponendum. Datum anno Domini M° CC° LXX°, die martis in Nativitate Beati Johannis Baptiste.

(Copie aux Arch. Nation., *petit cartul. blanc de Saint-Denis*, LL, 1159, p. 28.)

X.

Guillaume Marcaant et sa femme Ermengarde vendent au maître des charités de Saint-Denis une pièce de terre située dans la censive de ce dernier.

Saint-Denis, juin 1275.

Universis presentes litteras inspecturis, officialis curie Beati Dyonisii in Francia, salutem in Domino. Notum facimus quod in nostra presentia constituti Guillelmus dictus Marcaant et Ermeniardis ejus uxor asseruerunt in jure coram nobis quod ipsi habebant, tenebant et possidebant ratione conquestus quamdam peciam terre arabilis continentem duo arpenta vel circiter, sitam in territorio de Sancto Audoeno, contiguam terre domus Dei de Sancto Dyoniso ex una parte et terre Petri de Noy, militis, ex altera, in censiva caritatum ecclesie nostre Beati Dyonisii oneratam octo solidis parisiensium census solvendis singulis annis in octabas Beati Dyonisii. Quam siquidem peciam terre arabilis prout se comportat in longitudine et latitudine dicti Guillelmus et Ermeniardis ejus uxor recognoverunt in jure coram nobis se vendidisse et nomine venditionis quitavisse in perpetuum magistro dictarum caritatum Beati Dyonisii nomine prioris et conventus ejusdem loci et eorum successoribus pro duodecim libris parisiensium jam dictis venditoribus traditis in pecunia numerata, etc. Datum anno Domini millesimo CC° LXX°ᵐ V°, mense junio (1).

(Copie aux Arch. Nation., *Cartul. blanc de Saint-Denis*, t. III, LL, 1159, p. 68.)

XI.

Jehan le Mere et sa femme Marie vendent à Hémart de Gagny, écuyer de l'abbé de Saint-Denis, trois arpents de terre au territoire de Mauvoi et à la voie du Lendit. Censive de l'aumônier.

Paris, lundi 4 décembre 1279.

A touz ceus qui ces lettres verront, Gui du Mès, garde de la prévosté de Paris, salut. Nous faisons asavoir que par devant nous vindrent Jehan de Saint-Oyn, jadis fiz feu Oede le Merc, et Marie sa femme, et recognurent en droit par devant nous que ils avoient vendu et par non de pure vente héritablement et perpétuelment quittié et ottroié à touzjours à Hémart de Gaingny, fiz jadiz feu Hue de Gaingny, escuier l'abbé de Saint-Denis, si comme il disoient, à ses hoirs et à ceuz qui aront cause de li pour le pris de quinze livres parisis leur quites que il ont ja eus et receus en bons deniers contenz... trois arpenz de terre arable qu'il avoient si comme il disoient en deuz pièces ou terroir de Saint-Oyn, en la censive à l'aumosnier de Saint-Denis si comme il disoient : c'est asavoir deuz arpens et demi en une pièce ou terroir de Mauvoi, tenant d'une part à la terre Robert de Montarçon, et d'autre part à la terre feu Jaques Boucel, chargiée en quatre deniers de cens

---

(1) Cette charte est suivie d'un autre acte relatif à une pièce de terre arable vendue au même office et située « in ruella Sancti Quintini, versus viam Sancti Audoeni..., juxta terram domus Dei de Sancto Dyoniso ex una parte. » Décembre 1269.

par an, renduz à la Saint-Denis ou aux huitieves Saint-Denis si comme il disoient, et demi arpent assis à la Voie du Lendit, tenant d'une part à la terre Aubert de la Croix, et d'autre part à la terre au prestre de Saint-Oyn, chargié en un denier de cens par an rendu aux huitieves desus dites, si comme il disoient, etc. En tesmoing de ce, nous avons mis en ces lettres le seel de la prévosté de Paris, l'an de grâce mil deuz cens soissante dix et nuef, au mois de décembre, le lundi après la Saint-Andrieu apostre.

(Copie aux Arch. Nation., *Cartul. blanc de Saint-Denis*, t. II, LL, 1158, p. 574.)

XII.

Dreue, fils de Clarembaut, et plusieurs autres vendent à Eustache de la Chartre la tierce partie d'une masure à Saint-Ouen.

Paris, 2 décembre 1279.

A tous cels qui ces leittres veront, Gui du Mès, garde de la prévosté de Paris, saluz. Nous fesons asavoir que par devant nous vindrent Dreue le fiz Clarembaut, l'omme de Chaubercvillers, et Marie, sa femme, Aliaume le Noyr, filz Henri le Noir, et Helouys, sa femme, et requenurent en droit aus avoir vendu chauscun pour le tout sans division fere, et en non de pure vente quitté et otroié desorendroit à touz jours pardurablement sanz jamès nulle chose réclamer desoresenavant. à Eustace de la Chartre de Saint-Oyn, à Basille sa femme, et à leur heirs, la tierce partie d'une masure avec le douaire de la devant dite Helouys, si comme elle se comporte en lonc et en lé, que il avoient, tenoient et possuioient en la ville de Saint-Oyn, jougnant d'une part à la meson à l'omonier de Saint-Denys en France, et d'autre part à la masure Jehan Hermenout, en la censive du dit omonier, charchiée ou tiers de deux deniers de cens et ou tiers de deux chappons de rente,

si comme il disoient, pour huit libres parisis ja paiéz
des dis acheteurs en pécunne nombrée, qu'il ont eus
et receus en deniers contés et nombrés, et dont il se
tindrent bien pour paiéz par devant nous. Et transportèrent et mistrent desorendreit les devanz diz vendeurs es devant diz acheteurs et en leurs hoirs et en cels
qui auront cause d'aus tant (sic) le droit, la propriété, la
possession, la seigneurie et l'action que il avoient ou
poient avoir en la tierce partie et ou douaire de la dite
masure, sans rien retenir à aus ne à leur hoir desoresc-
navant; et promistrent les devant diz vendeurs par
devant nous et par leur loials créanz que contre ceste
vente et ceste quittance et cest otroi, par droit de
héritage, par reson de conquest, de douaire, par don
à mariage, par droit commun ou espécial, ne par autre
droit quel que il soit, par aus ne par autres ne vendront
ne aler n'i feront jamès à nul jour ou tans à venir.
Ainçois la tierce partie avec le douaire de la dite
Helouys de la dite masure au devant diz acheteurs et à
leur hoirs, et à cels qui auront cause d'aus, à leur
propres despens, toutesfois que mestier en sera, gau-
rantiront, déliveront et deffendront en jugement et
hors de jugement aus us et au coustumes de France
envers tous et contre tous desoresenavant, et que
rendront et paieront le quint denier de la vente desurs
dite en non de painne aus diz acheteurs ou à leur
heirs se la devant dite vente estoit retraite en tout ou
en partie; et quant à ce tenir fermement, li devant diz
vendeurs ont obligié et soumis aus et leur heirs et
touz leur biens muebles et non muebles, présens et
à venir, où que il soient à jousticier, à nous et à nos
successeurs, en renunçant en cest cas à tout aide
de droit de canon et de lays, à toutes exceptions de
fet et de droit et à toutes autres choses qui aidier leur
pourroient en cest cas et aus devant diz acheteurs nuire.
En tesmoins de ce, nous avons mis en ces leittres le
seel de la prévosté de Paris. l'an de grace mil CC seis-

sante dis et nuef, au mois de deloyr, le semmedi après la Saint-Andriu.

(Copie aux Arch. Nation., *Cartul. de l'aumônerie de Saint-Denis*, LL, 1175, f° 11, et LL, 1176, p. 43.)

XIII.

Eustache de la Chartre et Basile, sa femme, vendent une masure à l'aumônier de Saint-Denis (1).

Paris, 11 décembre 1279.

A tous ceus qui ces lettres veront, Gui du Mès, garde de la prévosté de Paris, saluz. Nous fesons asavoir que par devant nous vindrent Huistace de la Chartre de Saint-Oyn et Basile, sa fame, et affermèrent en droit par devant nous qu'il avoient, tenoient et poursuivoient de leur conquest une masure séant à Saint-Oyn, tenant d'une part à la meson de l'aumosnier de Saint-Denis en France, et d'autre part à la meson Jehan Ermenout, en la censive du dit aumosnier, chargie tout les ans en deus deniers parisis de cens et renduz et paiéz par an aus huitièves de la Saint-Denis, et en deus chapons tant seulement renduz et paiéz chacun an à l'endemein de Noël, si comme il disoient; laquele masure, si comme elle se comporte en lonc et en lé, en haut et en bas, chargie au cens desus dit sans nule autre charge, le devant dit Huistace et Basile, sa fame, requonurent en droit par devant nous avoir vendu et par non de pure vente quité perpétuelment doresenavant à tout jours à religieus home frère Estienne, aumosnier de l'église Monseigneur Saint-Denis en France, et asses sucesseurs et à ceus qui auront cause de lui pour vint livres de parisis qu'il ont eus et receus en deniers contanz, et

---

(1) A partir de cette pièce, je ne répéterai plus que les immeubles achetés sont situés à Saint-Ouen. Cela va sans dire. Je ne ferai d'exception que lorsque le contrat comprendra des biens dans plusieurs localités.

dont il se tindrent bien à paiéz par devant nous ; à la somme de pécune desus dite non eue, non receue, non soute et non paiée renoncèrent les devant diz vendeurs du tout en tout et par leur créanz transportant desorendroit au dit acheteur ou à ceus qui cause aront de lui tout le droit, la possession, la propriété, la seignorie, etc. Et en tesmoieng de ce, nous avons mis en ces lettres le seel de la prévosté de Paris, l'an de grâce mil CC seissante dis et nuef, eu mois de décembre, le lundi après la Saint-Nicholas d'yver.

(Copie aux Arch. Nation., *Cartul. de l'aumônerie de Saint-Denis*, LL, 1175, ch. XXIII, et LL, 1176. p. 15.)

XIV.

Thomas Omont d'Aubervilliers et sa femme vendent au commandeur de Saint-Denis une masure et des terres.

Paris, 18 février 1283 (Anc. S. 1282).

A touz ceus qui ces leittres verront, Giles de Compigne, garde de la prévosté de Paris, saluz. Nous fesons asavoir que par devant nous vindrent Thomas Omont et Moyance, sa fame, touz de Haubercvillers, si comme il dysoient, et requenurent en droit qu'il avoient vendu et en non de pure vente perpétuelement quité et otroié à touz jours à monsegneur Estiene, commendeur de Saint-Denis, une masure si comme elle se comporte en lonc et en lé séant à Saint-Oyn, en la censive à l'aumonier de Saint-Denis, tenant de une part à Hemerc le neveu au commandeur, et d'autre part à Girart Çavate ; derechief quartier et demi de terre arable, séant es Quarreaus, en la censive à l'Aumone de Saint-Denis, tenant d'une part au dit Hemarc le neveu au commandeur, si comme il disoient, pour le pris de dis et sept livres de parisis qu'ils ont eus et receus en deniers contéz et nombréz du dit acheteur, et dont ils se tindrent à bien paiéz pardevant nous. Et promistrent, etc. Et se la dite vente estoit retraite d'aucun, les diz vendeurs promistrent à rendre au dit acheteur le quint denier en non de paine avecques les autres coustements se aucuns en i avoit, etc. En tesmoing de ce, nous avons mis en ces lettres le scel de la prévosté de Paris, l'an de grace mil deux cent quatre vinz et deus, ou mois de février, le jeudi devant la feste Saint-Pierre yver souz Pierre.

(Copie aux Arch. Nation., *Cartul. de l'aumônerie de Saint-Denis*, LL. 1176. p. 70, ch. xxxi.)

XV.

Vente de la moitié d'une maison au précepteur de Saint-Denis, par Asceline, veuve de Jean Gayel. Censive de l'aumônier.

Saint-Denis, novembre 1287.

Universis presentes litteras inspecturis, officialis curie beati Dyonisii in Francia, salutem in Domino. Notum facimus quod in nostra presencia personaliter constituta Ascelina relicta quondam defuncti Johannis Gayeli et Johannotus ejusdem filius, asseruerunt coram nobis se habere, tenere et possidere ex propria hereditate sua medietatem cujusdam masure cum suis pertinentiis site apud Sanctum Audoenum, contiguam domui elemosinarii beati Dyonisii, in censiva dicti elemosinarii, oneratam unum caponem annui redditus solvendum dicto elemosinario singulis annis in crastino Nativitatis Domini, absque aliquo alio onere, ut dicebant. Quam siquidem medietatem domus seu masure cum suis pertinentiis dicti Ascelina et Johannotus recognoverunt coram nobis se vendidissse et nomine venditionis in perpetuum quitavisse domino Bovoni ecclesie nostre beati Dyonisii preceptori ejusque causam habentibus, pro sex libris parisiensium, de quibus jam eisdem extitit a prefato emptore in pecunia numerata plenarie et integre satisfactum, prout confessi fuerunt in judicio coram nobis, et de qua pecunie summa dicti venditores se tenuerunt integre et plenarie pro pagatis, etc. In cujus rei testimonium et munimen, ad petitionem dictorum venditorum presentibus litteris sigillum curie beati Dyonisii duximus apponendum. Datum anno Domini M° CC° octogesimo septimo, mense novembri.

(Copie aux Arch. Nation., *Cartul. de l'aumônerie de Saint-Denis*, LL, 1176, p. 72, n° 32.)

XVI.

Jean de Dugny et sa femme Alix échangent plusieurs censives, dues à l'aumônier, proche Saint-Denis et à Saint-Ouen, contre la moitié d'une maison à Saint-Denis.

Saint-Denis, jeudi 30 octobre 1292.

A touz ceus qui ces lettres verront, frère Estienne de Portemue, commandeur de Seint-Denys en France, et garde du seel de la prévosté de Seint-Denys, salut. Nous fesons à savoir : par devant François le Lombart, notre baillif de Seint-Denys, et par devant Jehan d'Argenteuil, notre clerc juré, auquielz nous adjoustons foi en ce cas et especialement à ce envoiéz de par nous, vindrent Henri de Duigni, escuier, et damoise Aalis, sa fame, demouranz à Seint-Denys en France, si comme il disoient, affermèrent et recongnurent en droit par devant le dit baillif et par devant notre dit clerc juré que il avoient, tenoient et poursuivoient, du propre héritage au dit Henri, vint et sept sols et dis deniers parisis de chief cens à rendre et à paier chascun an aus huitieves de feste Seint-Denys, assis sur les héritages ci desus nomméz : c'est à savoir, Guillaume Pocheron sasze deniers et un tornois de chief cens de sa vigne du port, Jehan Pocheron de Sainte-Croiz sasze deniers et un tornois de sa vigne du port, Colet Pocheron dis et huit denier parisis de sa vigne de Froumosain, tenant d'une part à Loranz le maçon, et d'autre part à Aubert le poissonnier, cinc deniers et maaille de sa vigne de Froumosain, item un denier de sa terre de Chacepoutie, monseigneur Jehan de Chateillon, chevalier, une maaille de tret à chevaus séant derrières les grances du marcheis, Robert de Billi sis soulz et huit deniers parisis de ses préz de la Fontaine Boivin, Thibaut Porcheron vint et sis deniers et maaille pour son pré de la Fontaine Boivin, monseigneur Jehan Basset, chevalier, quatre deniers de sa terre du port derrière la Tuillerie, Adam de Columbes dis deniers de sa vigne de la Fourrières de Dueilg qui fu Adam le Povre, le prestre de Seint-Quentin deuz deniers et maaille de sa terre de Seint-Quentin, l'aumosnier de Seint-Denys sis sols et neuf deniers de sa couture du Landit, les enfants Gauchier de Rueilg cinc solz de leur oseroye de Seint-Oyn, la ville de Seint-Oyn douze deniers du champ Chochart, si comme il disoient; lesquielz vint et sept solz et dis deniers parisis de chief cens, le devant dit Henri de Dugni et la dite damoisele Aaliz, sa fame, recognurent en droit par devant le dit baillif et par devant le dit Jehan, notre clerc juré, eus avoir donné, quité et otraié à touz jours mès perpétuelment en non de pur échange, sans permutacion, but à but, sans nulles soultes, à home religieus et honeste monseigneur Robert de Hellenbuef, aumosnier de Seint-Denys en France, pour la moitié d'une masure, si comme elle se comporte, que le dit aumosnier avoit séant en ville de Seint-Denys, laquelle demie masure il tenoit pour fourfeture de Guillaume le Flamant, lequel Guillaume se forfist lui et touz ses biens, si comme le dit aumosnier disoit; et transportèrent les diz Henri et sa femme, et requenurent, par devant le dit baillif et par devant le dit clerc juré, avoir transporté en la main du dit religieus aumosnier sesine, propriété ensemble desoresenavant qu'il avoient ou chief cens desus dit. Et promistrent les dit Henri, etc. Et en tesmoing de ce, nous avons mis au raport et témoignage du dit baillif et du dit clerc juré en ces présentes lettres le seel de la prévosté de Seint-Denys. L'an de grace mil CC quatre vinz et douze, le jeudi après feste seint Symon et Jude appostres.

(Copie aux Arch. Nation., *Cartul. de l'aumônerie de Saint-Denis*, LL, 1175, f° 21.)

XVII.

Herbert le Mere et sa femme Alix prennent à bail de l'aumônier de Saint-Denis une maison, un jardin et des terres. Censive de l'aumônier.

Paris, mercredi 4 janvier 1304 (Anc. S. 1300).

A touz ceus qui ces lettres verront, Guillaume Thybout, garde de la prévoté de Paris, salut. Sachent tuit que par devant nous vindrent en jugement Herbert le Mere de Saint-Oyn et Aalis, sa femme, si comme il disoient, affermèrent en droit par devant nous que feu monseigneur Guillaume de l'Aumosne, jadis prestre, avoit lessié en son testament à l'aumosne de l'église Saint-Denys en aumosne les héritages qui s'ensuient : c'est asavoir une meson, un jardin, un clos appartenant à la dicte meson assise à Saint-Oyn, tenant d'une part à la mesniée Aubert de la Croix, et d'autre part à Perrot Chauderon ; derechief sis arpens et quartier et demi de terre ou environ assis ou terroir de Saint-Oyn en quatre pièces, dont l'une pièce est assise à la Voie de la Chapelle, tenant d'une part à Nicolas Héron, l'autre pièce assise à la Croix, tenant d'une part à Pierre le Mere et d'autre part à la terre à la famme feu Jehan d'Asnières, l'autre pièce assise ou terroir des Quarriaus, tenant d'une part à Guillaume Bordère et d'autre part au chantre de Saint-Pol de Saint-Denys, et l'autre pièce tenant au clos de la vigne desus les Marèz d'une part, oveques le dit clos contenant un arpent de vigne ou environ, mouvanz tous les héritages desus diz de la dite aumosne, si comme il disoient ; lesquiez héritages desus diz, si comme il sont ci desus devisé, le dit Herbert et Aalis sa femme, pour ce présens par devant nous, si comme il disoient, recognurent et confessèrent en droit par devant nous que il ont pris et receu à tousjours mès dèsorendroit perpétuelment de religieux homme frère Estienne de Portemue, aumosnier de la dite aumosne, baillant et ascensant ou non de l'abbé et du couvent de la dite aumosne de la dite église Saint-Denys, pour diz livres parisis chascun an perpétuelment de cens et de rente que il en promistrent à rendre et paier perpétuelment de eus, de leurs hoirs et de ceus qui auront cause de eus chascun an près après entresuiant audit aumosnier, à ses successeurs et à leur commandement, c'est asavoir à quatre termes chascun an, à Pasques, à la Saint-Jehan-Baptiste, à la Saint-Denys et à Noël, à chascun terme cinquante souz parisis, à commancier le premier paiement à Pasques prochain avenir, si comme il disoient, etc. Et quant à ce tenir fermement et de non venir encontre le dit Herbert et Aalis sa famme ont obligié et sousmis chascun pour le tout eus, leurs hoirs, et touz leur biens et de leurs hoirs, muebles et non muebles, présens et avenir, espéciaument les héritages desus diz, et avecques ce il en ont obligié et delessié pour obligié par espécial dès maintenant les héritages qui s'ensuient que il avoient (et) tenoient de leur propre héritage, si comme il disoient : c'est asavoir une meson avecques toutes ses appartenances assise à Saint-Oyn, tenant au dit Pierre Chauderon d'une part, et d'autre part à la mesniée Aubert de la Croix, chargiée tant seulement en une poitevine de cens, et trois quartiers et demi de terre ou environ, assis ou terroir de la ville de Saint-Oyn en trois pièces chargiées en deux deniers et poitevine de cens, séant l'une pièce à la Voie de Paris, tenant à la famme feu Estienne le Picart et à Vincent le Munier, et l'autre pièce tenant à la fame Robert de Saint-Oyn et à Gile Alorge de Clichy, si comme il disoient ; tous ces héritages mouvanz du dit aumosnier si comme il disoient, tout pour jousticier et vendre par le prévost de Paris et par toutes autres joustices souz qui il seront trovéz, etc. En tesmoing de ce, nous avons mis en ces lettres le seel de la prévosté de Paris, l'an de grâce mil trois cens, le merquedi devant la Thyphaine.

(Copie aux Arch. Nation., *Cartul. blanc de Saint-Denis*, t. II, LL, 1158, p. 180.)

XVIII.

L'aumônier de Saint-Denis donne à Colin du Moncel la métairie des terres de l'abbaye à Saint-Ouen.

Saint-Denis, jeudi 24 janvier 1303
(Anc. S. 1302).

A touz ceus qui ces lettres verront, frère Estienne de Portemue, aumosnier de Saint-Denis en France, salut. Nous faisons assavoir à touz que nous pour le proffit de notre dicte aumosne avons baillé et otroyé à moitié dou jour de la confection de ces lettres jusques à sis anz continuelment ensuianz à Colin, filz Gile dou Moncel, toutes noz terres de la paroisse de Saint-Oin, si comme elles se comportent, jusques au Gerriay, en telle condicion que il ne prendra riens à ce prochein aoust des bléz pour ce qu'il ne les a pas laboréz, et par telle condicion que il aura et prendra chascun an l'erbe d'une pièce de pré que nous avons à Saint-Oin qui fu Aveline la Minarde, duranz les diz sis anz; et cil Colin doit amener à ses couz et à sa voiture touz les gaignages des dictes terres et touz noz feins appartenanz à notre meson de Saint-Oin à notre granche de la dite meson, senz nulle riens avoir se de cortoisie n'est ; et nous sommes tenuz à mettre la moitié au sacler, au saier et au batre, et devons partir au miniau, et il doit porter chascun an touz les fiens de notre dicte meson aux dictes terres et amener à sa voiture toute notre disme dou vin de La Chapelle, et aler une carre à Grant-Pui pour querre la disme dou vin que nous avons là, et nous li devons donner chascun an un mui de vin de la dicte disme, et prester un mui de blé de la dicte disme et demi mui d'aveine et sis libres de parisis, dont il ne paiera à ce pruchein aoust deux setiers d'aveine et quarante soulz de parisis, et le remanent dou blé et de l'aveine et de l'argent il nous paiera aux II ans ensuianz. Et ovec tout ce, nous li avons otroié à faire chascun an un arpent ou deux de vace et à pranre en telle partie comme il y aura toutes foiz que il en aura mestier, et il nous doit amener notre partie en notre dicte granche. Lesquelles choses et lesquelles convenances si comme elles sont desus dictes nous promectons à tenir sanz aller encontre et obligons quant à ce nous et noz successeurs, et noz biens et les biens de noz successeurs. En tesmoing de laquelle chose, nous avons mis le seel de notre dicte aumosne en ces lettres, l'an de grace mil trois cenz et deux, le jeudi devant la conversion sainct Pol.

(Copie aux Arch. Nation., *Cartul. de l'aumônerie de Saint-Denis*, LL, 1176, p. 292).

XIX.

Description de l'hôtel et limites de la censive de l'aumônier de Saint-Denis à Saint-Ouen.

Sans date (1).

S'ensuit l'ostel seignorial de Saint-Oyn en France, appartenant à monseigneur l'Aumosnier de Saint-Denis en France, assis près de la dite terre Saint-Oyn en allant à l'église, contenant deux arpens de terre ou environ, fermés à murs tout autour; et y a court devant et court derrière, en la première court y a granche et pressouer bannyer, deux paires de jardins, l'ung en hault et l'autre en bas, fermés à créneaulx,

---

(1) D'autres actes semblables précédent celui-ci dans le même cartulaire. Ils sont tous datés de 1305 à 1307. Comme ils sont de la même écriture et du même signataire, ils autorisent à attribuer cette pièce aux premières années du XIVe siècle.

aboutissant sur la rivière de Saine; et y a caves avecques deux cens pippes de vin, coulombier sur le soupiral, et plussieurs chambres, salles et estables, et chapelle fondée de saint Pierre et de saint Paul et de saint Denis, et deux prisons et fosse dessoubz; et a le dict aumosnier toutte haulte justice, et seigneurie basse et moyenne, et de tous crymes de lèse-majesté en l'ostel du Roy, au chasteau et en toutte la dite ville, et mesme au terrouer d'icelle depuis Clichy jusques à la croix qui est dedans Clichy, excepto palacio Clipiaci, et depuis jusques au chemin de derriere la granche du Lendit, et depuis le dit chemin jusques à la maison Philippot Anitier, assise sur la rivière de Saine, et depuis la dicte maison en retournant jusques au carrefour de Clichy, excepto palacio Clipiaci, et comme il appert par les fondations Dangobert, et a esté pres et appointements (?) que la dicte seigneurie de Saint-Oyn commencera aux quatres arpens de terre du curé de Saint-Oyn, qui est près du petit marès qui est de sa disme de Saint-Oyn, et partout où va la disme du dit Saint-Oyn où le dit aumosnier a toutte haultes justicez qui est près des fourches de Clichy, assises auprès une fosse qui fait la séparation du dit Saint-Oyn et du dit Clichy, car se la dicte seigneurie du dit Clichy eust esté plus avant, plus avant eust mis ses fourches.

Le Cler (avec paraphe).

(Copie aux Arch. Nation., *Cartul. de l'aumônerie de Saint-Denis*, LL, 1175, fol. 32, verso.)

XX.

Accord passé entre l'aumônier et le maître de la Maison-Dieu de Saint-Denis, au sujet de terres et de prés situés aux lieux dits « Chante aloe, » et « Formosain. »

Saint-Denis, avril 1317.

Universis presentes litteras inspecturis, Ægidius permissione divina monasterii Sancti Dyonisii in

Francia abbas humilis, et ejusdem loci conventus, salutem in Domino sempiternam. Notum facimus quod cum magister et fratres domus Dei de Sancto Dyonisio nomine dicte domus tenerent et possiderent tria arpenta cum dimidio vel circiter pratorum sitorum in una pecia in loco dicto Formosain, contiqua ex una parte prato magistri Petri Hugonis et Johannis Majoris, et ex altera parte prato Richardi de Sancta Cruce cervisiarii, que prata fuerunt magistri Guillelmi quondam physici nostri nunc defuncti, nec non et octo arpenta terre arabilis vel circiter, sita in territorio Sancti Audoeni, prope locum dictum Chante aloe, in duabus peciis, quarum una continens sex arpenta vel circiter contingens est ex una parte chimino de Vallibus, et ex altera parte terre heredum defuncti Martini Marcel, alia vero pecia continens duo arpenta vel circiter contingens est ex una parte terre Petri de Asneriis, et ex altera parte terre relicte Martini dicti Lessante, que terre fuerunt defuncte Ælipdis, uxoris quondam Guillelmi dicti Leber, onerate in quatuor solidis et duobus denariis Parisiensium annui capitalis census, que omnia movent de elemosinarie nostre censiva ; dictosque magistrum et fratres dicte domus Dei compellemus predicta hereditagia ponere extra manum. Nos tandem elemosinarie nostre ac dicte domus Dei utilitatibus hinc inde pensatis, de bonorum consilio super præmissis ordinavimus in hunc modum : videlicet quod dicta prata ad opus officii dicte elemosinarie nostre perpetuo remanebunt onerata in quadraginta solidis Parisiensium perpetui redditus solvendis ab elemosinario, qui pro tempore fuerit, prefate domui Dei pro pratis predictis in octabis Sancti Dyonisii annuatim, dicte vero terre cum dictis quadraginta solidis domui Dei ex nunc perpetuo et libere remanebunt absque compulsione, facienda de cetero a nobis aut successoribus nostris dictis magistro vel fratribus aut domui Dei deponendo, easque terras extra manum suam mediantibus decem solidis Parisiensium solvendis, perpetuo annuatim officio elemosinarie nostre a magistro et fratribus dicte domus Dei, qui pro tempore fuerunt, videlicet quatuor solidis et duobus denariis ratione capitalis census predicti et quinque solidis et decem denariis pro quacumque financia pro premissis per nos aliter vel alios exigenda, nostris tamen justicia et dominio semper salvis in premissis et in re quolibet alieno ; promittentes bona fide quod contra ordinacionem predictam non veniemus per nos vel per alios in futurum. In cujus rei testimonium sigilla nostra presentibus duximus apponendum. Datum anno Domini millesimo tricentesimo septimo decimo, mense aprilis.

(Copie aux Arch. Nation., Cartul. de l'aumônerie de Saint-Denis, LL, 1176, p. 271.)

XXI.

Jehan de Noyentel, écuyer, et Alix, sa femme, vendent à Guillaume de Crespy un manoir et de nombreuses pièces de terre. Censives de Saint-Benoît et de l'abbé de Saint-Denis.

Paris, samedi 2 mars 1286 (Anc. S. 1285).

A touz ceus qui ces présentes lettres verront, Oudart de la Neuville, garde de la prévosté de Paris, salut. Nous faisons asavoir que par devant nous vindrent Jehan de Noyentel, escuier, et damoisele Aaliz de Champaignes, sa fame, afferèrent en droit que il avoient, tenoient et poursuioient un maner ou meson ovecques jardin, vigne et court afféranz et apartenanz audit maner ou meson, tenant à la meson Guillaume le Ber d'une part et à la vigne Pierre du Sartrin d'autre, en la censive Saint-Beneoit de Paris, à vint et sept deniers parisis de cens paiéz par an à deus termes, c'est asavoir à Noël vint deniers et aus huitieves Saint-Denis sept deniers ; derechief dis arpenz de terre maintenant bléée en un tenant ou terrouer de Saint-Oyn, ou lieu qu'en dit aus Grès tenanz à la terre Guillaume Lenglais maçon d'une part et à la terre Adam Sarrazin d'autre ; derechief sis arpenz de terre maintenant bléée en ce meismes terrouer ou lieu qu'en dit le Val de Curmont, tenanz à la terre Raoul d'Escoen d'une part et au chemin si comme l'en vait de Saint-Oyn à Saint-Denis d'autre ; derechief cinc arpenz de terre maintenant bléée ou terrouer et au lieu devant diz, tenanz au dit chemin si comme l'en vait de Saint-Oyn à Saint-Denis d'une part et à la terre Guillaume de Baubegni d'autre ; derechief diz arpens de terre assis en ce meismes terrouer maintenant bléée ou terrouer qu'on dit de Biaumont, tenant à la terre Jehan à l'Espée d'une part et à la terre Robert de Saint-Oyn d'autre ; derechief sept arpenz de terre assis ou terrouer des Noes, tenanz à la terre Estienne le Picart d'une part et au chemin si comme l'en vait de Seine à Paris d'autre ; derechief sept arpenz de terre à la Voie de Lendit, entre le dit chemin d'une part et la terre Richeut la Fourrière d'autre ; derechief cinc arpenz de terre au chemin Larronneus, tenanz à la terre Aveline d'Orliens d'une part et à la terre à la dame de Clichi d'autre ; derechief cinc demies mines d'avene chacun an de rente l'endemain de Noël sur cinc quartiers de terre que la fame Jacques de Bondies tient à présent, tenanz d'une part à la terre de celle fame et d'autre part à la terre Robert de Saint-Oyn ; derechief les deus pars de deux arpenz de préz assis au desouz de Romeincourt, tenanz aus préz à l'enfermier de Saint-Denis d'une part et aus terres feu Raoul de Miniaus d'autre ; derechief quatorze solz parisis de cens que Robert de Montarçon doit pour reson d'une hille qu'il tient en l'iau de Seine audesouz de Saint-Oyn à prendre chacun an à deus termes, c'est asavoir sept solz à la bénéiçon de Lendit et sept solz à Noël ; lesqueles choses toutes et chacunes muevent du fié l'abbé de Saint-Denis, excepté le maner ou meson ovecques ses appartenances, et excepté un arpent de

terre qui est assis entre les diz arpens de terre desus
diz, le quel arpent doit douze deniers de parisis de
cens qui sunt paiéz chacun an à Ernoul de Chaumuçon
es huitieves Saint-Denis; — lequel maner ou meson, si
comme il se comporte devant, derrières, desus et de-
sous, en lonc et en lé, ovecques toutes ses apartenances
et ovecques le jardin, la court et la vigne afféranz
audit maner, si comme la court, le jardin et la vigne
devant diz se comportent, et toutes les autres possessions et les rentes desus escrites, et tout quanque de
droit, de seigneurie, propriété, possession et d'aucion
il avoient et avoir povoient en la ville et ou terrouer
de Saint-Oyn, tant en possessions et en rentes comme
en autres choses queles que eles soient et comment que
elles leur soient venues, les devant diz Jehan et Aaliz
sa fame reconnurent en droit par devant nous eus
avoir vendu et en nom de pure vente à tourjourz mès
otroié et quitté à honorable mestre Guillaume de
Crespi, clerc nostre seigneur le Roy de France, à ses
hers et à ceus qui auront cause de lui pour le pris de
sis cenz livres de tournois; c'est asavoir le dit maner et
ses apartenances pour sis vins livres de tournois et le
remenant de toutes les choses desus dites pour quatre
cenz et quatre vinz livres de tournois leur quittes, qui
leur sunt ja paiées en bone pecune nombrée, du quel
pris il se tindrent entérinement pour paiéz et en quittèrent ledit acheteeur, ses hers et ceus qui ont ou
auront cause de lui, de tout en tout par devant nous,
et renuncièrent par leur créanz à l'exception de ladite
somme de pécune non nombrée, non bailliée et non
paiée du tout, metanz et transportanz dès maintenant
au dit acheteeur, en ses hers, en ceus qui ont ou auront
cause de lui, tout le droit, seigneurie, propriété, possession et toutes les droitures et toutes auccions réeles et
personeles qui leur afféroient et povoient afférir
comment que ce feust es choses devant dites sanz
jamès riens revenir en iceles à eus ne à leur hers, et

delessièrent au dit acheteeur toutes necessité de dénuncier, et promistrent les devant diz vendeeurs de leur gré, non mie contrainz, de leur certeine science, sanz force, sans poour, sanz fraude et sanz barat, et bien acertenéz sur ce par leur serement donné par devant nous sur les saintes évangiles, que contre la vente, l'otroi et la quittance desus dites ne vendront par droit d'éritage, par reson de conquest, de douaire, de don pour noces ou par autre aucun droit commun ou espécial par eus ne par aultres à nul jour ou tans avenir, et que ceste vente et toutes les choses desus dites au dit acheteeur, à ses hers et à ceus qui ont et auront cause de lui, garantiront chacun d'eus pour le tout, déliverront et deffendront en jugement et hors de jugement, à leurs propres couz et despens, aus us et aus coustumes de France, à tourjours mès contre touz, et rendront et paieront au dit acheteeur en nom de pene sis vinz livres de tournois ovecques touz droiz coustemenz sur les quiex il créront ledit acheteeur par son simple serement, se ceste vente estoit retraite ou eue d'aucun en tout ou en partie. Pour la quele garandie faire, la pene paier, se ele estoit commise, et pour toutes les choses desus dites et chacune par soi tenir et garder loialment. Guiart de Montoot et Dreue de Meri, escuiers, pour ce par devant nous establiz, se firent et establirent fidéjusseurs principaus, garantisseurs et rendeeurs de la dite pene, chacun d'eus pour le tout sans division faire, et par leur léauz créans, et pour toutes les choses desus dites et chacune par soi tenir fermement et loialment acomplir les diz vendeurs et les diz fidéjusseurs, chacun d'eus pour le tout, ont obligié et délessié pour obligiéz espécialment et souzmis à jousticier par le prévost de Paris eus, leurs hers et touz leur successeurs, touz leurs bien, les biens de leur hers et de leur successeurs, muebles et non muebles, présenz et avenir, et renuncièrent tant les diz vendeurs comme les fidéjusseurs devant diz, chacun pour le tout, sur le créant et sur le serement desus diz, à toute exception de mal, de tricherie, à auccion en fet, au privilège de la croiz, au bénéfice du sénat velleyan, de meneur aage, de division et de restitution enterine, à l'épitre divi Adrian, à toute coustume et à tout establissement de lieus et de païs, à la loi ou l'en treuve que le principal doie avant estre convenu que l'intercesseur, à toute aide de de droit et de fet, au droit qui dit que général renunciation ne vaut pas, qu'il ne puissent alléguer qu'il soient déceuz en aucune des choses desus dites, ne que la chose soit autrement démenée que ce qui est contenu en ces présentes lettres ; renuncanz espécialment par le serement desus dit au droit qui dit que chose de douaire ne puet estre aliénée tout si consente la fame, et à toutes autres exceptions, resons et deffenses par quoi ce présent instrument ou aucune des choses dedenz contenues peussent estre despeciées ou anienties. En tesmoing de ce, nous avons mis en ces lettres le seel de la prévosté de Paris, l'an de grace mil deus cenz quatre vinz et cinc, au mois de marz, le samedi après les cendres.

(Orig. aux Arch. Nation., *Trésor des Chartes*, J, 169, n° 1.)

XXII.

Vente au même par Jean de Chanevières, bourgeois de Saint-Denis, et Juliane, sa femme, de sept arpents de terre, près du Lendit « entre la terre Pierre du Sartrin et la terre Jaques Augier et Robert de Montarçon. » Censive d'Adam d'Aubervilliers, écuyer.

Paris, mercredi 11 décembre 1286.

(Orig., *ibid.*, n° 2.)

XXIII.

Vente au même par Jean Auger, bourgeois de Saint-Denis, de onze arpents de terre arable au lieu « qui est appelé les Ajons, tenant d'une part à Robert de Montarçon, et d'autre part à Richard Gontelin; » à raison de huit livres l'arpent. Censive de Saint-Denis.

Saint-Denis, novembre 1287.

(Orig., *ibid.*, n° 3.)

XXIV.

Jean de Beaumont, de Saint-Denis, et Jeanne, sa femme, vendent à Jean d'Hérouville, bourgeois de Saint-Denis : 1° « trois arpents et demi de terre gaaingnable u terrouer de Mauvoi, tenant d'une part à la terre Pierre le Mere de Saint-Ouin, et d'autre part à la terre Hue Çavate; » 2° deux arpents et demi « u dit terrouer de Mauvoy, tenant d'une part à la terre feu Basile de la Chartre, et d'autre part à la terre Robert de Montarçon; » toutes deux dans la censive de Saint-Benoît; 3° un arpent et demi au même lieu, « tenant d'une part à la terre Jacqueline Laboucelle, et d'autre part à la terre Robert de Montarçon. » Censive de l'aumônier de Saint-Denis.

Paris, vendredi 31 décembre 1288.

(Orig., *ibid.*, n° 4.)

XXV.

Vente à Guillaume de Crespy, doyen de l'église de Saint-Aignan d'Orléans, par « Andreas dictus Espiet, apothecarius clericus, » et Pétronille, sa femme, de huit arpents de terre arable tenant à la terre de Pierre du Sartrin, et d'autre part à la terre « Guillelmi dicti Leber. » Censives de l'aumônier de Saint-Denis et de Saint-Magloire de Paris.

Paris, vendredi 13 octobre 1290.

(Orig., *ibid.*, n° 5.)

XXVI.

Les exécuteurs testamentaires de feu Jeanne la Hermande, veuve de Michel de Porcheville, de Mantes, vendent à Guillaume de Crespy quatre arpents de terre tenant de toutes parts au domaine du dit Guillaume. Censive de l'aumônier de Saint-Denis.

Paris, samedi 11 août 1291.

(Orig., *ibid.*, n° 6.)

XXVII.

Beatrix, fille de Simon de Musin, chevalier, approuve une vente de biens à Saint-Ouen et un accord faits entre son mari Perrot de Saint-Denis et Guillaume de Crespy.

Carcassonne, juillet 1292.

Noverint universi presentem publicam cartam inspecturi, quod Beatrix, filia domini Symonis de Musino quondam militis, uxor Perroti de Sancto-Dyonisio, filii domini Petri de Sancto-Dyonisio, quondam constituta in presencia domini Gaufridi de Vatanis, militis, constabularii Carcassonensis, tenentis locum domini senescali Carcassonensis et Bitterensis, approbavit ex certà sciencià suà, spontaneà vòluntate, et confirmavit ac ratificavit compositionem et venditionem factam seu tractatam, seu etiam faciendam per Perrotum de Sancto-Dyonisio, virum suum predictum, magistro Guillelmo de Crespeyo, illustrissimi domini Regis clerico, et cum eo de tribus arpentis vinee et quadam pecia larricii sive heremi sitis apud Sanctum-Audoenum in Francia juxta domum seu viridarium ejusdem magistri Guillelmi de Crespeyo, et de quadam questione quam idem magister Guillelmus contra dictum Perrotum faciebat ratione cujusdam vie quam idem magister Guillelmus petebat fieri seu redduci per domum ipsius Perroti apud Sanctum-Audoenum ; quam compositionem et venditionem ac approbationem et confirmationem predictas eadem Beatrix promisit et juravit sponte firmam habere, tenere et servare per se et suos heredes et successores et nunquam contra venire per se vel per alium de jure vel de facto. Acta fuerunt hec in civitate Carcassonensi in presencia et testimonio magistri Geraldi Galardi, judicis minerbesii (?) domini regis, Johannis Laurencii, Alfoncii Radmundi de Crassa, Thomas Barberii, Guillelmi Saumays, civitatis Carcassonensis, et mei Bertrandi, notarii publici Carcassonensis domini regis, qui vice magistri Amalrici de electo notarii publici curie Carcassonensis domini regis, hanc cartam recepi scripsi, anno Domini millesimo CC nonagesimo secundo mensis julii, regnante Philippo rege Francie illustri, et ego Amalricus notarius predictus subscribo et signo.

Et ad majorem firmitatem habendam sigillum regalis curie Carcassonensis huic presenti publico instrumento fuit appensum.

(Orig., *ibid.*, n° 7.)

XXVIII.

Accord passé entre Pierre, fils de Perrot de Saint-Denis, jadis trésorier du roi à Carcassonne et à Béziers, et Guillaume de Crespy, le dit accord relatif : 1° à un manoir, un pourpris, trois arpents de pré « in prateria Sancti Dyonisii » tenant au pré du panetier de Saint-Denis d'une part « et prato Roberti Fulconis ex alio, in censiva infirmarii Sancti-Dyonisii, » et à d'autres terres, vignes et rentes dépendant de ce manoir à Saint-Ouen et Clichy ; 2° à cinq arpents de vignes ainsi qu'à douze noyers, plantés près du manoir, que Guillaume voulait faire arracher.

Paris, samedi 12 août 1292.

(Orig., *ibid.*, n° 9.)

XXIX.

Le même fils de Perrot de Saint-Denis (dit Du Sartrin) et Guillaume de Monréal, procureur de Beatrix de Musin femme de Perrot, vendent à Guillaume de Crespy la pièce de pré signalée dans la précédente charte, et dite ici située entre Saint-Léger et la Courtille Saint-Denis ; ils obligent en outre pour ce fait une maison possédée par Perrot contre le cimetière de Saint-Ouen.

Paris, samedi 5 avril 1293 (Anc. S. 1292).

(Orig., *ibid.*, n° 8.)

XXX.

Vente au même par Germain et Jean Berneut, Hue Savate, Jean d'Anières et Benoiton Bourdin, de quatre arpents et demi de vigne, « tenant à la meson mestre Guillaume de Crespi, » qu'ils tenaient « à moitié de feu Pierre du Sartrin de Saint-Denis. »

Paris, 2 février 1293 (Anc. S. 1293).

(Orig., *ibid.*, n° 11.)

XXXI.

Vente au même par Yvelot Bourdin de la moitié de cinq quartiers de vigne, « à l'issue de la ville par devers Saint-Denis, tenant d'une part à Hue Savate, et d'autre à la vigne Robert de Montarçon, qu'il tenait aussi de feu Pierre du Sartrin de Saint-Denis.

Paris, février 1293 (Anc. S. 1292).

(Orig., *ibid.*, n° 12.)

XXXII.

Sédile la Rosière vend au même un demi-arpent de vigne derrière l'église, « tenant d'une part à Germein Berneut, et d'autre part à la vigne au dit achateur. » Censive du maître des charités de Saint-Denis.

Saint-Denis, mercredi 4 février 1293 (Anc. S. 1292).

(Orig., *ibid.*, n° 10.)

XXXIII.

Vente au même par Guillaume de Baubegni, de Saint-Denis, d'un arpent de terre arable « assis u terrouer que l'en appelle les Grés, tenant d'une part à mestre Guillaume de Crespi, et d'autre part aux enfans feu Pierre Hugon. » Censive de l'abbé de Saint-Denis.

Paris, lundi 27 avril 1293.

(Orig., *ibid.*, n° 16.)

XXXIV.

Robert de Montarcenne (ou Montarçon) et Maheut, sa femme, échangent avec Guillaume de Crespy des pièces de vigne derrière « le moustier de Saint-Oyn, » tenant au dit Guillaume. Censive du maitre des charités Saint-Denis.

Saint-Denis, dimanche 19 juillet 1293.

(Orig., *ibid.*, n° 17.)

XXXV.

Guillaume de Baubegni et son fils, tous deux de Saint-Denis, vendent à Guillaume de Crespy : 1° trois arpents de terre arable « asis au Marbre du cheminet de Lille et de Paris, tenant d'une part à la terre Rainbaut le Lonbart, et d'autre à mestre Pierre Paien, » censive du seigneur de Clichy ; 2° une pièce de terre « assise ou val de Crémont, tenant d'une part au dit acheteeur, et d'autre part à Pierre le Mercier, de Saint-Denis. » Censive du commandeur de Saint-Denis.

Paris, samedi 15 août 1293.

(Orig., *ibid.*, n° 13.)

XXXVI.

Rainbaud le Lombart, bourgeois de Paris, et Jacqueline, sa femme, vendent au même trois quartiers « de terre arable assis au Marbre du cheminet de Lille et de Paris, tenant de touz les costés à maistre Guillaume de Crespi. » Seigneurie de Clichy.

Paris, mercredi 9 septembre 1293.

(Orig., *ibid.*, n° 19.)

XXXVII.

Agnès, veuve de Simon Cornu, et de ses deux fils Jean et Thomas, tous de Saint-Denis, vendent au même « une ille qui contient un arpent, séant desouz Saint-Oin, au desouz des moulins de Saint-Oin, » pour le prix de quarante livres parisis. » Censive du cuisinier de Saint-Denis.

Paris, mercredi 28 octobre 1293.

(Orig., *ibid.*, n° 18.)

XXXVIII.

Vente au même par messire Thomas, curé de l'église de Saint-Ouen, d'un demi-arpent de vigne « situm in loco qui dicitur retro monasterium, in censiva magistrorum caritatum Sancti-Dyonisii; quod de dicto dimidio arpento vinee gaudere nec tenere poterat, et quod compulsus erat per dominum temporalem ut dictum dimidium arpentum extra manum suam poneret. »

Paris, jeudi 19 novembre 1293.

(Orig., *ibid.*, n° 15.)

XXXIX.

Vente au dit Guillaume de Crespy de deux arpents de pré à Saint-Léger, proche Saint-Denis, tenus à fief du seigneur de Montmorency.

Paris, 1293 (1).

XL.

Messire Jean, curé de l'église Sainte-Croix de Saint-Denis, échange un arpent de terre arable « situm in territorio dicto Grès in censiva domini preceptoris Sancti-Dyonisii in Francia et armigeri de Migniaus..., et contiguum ex una parte terre Roberti de Sancto-

---

(1) Telle est la cote d'une charte qui portait le n° 14 du carton J, 169, aux Arch. Nation., et qui manque aujourd'hui. Du reste, la perte n'en est pas fort regrettable pour nous, puisqu'il semble qu'il ne s'agissait pas d'un bien acquis par G. de Crespy à Saint-Ouen. Cette cote nous est fournie par Dupuy, *Inventaire du Trésor des Chartes*, t. 1, p. 121. (Arch. Nation., JJ, 586.)

Audocno, et ex alia parte terre magistri Guillelmi, » contre douze sous de crois de cens sur la maison de Robert de Vair, à Saint-Denis, dus à Guillaume de Crespy.

Paris, mardi 20 mars 1296 (Anc. S. 1295).

(Orig., *ibid.*, n° 20.)

XLI.

Lettres de manumission et franchise accordées par Charles de Valois à Conrrat de Crespy, Agnès sa sœur, Geneviève Toussac, fille d'Agnès, et aux enfants de Geneviève.

Paris, mardi 24 novembre 1299.
(*Vidimus du mardi 7 novembre* 1308.)

A tous ceus, etc., Pierre le Feran, garde de la prévosté de Paris, salut. Sachent tuit que nous, l'an de grâce mil trois cenz et huit, le mardi après la fête de Touz Sainz, veimes unes lettres seellées, si comme il apparoit, du seel de très haut et poissant prince Monseingneur Charles, filz de roy de France, contenanz ceste fourme : Nous, Challes, filz de roy de France, conte de Valoys, d'Alençon, de Chartres et d'Anjou, faisons asavoir à tous que, comme nous meussions question contre mestre Conrrat de Crespy, Agnès sa suer et Geneviève, fille de la dite Agnès, et les enfanz nés et procréés en icelle Geneviève de Guillem Toussac, son mari, de leur estat et de l'estat feu mestre Guillaume de Crespy, sus cen que nous disions que il estoient nos hommes et fames de notre conté de Valoys, euls affermans le contraire, disans que franches personnes estoient et avoient tous temps esté, et le dit Conrrat pour soi et pour le dit mestre Guillem nous ait souffisaument enfourmé de lor bon estat et de leur plaine franchise et de la saisine en laquele il en avoient paisiblement tous temps esté, et les dite Agnès, et Geneviève pour soi et ses enfants dessus dis, nous ayent ausit enfourmés que tous temps avoient usé de plaine franchise, et comme franches personnes se estoient portées et maintenues nous et nos prédécesseurs sachans et non contredisans, — pourquoi nous, les personnes dessus nommées et chascune d'icelles par ces présentes lettres, déclarons et prononçons avoir esté et estre personnes franches munies de toute franchise, et a tout cen pour le bon service et léal que le dit mestre Guillaume a fait à nostre chier seingneur et frère le roy de France, se les dites personnes ou aucune d'icelles avoient mestier de franchise, nous de grâce espéciale les franchissons et mainmetons et voulons que comme franches, et tous ceus qui de eus et de leur postérité istront el temps à avenir, quelque part il leur plaira à demourer en notre destroit ou ailleurs, joissent à tous jours mais de plaine et enterine franchise et liberté parfete. Et en tesmoing de ceu, ceste présente lettre est seellée de notre seel, faite et donnée l'an de grace mil deus cens et nonante et neuf, le mardi après la Saint-Clément. Et nous ou transcript de ces lettres avons mis le seel de prévosté de Paris, l'an et le jour premiers diz.

(Orig. aux Arch. Nation., *Trésor des Chartes*, J. 169, n° 21.)

XLII.

Donation à Charles de Valois, pour prix de leur franchise, par Guillaume Toussac et sa femme Geneviève, fille d'Agnès de Crespy, en leur nom et au nom de leurs enfants, des manoirs et jardins de G. de Crespy à Saint-Ouen, et de toutes leurs terres à Torcy et Saint-Denis.

Paris, lundi 28 décembre 1299.

A touz ceus qui ces présentes lettres verront, Guillaume Thibout, garde de la prévosté de Paris, salut.

Nous faisons à savoir que par devant Thomas Poillève
et Bertaud de Born, nos clers juréz de par nous
députéz espécialement as choses qui s'ensuient, as
quels nous adjoustons plaine foy en iclees choses et en
greigneurs, furent establiz en leur propres personnes,
Guillaume dit Toutsac, bourgeois de Paris, et Geneviève sa fame, et Agnès de Crespi, mère de la dicte
Geneviève, et recongnurent en droit par devant noz
diz clers, de leur bone volonté, sans nulle contraincte,
que le dit Guillaume et la ditte Geneviève sa fame
estoient loials tuteurs et gardeeurs de touz leur
anfanz, lesquiels estoient issuz du mariage estant
entre eus deuls ; derechief la dicte Agnès de Crespi,
le dit Guillaume et la dicte Geneviève recongnurent
en droit par devant nos diz clers, que comme débat et
contenz fust et eust esté entre le procureur de très haut
et très noble prince Monseigneur Charle, fiulz de roy
de France, conte de Valoys, d'Anjou, d'Alençon et de
Chartres d'une part, et eus Agnès, Geneviève, et les
anfanz du dit Guillaume et de la dite Geneviève d'autre, sus ce que le dit procureur disoit et affermoit
que les devant dictes Agnès et Geneviève, et touz les
anfanz des diz Guillaume et Geneviève estoient de
condition et hommes et fames de cors du devant dit
monseigneur Charles, de sa conté de Valoys, si comme il
disoient, et la dicte Agnès pour soy et la dicte Geneviève
pour soy et pour ses anfanz affermassent le contraire
et deissent que franches personnes estoient et touz
temps en possession de franchise avoient esté et comme
franches personnes s'estoient portées et maintenues, si
comme il disoient ; à la parfin pour avoir la bone
pais du dit conte et de son procureur, et pour ce que
il les lesse en la possession de franchise pesiblement
à touz jours mès et a lessié, sans ce que question de
leur estat par li ou par autre pour la cause de lui leur
puisse jamès estre fecte ou temps avenir, et pour ce
que franchiz les a, se mestier en avoient, et toute leur

postérité, si comme ils disoient, les devant diz Guillaume et Geneviève, pour eus et pour leur anfanz desus diz, quittèrent, donnèrent et delessièrent à touz jourz mès, sans jamès rien réclamer et à perpétuité, au dit monseigneur Charle pour lui et pour ses hoirs, et à son procureur ou nom de lui, le manoir o touz les jardins si comme il se comportent, qui fu feu mestre Guillaume de Crespi, jadis arcediacre de Paris, assis à Saint-Oyn de lèz Saint-Denis, et toutes les appartenances et toutes les terres que le dit mestre Guillaume avoit et poursuivoit ou temps que il vivoit ou terreeur de la dicte ville et ilecques environ. Derechief, le dit Guillaume et la dite Geneviève pour eus et en non de leur anfanz desus diz, quittèrent du tout en tout et delessièrent au dit monseigneur Charle pour lui et pour ses hoirs, et à son procureur ou non de lui et de ses hoirs, touz les prés que le dit feu mestre Guillaume de Crespi tenoit ou temps que il vivoit à Torci, et touz ceus que il tenoit à Saint-Denis et es leur environ, et toutes les appartenances de touz les préz desus diz. Et promistrent en droit par devant nos clers juréz desus diz, le dit Guillaume et la dicte Geneviève, ou non d'eus et de leur anfanz desus diz, à garantir et à défendre contre touz au dit monseigneur Charle et à ses hoirs, et à leur procureur ou non d'eus, toutes les choses desus dictes et chascune d'iceles, et à eschanger ailleurs value à value en leur propre héritage se mestier en estoit. Et pour ce que les enfanz des diz Guillaume et Geneviève estoient non aagé et en leur protection, il jurèrent sus les saintes évangiles par devant noz diz clers que toutes les choses desus dictes et chascune d'iceles estoient au grand proufit d'eus et de leur anfanz desus diz. Et promitrent à fere, et pour chascun sus painne de trois mile livres tournois à paier au dit monseigneur Charle, envers les anfanz desus diz, que eus touz et chascun d'iceuz, sitost comme il vendront en aage, auront ferme et estable toutes les choses desus dictes et chascune d'iceles, et que expressément et espécialment les confirmeront en tele manère que, quand les diz enfanz auront ce acordé en temps et en leu en manère qu'il puisse et doie valoir au dit conte et à son procureur à perpétuité, mès que ce soit dedenz l'an qu'il auront aage acompli, les diz Guillaume et Geneviève seront quittes et absouls de la painne de trois mile livres desus dictes, sauves les autres obligations de leur biens de garantir, de défendre et de eschanger les choses desus dictes au dit conte quand mestier en seroit ; et est asavoir que les diz Guillaume et Geneviève ou non d'eus et de leur enfanz desus diz se dessaisirent en la main de noz clers juréz desus diz, comme en main de souverain, de toutes les choses desus dictes et de chascune d'iceles. Et noz diz clers jurés, à la requeste des diz Guillaume et Geneviève, en baillèrent la saisine et la possession à homme sage et discret mestre Ystace de Viezville, clerc et procureur du dit monseigneur Charle, ou non d'icelui et de ses hoirs ; et est asavoir que à toutes les choses desus dictes et chascune d'iceles fut présente la devant dicte Agnès de Crespi, mère de la dicte Geneviève, et les vout, loua et approuva, et si consenti et obliga en tant comme il li touche, et en tant comme il li peut appartenir ; et quant as choses desus dictes et chascune d'iceles tenir fermes et estables les diz Guillaume et Geneviève pour eus et pour touz leur anfanz et la dicte Agnès, pour tant comme il li touche, obligièrent espécialment, par devant nos diz clers juréz desus diz, au dit monseigneur Charle et à ses hoirs et au dit mestre Huitace, son procureur au non d'eux, touz leur biens et touz les biens de leur hoirs, meubles et non meubles, présenz et avenir, en quelque leu que il soient à vendre, despendre et à exploiter tout de plain se mestier en estoit par le prévost de Paris ou par son leutenant ou par autres joustices queles que eles soient, séculieres ou de Saincte-Eglise, teles comme le dit monseigneur Charles, ses hoirs ou leur procureur voudroient eslire. Et quant as choses desus dictes et chascune d'icelles, les diz Guillaume et Geneviève sa fame, pour eus et pour touz leur anfanz desus diz, et la dicte Agnès pour tant comme il li touche ou comme il li pourroit toucher, renuncièrent en droit par devant noz diz clers, de leur bone volenté sans nulle contraincte, à toutes déceptions de fraude, de boidie, à toute restitution pour reson de non aage, ou par autre cause quele que ele soit, à touz privilèges de croiz prisse ou à prendre, à toutes graces de respit, privilèges et indulgences données ou à donner de touz papes, empereurs, roys, princes ou autres quels que il soient, à toutes autres exceptions, barres, défenses et allégations qui au dit monseigneur Charle ou à ses hoirs, ou à leur procureur ou non d'eus, pourroient nuire, et as diz Guillaume et Geneviève et à leur anfanz et à la dicte Agnès pourroient aucune chose aidier.

Et après ce, fu présent par devant nos diz clers homme sage et discret mestre Conrrat de Crespi, prévost de Teilloy en l'église de Saint-Aingnen d'Orliens, frère du dit feu mestre Guillaume de Crespi et de la dicte Agnès, lequel mestre Conrrat vout, loua, agréa et approuva, en tant comme il li touche et appartient, toutes les choses desus dictes et chascune d'iceles, lesqueles li furent leues de mot à mot. Et nous Guillaume Thibout, garde de la prévosté de Paris desus nommé, à la relacion de nos diz clers, avons mis le seel de la prévosté de Paris à ces présentes lettres, sauf le droit nostre seigneur le Roy et l'autri. Lesquels furent faictes et données l'an de grace mil deuls cenz quatre vinz dis et neuf, le lundi après Nouel.

(Orig. aux Arch. Nation., *ibid.*, n° 22.)

XLIII.

Confirmation par Conrrat Toussac de la donation du manoir de Saint-Ouen et autres biens faite par ses père et mère Guillaume et Geneviève Toussac à Charles de Valois.

Paris, lundi 27 août 1307.

A touz ceus qui ces presentes lettres verront, Frémins de Coquerel, garde de la prévosté de Paris, salut. Nous faisons assavoir que par devant nous vint en sa propre personne Conrrat Toussac, filz Guillaume Toussac bourgeois de Paris, estant en souffisant aage, si comme il et le dit Guillaume présent avecques lui par devant nous disoient, et filz de Geneviève, fame dudit Guillaume, et recongnut que comme lesditz Guillaume et Geneviève pour eus et en leur non et pour ledit Conrrat et en son nom aient donné, ottroié et delessié à touz jours, sans espérance de rapeler ce don, à très haut et noble prince monseigneur Charles, filz de roi de France, conte de Valois, pour lui et pour ses hoirs, une meson a tout le pourpris, si comme elle se comportoit au temps dudit don, assise à Saint-Oyn de lèz Saint-Denis, qui fu mestre Guillaume de Crespy, jadis arcediacre de Paris, et toutes les terres appendanz à la dite meson, derechief les préz assis à Saint-Denis et à Torci qui furent dudit mestre Guillaume, si comme il est contenu en unes lettres faites de ce don seellées du seel de la prévosté de Paris, les queles le dit monseigneur Charles a par devers lui ; — icelui Conrrat, considérant et sachant le don, la délessance et ottroi des diz héritages avoir esté fèz au dit monseigneur Charles des diz Guillaume et Geneviève à certaine et juste cause et pour leur grant profit et le profit du dit Conrrat et de ses frères enfanz des diz Guillaume et Geneviève, avoit voulu, gréé, ratefié et ottroié, et encore de abundant voult, gréa, ottroia et acorda par devant nous comme par devant joustice, le don, ottroi et délessance dessus diz et toutes les autres choses contenues et comprises es dites lettres, en donnant expressément, ottroiant, délessant et baillant ou dit monseigneur Charles et en ses hoirs ou en ceus qui de lui auront cause, par le bail de ces présentes lettres aus causes dessus dites, tout le droit et toute l'action que il avoit et devoit avoir en la dite meson et ez autres héritages dessus nomméz, sanz riens retenir à lui ne à ses hoirs, et s'en dessaisi dès maintenant en nostre main tant comme en main souveraine, et promist de son loial créant et par son serment fet par devant nous sus saints Evangiles que contre le don, ottroi et délessance dessus diz ne vendra par lui ne par autres au temps avenir, ne en la meson ne héritages dessus diz riens ne réclamera ne réclamer ne fera par aucune cause quele que elle soit ou puisse estre, ainçois en lessera joyr et esploitier pesiblement et perpétuelment le dit monseigneur Charles et ses hoirs comme de leur propre chose; et quant à ce tenir fermement le dit Conrrat a obligié lui, ses hoirs et tous ses biens et les biens de ses hoirs, meubles et non meubles, présenz et avenir, où que il soient à jousticier par le prévost de Paris ou par la joustice sous qui juridicion il seront trouvéz, renonçant en ce fet au bénéfice de meneur aage, à tout aide de fet et de droit, à toutes coustumes et usages de païs, à circonvention de lieu et de juge, au droit qui dit général renonciation non valoir, et à toutes autres resons, exceptions, allégacions, barres et deffenses qui valoir lui pourroient contre la teneur de ces lettres. En tesmoing de ce nous avons mis en ces lettres le seel de la prévosté de Paris l'an de grace mil trois cens et sept, le lundi après feste Saint-Berthelemi.

(Orig. aux Arch. Nation., *Trésor des Charles*, J, 169, n° 25.)

XLIV.

Autre confirmation du même (en latin).

Paris, lundi 4 septembre 1307.
(Orig., *ibid.*, n° 27.)

XLV.

Semblable confirmation de Gilet Toussac.

Paris, jeudi 5 novembre 1310.
(Orig., *ibid.*, n° 26.)

XLVI.

Semblable confirmation de Helyot Toussac.

Paris, vendredi 20 avril 1312.
(Orig., *ibid.*, n° 24.)

XLVII.

Marché passé entre Charles de Valois et Gui Déchamps, charpentier, pour la construction et l'achèvement d'une salle, d'un puits, d'une cuisine et d'autres parties dans le manoir de Saint-Ouen.

Paris, mardi 19 mars 1308 (Anc. S. 1307).

A touz ceus qui ces présentes verront, Frémins de Coquerel, garde de la prévosté de Paris, salut. Sachent tuit que par devant nous vindrent en leurs propres personnes maistre Guy Déchamps, charpentier, et Sebile, sa fame, et recongnurent et confessèrent conjoinctement ensemble eus avoir fait marchié et convenant exprès à très noble et haut prince monseigneur Challes, fiuz de roy de France, conte de

Valois, d'Alençon, de Chartres et d'Anjou, de parfaire la sale qui est commenciée en son manoir de Saint-Oyn, en la manière que l'euvre qui est commenciée le requiert, et si comme il est contenu et devisé ci après : Premièrement, les diz maistre Guy et sa dite fame feront faire en la dite sale des yraignes de fer en dis fenestrages qui sont jà faites en l'estage dessouz et seront du patron à celles qui sont en la chambre du dit monseigneur Challes ; derechief, il feront faire en huit fenestres de fer qui sont es estages au desouz des deus tours les ferreures aussi bonnes et aussi forz comme celles des yraignes dessus dites ; derechief, ils feront faire un conduit par dessouz terre dès l'eschançonnerie jusque hors des murs qui cloent le pourpris, et sera maçonné et vouté de bonne pierre tailliée ; derechief, il feront faire deus paire de degréz pour monter en haut en la sale, et aura deus bonnes voutes dessouz les deus degréz, et entre les deus degréz aura trois poutres qui seront sus deus pilers de pierre et bouteront entre les degréz d'une part et d'autre, et sus les dites poutres aura bon planchié du large de la salle où il aura unes beles loges ; derechief, il feront haucier les murs de la sale et des tours tout entour bien de trois toises et demie, entre querneaus, et tout d'aussi bonne pierre comme ce que fait est, et avecques ce, les aguilles des pignons qui auront bien huit toises de haut ; derechief, il feront faire en la charpenterie cinquante couples de quoy chascun chevron aura neuf toises de lonc, et seront iceux couples talliéz à ront point et à trois demiez compas, et seront les chevrons feulliéz pour mettre le lambrois emprès les lates ; derechief, il feront la sale et les tours dessus et dessouz paver de bons quarreaus plomméz ; derechief, il feront parfaire sept cheminées qui sont commenciées en la dite sale et deus et (es ?) deus tours, et feront lacer, couvrir, lambroissier et faire bons huis et bonnes fenestres penduz à bons gons et à bonnes paumelles par tout là où mestier en sera; derechief, il feront parfaire le paveillon de touz poinz en la manière que il est commencié; derechief, il feront faire la cuysine et le puis en ceste manière : c'est assavoir que le puis sera haucié de maçonnerie huit toises pour estre du haut du pavement de la sale, et seront ces huit toises maçonnées de bonne pierre talliée, et aura le puis dedenz euvre sis piéz de large, et si aura au dit puis une roe et en celle roe tournera quatre cordes où il aura bien cent petiz seaus qui touz puiseront en l'yaue dedenz le puis et la geteront si haut par l'enging que la roe merra que elle descendra en la cuysine et en toutes les offices de l'ostel; et aura une allée dès le puis jusques à la cuysine qui sera fondée sus trois pilers et sus deux ars de pierre tailliée; et aura la cuysine bien sis toises de large en trois des costéz et en l'un huit toises pour avoir une elle à metre le drechouer sur quoy l'on dépecera et drecera la viande; et sera celle cuysine fondée sus seze pilers de pierre, et de ces seze pilers mouvra neuf voutes qui seront dessouz terre, et par dessus terre en aura seze qui porteront le merrien et le mateau (sic) de la cheminée. Et quant à toutes ces choses faire en la manière que dit est et devisé par dessus, les diz maistre Guy et sa dite fame querront et seront tenuz de querre pierre, chauz, sablon, tuile pour couvrir, quarreaus pour paver, fer, clou, plon pour plommer les pommeaus, pour assoer grappes et gons, partout là où mestier sera, plon et estain pour plommer les pommeaus des tours et du pavellon; et toutes ces choses en la manière que elles sont dites et devisées d'ordre en ordre, de point en point, sont et seront tenuz les diz maistre Guy et sa dite fame faire et rendre faites et prestes de touz poinz, sanz riens defaillir, dedanz la feste de Touz Sainz qui sera l'an de grace mil CCC et dis. Et querront charray par terre et par yaue, si comme il le confessèrent, vouldrent et acordèrent en jugement par devant nous. C'est assavoir tout pour trois mile et cinc cenz livres de parisis, de bonne et fort monnoie qu'il en auront et doivent avoir du dit monseigneur Challes ou de son commandement, si comme il disoient, et avecques ce quarante muis d'aveine prise es guerniers de Villers-Costeret, et à la mesure d'icel lieu. En tele manière que tout le merrien qui est à Saint-Oyn bon à mettre en euvre que il le mettront et feront mettre et emploier en la dite besoigne parfaire, et celuy qui ne sera bon et profitable à la dite besoigee et tout autre viéz merrien qui demourra des chauffaudeiz et autrement est et sera leur, et em pourront faire leur volenté, comme de leur propre chose, si comme il disoient; et tout autre merrien qui à la dite maneuvre faudra et appartendra le dit monseigneur Challes leur doit faire livrer en ses forès par le maistre des dites forèz là où le dit maistre Guy verra que bien sera, et veult que il aient povoir de prendre charroy en alleyes et par touz autres biens en temps convenable sanz le grief du païs, ausi franchement à leurs despens comme il feroient aus siens, quant à la besoigne dessus dite parfaire et au soustenement du manoir de Saint-Oyn dessus dit, si comme il disoient. Et après ce que il auront toute la maneuvre et la besoigne que il ont entreprise parfaite et achevée de touz poinz, si comme dit est et devisé, le dit monseigneur Challes de sa grâce et de sa franche libéralité a donné et donne et otroie au dit maistre Guy et à sa dite fame dès maintenant la conciergerie de Saint-Oyn à leur vie tant seulement avecques toutes les terres, les préz, les vignes, les sauçaies, et touz les profiz, les aventures, les émolumenz et toutes les choses qui à la meson et à tout le manoir appartiennent et doivent appartenir comment que ce soit, en tele manière que il sont et seront tenuz à gouverner et soustenir les mesons et tout le manoir du tout à leurs couz en aussi bon point et estat comme il leur sera baillié, se il n'i avenoit cas d'aventure, mes, en yceluy cas, se il avenoit, seroit le dit monseigneur Challes tenu, se il y faloit merrien pour eschaffauder ou pour faire autre chose, à faire leur livrer par le maistre de ses forèz, et le viez merrien estre leur, si comme il disoient. Et quant au jardin du dit manoir de Saint-Oyn, monseigneur Challes, madame et les enffanz, quand il y seront, pourront prendre des fruyz et des choses qui au dit jardin seront toutes foiz que il leur plera. Et quant à toutes les choses dessus dites, etc.

En tesmoing de ce nous avons mis en ces présentes lettres le seel de la prévosté de Paris, l'an de grâce mil CCC et sept, le mardi prochain devant la mi-karesme.

(Orig. aux Arch. Nation., *Tr. des Chartes* J, 169, n° 23.)

XLVIII.

Guillaume le Munier et sa femme prennent à bail, de Charles d'Anjou, une île située en Seine, dans l'eau de Saint-Denis, pour 60 sous parisis de croix de cens.

Paris, lundi 25 octobre 1311.

A touz ceus qui verront ces lettres, Jehan Ploiebauch, garde de la prévosté de Paris, salut. Sachent tuit que par devant nous vindrent en jugement Guillaume dit Le Munier, poissonnier de poissons d'iaue douce, et Jaqueline sa fame, demeurans à Saint-Denys en France, recongnurent et confessèrent en droit de leur bon gré et de leur bonne volenté, de leur commun acort et assentement, eus avoir pris et accepté à touz jours à crois de cenz ou de rente, de très excellent prince monseigneur monseigneur (*sic*) Challes, filz de roy de France, conte de Valois, d'Alençon, de Chartres et d'Anjou, une ysle contenant deux arpenz de héritage, séant sus la rivière de Saine, que l'en dit l'yaue Saint-Denis, en la censsive le cuisinier de Saint-Denys, chargé en sis solz parisis de fons de terre renduz par an au dit cuisinier ou lieu que l'en dit au Buschot, tenant à l'isle des diz mariéz d'une part, et d'autre part à la rivière de Saine, pour soixante solz parisis de crois de cenz ou de rente que les diz mariéz engagièrent en nostre main et promistrent à rendre et paier chascun pour le tout chascun an dores en avant franchement, au terme de la feste Saint-Denys et à Pasques, à chascun terme la moitié, au dit monseigneur Challes, à ses hoirs ou à ceus qui auront cause d'eus à leur main demouranz par dessus le fonz de terre dessus dit, délessant desorendroit chargiée leur ysle séanz de lez l'autre dessus prise jusques à la somme de soixante solz parisis de croiz de cens ou de rente dessus diz, et obligenz chascun pour le tout les dites deux ysles, pour les diz soixante solz parisis de croiz de cens ou de rente dessus diz prendre et avoir toutes les foiz que mestier en sera, sanz ce que l'ille prise y puisse doresenavant au dit monseigneur Challes ou à ceus qui cause auront de luy délessier, que il ne délessent, quitent et transportent leur ysle dessus dite et tout le droit que il ont en ycelle ; et pour ce faire les diz preneurs mistrent desorendroit en la main le Roy leur ysle dessus dite, sans ce que doresenavant il la puissent vendre, donner, aliesner, aumosner, ne en nule manière obligier ou esciangier, se ce n'estoit de l'acort et conssentement dudit monseigneur Challes ou de ceus qui cause auront de luy en cele manière, et par cele condicion faiz en la dite prise, faisant que lesdiz preneurs chascun pour le tout doivent faire et planter en la dite ysle bien profitablement et loialment cinc cenz de plançons de saux souffisanz dedenz neuf ans prochain avenir, et en droite seson que le doit planter sannement; et promistrent les diz preneurs par leur serement et par leur foy que contre ces choses dessus dites ne vendront ne venir feront, comment que ce soit, par eus ne par autre, et que se aucuns domages ou despenz, mises, depers ou intérez y avoit faiz par leur deffaute, que il les rendront à plain audit monseigneur Challes, ses genz ou à ceux qui cause auront de luy; obliganz quant à ce en contre-plège leur ysle dessus dite à justicier par la justice souz qui juridicion elle siet. En tesmoing de ce, nous avons mis en ces lettres le seel de la prévosté de Paris, l'an de grâce mil CCC et onze, le lundi avant la Touzsainz.

(Orig., *ibid.*, n° 28.)

XLIX.

Vente par Jehan du Sartrin, de Saint-Denis, à Ch. de Valois, d'une place et d'une allée.

Paris, vendredi 19 juin 1324.

A touz ceus qui ces letttes verront, Jehan Loncle, garde de la prévosté de Paris, salut. Sachent tuit que par devant nous vint en jugement Jehan du Sartrin, demourant à Saint-Oyn, et reconnut en droit lui avoir vendu et par non de pur vente quité, ottroié et délessié à touz jours à très excellent et noble prince monseigneur Charles, conte de Valois, achatant pour lui, pour ses hers et pour ceus qui cause auront de lui, une place si come elle se comporte, en laquele place la cuisine de la meson de Saint-Oyn dudit conte siet à présent, tenant d'une part par devers Saint-Denis à la meson dudit monseigneur de Valois, et d'autre part à la meson Jehan Le Mire, aboutissant la dite place sus la rivière, et aboutit par en haut au jardin dudit monseigneur de Valois; item le chemin qui va de ladite cuisine monseigneur de Valois au moustier de la ville de Saint-Oyn

quites et délivres de toutes charges et obligacions ; c'est assavoir tout pour le pris de quarante livres de parisis que le dit Jehan du Sartrin a eues et receues en bons deniers dudit monseigneur Charles ou de son commandement, et s'en tint pour bien poiéz par devant nous, et en quita bonement à touz jours ledit conte, ses hoirs et touz autres à qui il en pourroit appartenir, et renunça à l'exception des dites quarante livres parisis non eues, non receues, et promist le dit vendeur par son serement que contre ladite vente ne vendra, ne venir fera par lui ne par autres à nul jour ou temps a venir, ancois ladite place et ladite allée quites et délivres de toutes charges, obligacions et empeschemenz, garantira, délivrera et deffendra à ses couz contre touz à touz jours audit comte, à ses hoirs et à ceus qui cause auront de lui, et rendra touz couz et domages qui fez seroient par deffaute de la garantie ; et quant à ce tenir fermement, le dit vendeur a obligié et souzmis lui, ses hers, touz ses biens et de ses hoirs, meubles et non meubles, présenz et avenir, où qu'il seroient trouvéz, renunçant à touz privilèges de court et de croiz prise et à prendre, à touz engins, décevances, barres, deffenses, exceptions, déceptions et à tout ce, tant de fait comme de droit, qui valoir li pourroit en cest cas. En tesmoing de ce nous avons mis en ces lettres le seel de la prévosté de Paris, l'an de grâce mil CCC vint et quatre, le vendredi avant la feste de la Nativité saint Jehan-Baptiste.

(Orig., *ibid.*, n° 29.)

L.

Extraits du testament de Charles de Valois.

Paris, lundi 19 décembre 1320.

En nom du Père, et du Fils, et du Saint-Esprit, Amen. Je, Charles, fils de roy de France, conte de Valois, d'Alençon, de Chartres et d'Anjou, etc...

Item je laisse pour une chapelenie fonder en l'église Saint-Eustaice de Paris quarante livres tournois de rente, et y chantera le chapelain de la dite chapelenie qui sera pour le temps trois fois la sepmaine de requiem pour l'âme de moy et de mes parents, et aux autres jours de ce qu'il voudra selon sa dévocion; et seront tenuz celui à qui l'en aura pourvu de la dite chapelenie et ses successeurs à touzjours à eux faire promovoir à prestres, s'ilz ne l'estoient, dedenz l'an après que la collacion leur en aura esté faite, et s'il y avoit aucun qui ainsi ne le feist, que à la requeste de celui ou de ceux en cui collacion elle sera, l'evesque de Paris qui sera pour le temps l'en doie et puisse priver. Item je laisse au dit chapelain, pour acheter une maison, six vinz livres parisis, et est m'entencion que le chapelain y demeure continuelment; et vueil que à tel jour que je trespasserai mon anniversaire soit fait chascun an à touzjours sollempnelment. Item je vueil que la collacion de la dite chapelenie apartiengue à touzjours mes à mon hoir aisné et à ses heritiers aisnés, se je le puis pourchacier à mon vivant; et se je mouroie avant, se pri-je à mon très chier seigneur le Roy de France que il le vueille pourchacier pour moy.

Item je vueil et ordenne que pour ma chapele, qui est en ma maison de Saint-Oyen en l'onneur de monseigneur Saint-George, mes exécuteurs cy dessous nomméz achatent au plus près qu'il pourront de la dite chapele XL livres tournois de rente et les facent amortir. Et aura un chapelain perpétuel qui déservira la dite chapele, qui aura les dites XL livres de rente et chantera quatre foiz la sepmaine pour l'âme de moi et pour les âmes de touz ceux pour qui je suis tenu à faire prier; c'est assavoir deus fois de requiem en la sepmaine, et deus fois selon ce que le jour requerra, ou fera chanter par autre, s'il avoit essoine, et le jour qu'il fera mon anniversaire, qu'il le face sollempnelment, et ausi la veille et le jour Saint-George, et la veille et le jour Saint-Loys, et à toutes les autres festes gardées ; et vueil et ordenne que la dite chapelenie soit à touzjours mes de la collacion de mon hoir aisné et de ses hoirs aisnéz, se je le puis pourchacier en mon vivant. Et se je ne le puis, si pri-je mon très chier seigneur le Roy de France qu'il le pourchace pour moi ; et est m'entencion que le dit chapelain demeure continuelment en la dite chapele pour la déservir, se il n'avoit cause nécessaire par quoi il n'y peust demourer, et lors il la feroit déservir par autre souffisamment jusque la cause cessast. Et est à savoir que je vueil et ordenne que le chapelain qui sera de la dite chapele se face ordonner en la fourme et en la maniere et dedenz le temps et sus la peine qu'il est ordené ci dessus de la dite chapelenie de Saint-Eustache de Paris. Item, je vueil que mon hoir à qui sera Saint-Ouen soit tenu de pourchacier habitation souffisant au dit chapelain et soit tenu de li baillier en la meson de Saint-Oyn la dite habitation jusques à temps qu'il li en ait pourchaciée et livrée une autre souffisant au plus près qu'il pourra bonnement de la dite chapele. Item, je laisse à chacune des dites deus chapeles cent livres tournois pour achater calice, livres et touz autres ornemenz qui seront nécessaires pour icelles. Item, je laisse aux freres Prescheurs de Paris...

(Suivent de nombreuses fondations pieuses, puis des legs de joyaux à sa femme et ses enfants, enfin des legs d'argent ou en nature à ses officiers et serviteurs.)

... Item, je laisse à chascun chapelain de mes chapeles, de mes chastiaus, de mes maisons et d'ailleurs, de quoi la collacion appartient à moi, pour chanter et pour prier pour l'âme de moi, à chascun cent soulz parisis ; item, etc...

... Il est à entendre que se les biens meubles que

j'auroi au temps de mon décès ne souffisoient à enteriner et accomplir cestui mon testament et ma derreniere volenté, par il convenist que mes exécuteurs prissent et levassent les fruiz et issues des terres dessus dites, en celui cas il prendroient et leveroient des fruiz et issues de ma dite contée de Valloys les deus pars de tout ce qui faudroit oultre mes diz biens meubles que j'auroi au temps de mon décès pour acomplir et enteriner ma derreniere volenté dessus dite, et la tierce partie sus les autres terres dessus dites que j'ai ordené pour mes enfanz puisnéz, en la maniere que je l'ay ordené et qu'il est contenu es letres faites sus les partages de mes enfanz et le douaire de ma très chière compaigne Maheut de Saint-Pol dessus dite, les quiels partage et douaire, à ce qu'il soient tenable et valable et de plus grand fermeté, ja encore d'abundant les approuve et confirme en ceste ma derreniere volenté en la fourme et en la manière qu'ilz sont deviséz et déclairéz es dites lettres qui en sont faites...

... En tesmoing de la quele chose, j'ai fait seeller ces lettres de mon grand seel. Ce fut fait à Paris, l'an de grace mil trois cens et vint, lundi avant la feste de la Nativité Nostre Seigneur.

(Orig. aux Arch. Nation., *Trésor des Chartes*, J, 404, n° 24.)

LI.

État des terres ayant appartenu à la chapelle de Saint-Georges, à Saint-Ouen.

Paris, 9 juin 1643.

Déclaration que baille au Roy Louis Fournier prestre chapelain de la chapelle royalle de Saint-Georges, fondée par le roy Philippe au chasteau de

Saint-Ouïn, des terres appartenant à ladite chapelle qui ont été possédées par ses prédécesseurs chapelains depuis la fondation et institution de ladite chapelle, les quelles terres ledit Roy tira de partir de son domaine et les amortit.

Et premièrement : Seize arpens de terre sis au terroir de Saint-Ouïn, au lieu dit la Renouillière, tenant d'une part au Chemin du Landy, d'autre à Jacques Bullay, d'un bout audit Bullay et à M. de Lagoulardière, d'autre au Chemin des Poissonniers ;

Item, onze arpens de terre assis audit terroir, au lieu dit le Fonds-des-Mottes, tenant d'une part au Chemin du Landy, d'autre aux enfants de défuncte Guillemette Hébert, d'un bout au Chemin des Poissonniers, et d'autre à M. de Mauroy et autres ;

Item, deux arpens de terre assis audit terroir, au lieu dit la Tumbette, tenant d'une part à Pierre Bécarre, d'autre à M. Picot, abboutissant audit sieur Picot, d'autre bout au Chemin des Poissonniers ;

Item, dix arpens de terre assis au lieu dit Beaumont, tenant d'une part et d'autre à Mme Brigard, d'un bout à M. de Beaulieu et aux terres de l'aumosne Saint-Denis et autres, d'autre bout au Chemin des Poissonniers ;

Item, sept arpens de terre assis à la Tumbette, tenant d'une part à M. le Général, et d'autre part aux terres de l'Hostel de la Royne, abboutissant d'un bout au Chemin de Montmartre, et d'autre au Chemin des Poissonniers ;

Item, deux arpens de terre assis à la Tumbette, tenant d'une part à M. Picot, d'autre à Innocent de la Croix et aux terres de l'aumosne de Saint-Denis, abboutissant d'un bout au Chemin de Montmartre, et d'autre au Chemin des Poissonniers ;

Item, déclare ledit Fournier qu'il a esté cy devant aliéné pour les subventions huit arpens de terre en une pièce assis au terroir dudit Saint-Ouïn, au lieu dit les Carreaux, ou les Huict-Arpens, tenant d'une part à Eustache Compoinct, d'autre à Jean Hibart et autres, d'un bout à une sente qui conduit à aller aux Espinettes et à M. Payen, d'autre bout à Jean Mallay et autres, qui estoient de l'ancienne fondation de ladite chapelle, sur lesquels il a droict de prendre par an sur chaque arpent quatorze sols de cens et rente, et aux mutations, droicts de lots et ventes, dont sesdits prédécesseurs et luy ont toujours jouy paisiblement. Laquelle déclaration a esté signée et affirmée véritable par ledit Fournier, par devant les notaires gardenottes du Chastelet, soussignés, le neufvième jour de juin mil six cens quarante trois, après midy, et a signé, ainsy signé : L. Fournier, Du Puys et Paysant, avec paraphes. Registrée en la chambre des comptes, ouy le procureur général du Roy, le quinzième jour de may mil six cens cinquante trois, signé Coupeau, avec paraphe ; gratis.

Collationné à l'original rendu par nous au conseiller notaire et secrétaire du roy, maison et couronne de France, et de ses finances.

(Copie faite sur l'original, Arch. Nation., *section administrative*, S, 948.)

LII.

Cens perçus par le chapitre de Saint-Benoit de Paris à Saint-Ouen et à Clichy.

(MILIEU DU XIVᵉ SIÈCLE.)

Première liste.

Hic sunt partes censûs quem percipiunt tam apud Clichiacum quam apud Sanctum-Audoenum in crastino festi Nativitatis.

Magister Guillelmus de Crespino *(sic)* pro domo sua, xx d.
> (Dominus de Lansorie tenet; diu est quod non solvit.)

Petrus dictus de Sartrino pro domo sua ante monasterium, vi d.
> (Domus est magistri Henrici Martini.)

Item pro alia magna domo sua, xvi d.
> (Magister Henricus tenet.)

Alpidis dicta la Veniere pro quodam arpento terre sito an Adebert, ix d.
> (Thiphene file feu J. de la Merasse vendidit Radulpho du Frac sigillifero, sciatur.)

Stephanus decanus de Ruella pro quodam arpento ibidem sito, ix d.
> (J. Ranse tenet partem, et J. filius dicti Stephani tenet aliam partem.)

Odo piscator, iiii d. o.
> (Jehanne la Couarde sa file tenet.)

Petrus Hapel, iiii d. o.
> (Hue Alorge tenet, non solvit. Inhabitatum est hodie, præsentibus domino Andræa, domino Aym [?].)

Guibor la Meresse, ix d.
> (Pour un arpent en Heudebert qui est ore Jehan come denier (?). Borge pour sa fame tenet.)

Uxor Johannis de Asneriis de Sancto Audoeno pro dimidio arpento terre sito à Cortesens, iii d. o.

Uxor Johannis Hermenost, iii d. o.
> (Pierre du Sartrin, sa fame et son fiuz.)

Johannis de Asneriis, iii d. o.

Henricus dictus Anglicus, iii d. o.
> (Qui est Jehan Souten [de Sancto Audoeno].)

Jacobus Munerius pro domo ante monasterium, vi d.

Domus Hugonis de Sancto Audoeno, i d. o.

Beneficiatus altaris mortuorum debet pro x sol, quos habet super duabus domibus prædictis Roberti du Sartrins.

(Copie à la Bibl. Nation. *Manuscrits*, portefeuilles Lancelot, n° 155 [1].)

Deuxième liste.

Hic sunt (partes) census quem percipiunt tam apud Clichiacum quam apud Sanctum Audoenum (2).

Petrus dominus deu Sartrin pro domo sua Sancti Audoeni, ix d.

(G. suus filius tenet.)

Guillelmus dictus le Ber pro domo sua Sancti Audoeni, iii d.

(Hanin de Saint-Oyn tenet, sciatur qualiter.)

Magister Guillelmus dictus de Crespi pro domo sua Sancti Audoeni, vii d.

(Ce est la meson que le Roy tient.)

Johannes presbyter Sancti Audoeni pro granchia sua, iii d.

Johannes de Asneriis pro domo sua de Clichiaco, vii d. pict.

(Guillaume la Merasse tenet, sciatur qualiter.)

Stephanus de Ruella et familia Guillelmi Alorge pro cellario qui fuit Guibor la Merasse, vii d.

(Marguerite la Merasse tenet, sciatur, etc.)

Presbyter de Clichiaco pro granchia sua, xii d.

Royer de l'Estre pro domo sua, vii d. pict.

(Adam de l'Estre, son fils, tenet et paie pou.)

---

(1) Cette pièce et la suivante sont très-fautives, surtout quant aux noms propres. Cependant, en l'absence de l'original sur lequel Lancelot déclare avoir fait ces copies en mars-mai 1736, elles nous ont semblé intéressantes et dignes d'être reproduites. Pour la date, se reporter à ce que j'en ai dit plus haut.

(2) Le terme manque.

Agnes la Meresse pro vota sua, v d. pict.

    (Marguerite la Merasse tenet sciatur, etc.)

Nicolas de l'Estre debet scire :

Petrus Aubert pro medietate vii carteriorum terre sitorum in loco qui dicitur au Mauvei, ii d. o.

    (Sciatur qui tenet.)

Hugo dictus Çavate pro medietate vii carteriorum terre sitorum in eodem loco, ii d. o.

Johannes dictus de la Chartre pro arpento et dimidium terre ibidem sito, iii d.

Martinus Martelli pro duobus arpentis terre sitis in loco qui dicitur les Aiguillons, vi d.

Robertus dictus de Montarçon pro duobus arpentis terre sitis apud Mauvei, vi den. i turn.

    (Juxta locum qui dicitur la Pointe.)

Item pro duobus aliis arpentis terre sitis à la Novelle, vi d.

Item de tribus quarteriis apud Mauvei et de tribus aliis quarteriis ibidem, iii d. p.

Petrus Hapel pro dimido arpento terre sito in loco qui dicitur Heudebert, iii (d.) o.

    (Huet Alorge tenet, sciatur qualiter.)

Hodo dictus Piscator pro dimidio arpento terre sito ibidem, iii (d.) o.

    (Johanne la Couarde sa fille tenet, sciatur qualiter.)

Legardis, uxor defuncti Joannis Martini, pro uno arpento terre ibidem sito, iii d.

    (Jehan Bourge pour reson de sa fame tenet qui fut sa file.)

Guillelmus Mercator pro dimidio arpento terræ ibidem sito, vi d.

    (J. Ranse tenet.)

    (Dimidium arpentum sciatur, etc., et J. de Ruella, filius predicti Stephani. tenet aliud dimidium arpentum.)

Stephanus dictus de **Ruella** pro quodam arpento terræ ibidem sito, iii d.

 (Thomas de Pressi demourant à Paris, à la Crois du-Tirouer, tenet; tenuit ante Philippus de Peuilli. Huet Chevilart est ejus clouserius, sciatur, etc.)

Johanna de Parvo Ponte pro quodam arpento terre ibidem sito, iii d.

 (Thiphene file feu Jehan la Marasse vendidit Radulpho Dufout sigillifero Castelleti, sciatur, etc.)

Johannes Alart dimid. pict. pro tribus quarteriis terræ sitis en pré de Corne.

 (Denisot Eusoin tenet, emit de Tiphene file du dit Jehan, sciatur.)

Agnes Majorissa pro dimidio arpento terre sito en pré de Corne, o.

 (Inquiratur qui tenet et petatur a Marguerite la Merasse et Odo Majorissa.)

Stephanus de Ruella pro iii quarteriis en pré de Corne, o. et demie p.

 (Tassat de Boloine tenet, sciatur, etc.)

 (Vendidit Martino Baili, sciatur, etc., et moratur apud Sanctum Dionysium.)

Jacobus Pasquerii pro quodam arpento terre sito apud Malassis, ii d. o.

 (Petatur apud Sanctum Audoenum.)

 (... Le maire, demi-arpent, et Jehan le Treron l'autre le tient, sciatur, et est de Capella.)

Pueri defuncti Nicolaï Pasquier pro dimidio arpento terre ibidem sito, i d.

Item pro uno quarterio ibidem, o.

 (Apud Sanctum Audoenum sciatur.)

Petrus Halent pro quodam quarterio terre ibidem sito, o.

 (De Capella est.)

Stephanus Alent pro quodam quarterio terre ibidem sito, o.

 (De Capella.)

Johannes dictus Sotein pro dimidio arpento terre ibidem sito, iii d.

(à Cortesens de Sancto Audoeno. — Janichinus ejus filius tenet, ut dicitur.)

Item pro dimidio arpento terre sito sur les Mareis, iii d. o.

Johannes de Asneriis de Sancto Audoeno pro dimidio arpento terre ibidem sito, iii d. o.

Guillelmus la Meresse pro tribus arpentis terre sitis ad viam de Paris, v den.

(à la Porte. — Guillaume Nouel, son fil, de par sa feme tenet iii quartiers.)

Jehan la Merasse, son fil, tenet iii quartiers. J. de Ruella, de par sa fame, iii quartiers.

(J. Halart, par sa fame, iii quartiers.)

Johannes dictus Augier v d. pro duobus arpentis terre à l'oue Guibert.

(Robert le musnier debet.)

Stephanus de Ruella pro tribus quarteriis terræ qui fuerunt presbyteri Sancti Audoeni, i turn., in prato de Corne.

(Petatur a Johanne filio suo.)

Magister Guillelmus de Cripeyo pro terris suis apud Maney (pro Mauvoy), xliii d. de Sancto Audoeno.

Jahan Bernier pour arpent et demi qui fut Clément Roussel ou Robert son père, en la voie de Saint-Oin desouz l'Espiney, iiii d. debet.

Jacobus Boutel, pour la meson que fu Gaucheri de Ruelio, iii d.

Item pro uno arpento terre ad vias concavas, v d.

Summa x s. v d. p. et dimidia p.

Summa quatuor terminorum lxvi libr. iiii sous.

(Copie à la Bibl. Nation., *ibid*.)

LIII.

Extraits des Comptes de l'argenterie des rois de France, relatifs aux dépenses faites à l'occasion de la fête de l'Étoile.

1ᵉʳ juillet 1351. — 4 février 1352 (1).

(F. 1, recto.) ... qu'il orent en la dite compaignie et à la dite feste, pour la cote et pour le surcot de chascun, II fourrures de menuvair, tenant chascun vii^{xx} xvi ventres ; pour manches de l'un et de l'autre, fourrées à plain, iiii^{xx} ventres ; pour le mantel à parer, ii^cxvi ; et pour le chaperon iiii^{xx}x. Some pour chascun, vi^ciiii^{xx} et xviii ventres, et pour les iii, ii^miiii^{xx}xiiii. — xiii^{xx} livres xv sous parisis.

... Pour vii^{xx} x ventres de menuvair bailliéz à Kathellot la Chappelliere pour fourrer un chappeaux de bièvre pour les iii seingneurs dessus diz. — xviii l. xv s.

Pour lxxii ventres de menuvair bailliés à la gantiere du Roy pour fourrer une paire de gans pour les iii seingneurs dessus diz, xx l. et pour cvii dos de gris baillés à la dite gantiere pour fourrer autres vii paires de gans ; c'est assavoir pour chascun deux paires et ii gans nompareils en lieu de ii autres qui furent perdus, contenant la paire xvi dos ; viii liv. viii s. Pour tout vii l. viii sous.

Pour messeingneurs Philippe et Loys de Navarre, et monseingneur Charles d'Artois, lesquels furent

---

(1) C'est Ducange qui nous aide à fixer cette date. Il nous apprend en effet que le compte dont il publie des fragments commençait le 1ᵉʳ juillet et allait jusqu'au 4 février, renseignement qui lui avait sans doute été fourni par le premier feuillet, aujourd'hui perdu. Or le compte (*) qui, dans le registre K K 8, suit immédiatement celui-ci, et qui est complet, va du 4 février 1352 (anc. style 1351) au 1ᵉʳ juillet 1352. Donc, le précédent finissant le même jour 4 février 1352, le 1ᵉʳ juillet où il avait commencé doit s'entendre du 1ᵉʳ juillet 1351.

(*) Il a été publié par M. Douet-d'Arcq, *Comptes de l'argenterie des rois de France*, p. 80 et 199. Voir, du reste, ce qu'en dit le savant éditeur, p. 77.

fais chevaliers en la compaingnie de messeingneurs Jehan et Philippe de France en la manière que dit est dessus...

Pour fourrer à chascun de messeingneurs Philippe de Navarre et Charles d'Artois une cote et mantel de samit vermeil qu'il orent la veille de leur chevalerie, pour la cote une fourrure de menuvair tenant vii^{xx} ventres ; pour manches, xl ; et pour le mantel, xiiii^{xx} ii. Somme pour l'un, iiiie lxii ventres, et pour les ii, ixe xxiiii. — cxv livres x sous.

Pour fourrer une semblable cote et mantel de samit pour monseingneur Loys de Navarre, iiie iiii^{xx} xii ventres. C'est assavoir pour la cote, ix^{xx}, et pour le mantel iie xii. — xlix livres parisis.

(F. 1, verso.) Pour fourrer à chascun des trois seingneurs dessus diz une cote et mantel de drap d'or, esquielx il furent fais chevaliers, pour chascune cote, xx^{xx} ventres ; somme pour les iii, v^e xl ventres. — lxvii livres x sous.

Et pour leurs iii manteaulx iii fourrures d'ermines de iiii^{xx} livres la piece, xii^{xx} liv. — Pour tout, iiie vii livres x sous.

Pour fourrer à chascun des iii seingneurs dessus diz couvertoir et demi d'iraingne vermeille, qu'il orent pour leur estat de chevalerie, couvertoir et demi de menuvair d'autelle moison, comme dit est dessus pour semblable de messeingneurs Jehan et Philippe de France, qui font en somme pour chascun, mil v^e xii ventres, et pour les iii, iiii^{mil} v^e xxxvii ventres. — v^e lxvii livres.

Pour fourrer à chascun de messeingneurs Philippe de Navarre et Charles d'Artois ii paire de robes de iii garnemens chascune qu'il orent le jour de leur chevalerie, de pers, azure, et de vert encre, pour les surcos de chascune robe ii fourrures de menuvair, tenant chascune xii^{xx} ventres, manches xlviii, et pour le chaperon, c. Somme des ventres, pour chascune robe, vi^e xxviii ventres, et pour les iiii paires, ii^m v^c xii. — iii^c xiii livres.

Pour fourrer ii paires de semblables robes que monseigneur Loys de Navarre ot le jour de sa chevalerie, pour les ii surcos de chascune robe, ii fourrures de menuvair, tenant chascune xii ventres; pour manches, xl ; et pour le chaperon, c. Somme pour ces iv paires de robes, mil iiii^{xx} ventres. — vi^{xx} xv livres.

Pour fourrer i surcot, mantel et chaperon d'escarlate vermeille que monseingneur Charles d'Artois ot en la compaignie de monseingneur le Dauphin pour cause de l'Estoille ; pour le surcot, une fourrure de menuvair de xii^{xx} ventres; pour manches, l ; pour le mantel fendu à un costé, iiii^c liiii et pour le chaperon, c. Somme des ventres, viii^c xliiii. — cv livres x sous.

Pour fourrer au dit monseingneur Charles une cote de camocas blanc, i surcot, mantel et chaperon de camocas vermeil qu'il ot en la dite compaignie et à la dite feste de l'Estoille ; pour la cote et pour le surcot, ii fourrures de menuvair, tenant chacune xii^{xx} ventres; pour manches de l'un et de l'autre fourrées à plain, c ; pour le mantel à parer, iii^c lxxii ; et pour le chaperon, c. Somme mil lii ventres. — vi^{xx} xi livres x sous.

Pour xxxvi ventres de menuvair, iiii l. x s., et pour xxiiii dos de gris, xxxvi sous, bailliés à la gantière du Roy pour fourrer ii paires de gans pour le dit monseingneur Charles. — vi liv. vi sous...

(F° 2, verso.) *Chambres pour le Roy, pour monseigneur le Dauphin et pour nos autres seingneurs de France.*

... Le dit Eduart (Thadellin, marchant de Lusques et bourgeois de Paris), pour une pièce de fin velluau vermeil en grainne et aune et demie de fin velluau azuré, tout baillé à Nicholas Vuaquier, armeurier du Roy, si comme il appart par ses parties rendues à court, seellées de son seel, pour faire en grant haste jour et nuit iii grans estoille de brodeure, lesquelles furent mises et assises en la coutepointe, ciel et cheveciel de la dicte chambre (du Roy). — L escus et demi.

(F° 3, recto.)... Le dit Eduart, pour IX pièces de cendaulx vermeulx en grainne, baillés au dit Thomas de Challons pour faire une grant courtine de XVIII grans léz à mettre au travers de la dite chambre du Roy, v escus et I tiers la piece. — IIII^{xx} VIII escus...

(F° 3, verso.)... Le dit Eduart, pour IX pièces de cendaulx vermeuls en grainne, baillés au dit Thomas de Challons pour faire à Saint-Oyn, en la Noble Maison, pour cause de la dicte feste de l'Estoille, un oratoire pour le Roy et II courtines pour autel, à LXII escus la bote. — IIII^{xx} XIII escus.

Des garnisons du Temple, pour III aunes de velluau vermeil en graine, baillées au dit Thomas pour faire III quarreaus pour le Roy à la dicte feste : c'est assavoir un grant pour nappes, l'autre pour séoir en son oratoire, et le tiers plus petit et garni de III gros boutons de perles pour mettre et soustenir la couronne. — Sans pris.

... Des garnisons de l'argenterie, pour un drap d'argent de Damas baillé au dit Thomas de Challons à faire pour le Roy à la dicte feste de l'Estoille III quarreaux, II d'oratoire, et I pour nappe. — (Néant.)

Pierre de Villiers, duvetier, pour VII taies à faire les coutils des VI quarreaus dessus diz et d'un autre grant pour nappes, lequel devait estre couvert de drap d'or et ne le fut mie, XI sous la pièce l'une par l'autre, LXXVII sous ; et pour XIII^{xx} v livres et demie de duvet à emplir les quarreaux dessus diz, VI sous la livre, XXV livres VIII sous. — Pour tout, XXIX livres X sous.

Et est assavoir que l'oratoire dessus fait pour cause de la feste de la Noble Maison, avec les quarreaux emplis en la manière que dit est dessus, furent rapportéz de la dicte Noble Maison et mis en garnisons de l'argenterie, excepté un grant quarrel de nappes, couvert de drap d'argent de damas, lequel, du commandement du Roy, et en la présance de monseigneur Gieuffroi de Charni, fu baillé et délivré au viel Dauphin, si comme il appert par la relacion du dit Thomas de Challons faite et contenue vers la fin de son compte.

Des garnisons de l'argenterie, achetées en ce terme de Belhommet Thurel, pour II draps d'or et demi, lesquiels furent baillés avec plusieurs autres au dit Thomas de Challons, pour faire les encourtinemens de la Noble Maison, pour cause de la dicte feste de l'Estoille, et lesquiels deus draps d'or et demi furent embléz et perdus à la dicte feste, si comme il appart par la relacion du dit Thomas. — (Néant.)

Des garnisons de l'argenterie pour III draps d'argent de damas, bailliés comme dit est au dit Thomas et pour la dicte cause, lesquielx furent perdus et embléz à la dicte feste, si comme il appart par la relacion du dit Thomas. — (Néant.)

(F° 4, recto.) De l'inventoire Guillaume de Moustereul pour IIII aunes et demie de velluau blanc des larges et des fors, et pour trois aunes de fin velluau vermeil des fors, et aussi pour XX aunes d'autres petiz velluau violèz et rosez, lesquielx, comme dit est et pour semblable, furent bailliéz au dit Thomas, et perdus et embléz au dit lieu, si comme il appart par la dicte relacion. — Sans pris.

Edouart dessus dit, pour VIII pièces de cendauls azurés de demies pièces, bailliées à Nicholas Waquier dessus nommé, pour les semer de fleurs de lis d'or de bateure à parer et mettre sur le dais du Roy en la dicte Noble Maison pour cause de la dicte feste de l'Estoille. — XL escus.

Le dit Edoart pour aune et demie de cendal azuré des larges, baillée au dit Nicholas pour faire pennonceaux à trompes pour cause de la dicte feste. — II escus et I quart.

Et est assavoir que les dictes viii pièces de cendauls azurés, bailliées au dit Nicholas pour semer de fleurs de lis d'or de bateure le dit dais, ne furent pas lors paié à la dicte feste, mais furent mis touz batus, comme dit est, es garnisons de l'argenterie, car il fu ordené que, en lieu de ce, l'en feroit un ciel palle de drap d'or et d'argent.

Thomas de Challons dessus dit, pour sa paine de faire et ouvrer la dicte coutepointe de la chambre du Roy, les dictes bourses et tassetes pour les sceaux du secret du Roy, de monseigneur le Dauphin, du conte d'Anjou et du duc d'Orliens, pour sa paine aussi de faire les encourtinements de la Noble Maison, à faire autres besongnes pour nos diz seingneurs de France ; et pour plusieurs autres mises, voitures et despens fais par le dit Thomas, à cause de la dicte besongne ; pour tout les parties en son compte, — iiiie xxxvi liv. xiiii sous.

Nicholas Waquier dessus dit, pour faire et ouvrer en grant haste, jour et nuit, les dictes iii estoilles de broudeure qui furent mises et assises, comme dit est dessus, en la coutepointe, ciel et cheveciel de la dicte chambre ; pour or et argent de Chippre, soie et pourtraiture de chacune, xxxii livres. — Pour ce, iiii^{xx} xvi livres parisis.

Le dit Nicholas, pour la bateure des viii pièces de petis cendaulz azurés dessus diz, desquielz cendaulz les iiii pièces furent batues des dictes fleurs de liz d'or à vii lé(z) seulement et les autres à ii léz. — Pour ce, lxxv livres.

Le dit Nicholas, pour faire et ouvrer de bateure iii grans nues d'argent, et dedens chascune nue une estoille, pour parer et mettre sur le dit dais du Roy le jour de la dicte feste de l'Estoille. — xii livres.

Le dit Nicholas, pour la bateure de iii pennonceaux à tromppes, lesquiels furent batus bien et richement pour cause de la dicte feste de l'Estoille. — x livres.

(F° 5, recto.)... Edouard dessus dit, pour ii aunes et demie de velluau vermeil des fors, baillés à maistre Girard d'Orliens pour faire les couvertures de v chaires à pingnier ; c'est assavoir ii pour le Roy, et iii pour le Dauphin, le duc d'Orliens et le duc d'Anjou. — xii escus.

Le dit maistre Girart pour sa paine de faire et ouvrer les dictes chaires, lesquelles sont ouvrées à orbevoies par dessoubs et paintes de fin azur et les testes dorées de fin or, pour le fust, clou, cuir, franges de soie et façon de chascune, c sous ; valent xxv liv. Et pour v nécessaires enveloppées de cuir et couvertes de drap par dessus, délivrées avec les dictes chaires, lx sous pieces. — Pour tout, xl liv.

Le dit Edouart, pour ii aunes d'une fin drap d'or diapré de Lusques, bailliées au dit maistre Girart pour faire ii grans chaires pour le Roy à cause de l'ordennance de la feste de l'Estoille. — xx escus.

Le dit maistre Girart, pour sa paine de faire les dictes chaires paintes et dorées de fin or brun. — Pour ce, xii livres.

(F° 6, recto.) *Orfaverie pour le Roy, pour monseigneur le Dauphin et ceuls de sa compaingnie.*

Jehan le Braillier, orfèvre du Roy..., pour plusieurs besongnes et ouvrages d'orfaverie extraordinaires pour cause de l'Estoille. — (Néant.)

... Pierre de Landes, pour l que rubis que esmeraudes petites, bailliées au dit Jehan le Braillier pour mettre en l chastons d'or, lesquielx chastons furent bailliés au dit Nicholas Waquier pour mettre en sollers de broudeure qu'il fist pour le Roy à la feste de l'Estoille. — xix liv.

Des joyaux venus du Temple, bailliés à l'argentier pour mettre en ses garnisons pour x ballais et xi troches de perles, chascune troche de vi perles et une grosse ou millieu, prises en un petit chappel d'or, lequel fu despecié du commandement du Roy, si comme il appart dans sa cédule donnée à Paris xxi⁵ jour de janvier, et baillés au dit Jehan le Braillier pour mettre et garnir les estoilles de monseingneur le Dalphin, du conte d'Anjou et de messeingneurs Jehan et Philippe de France. — Sans pris.

Et est assavoir que l'or du dit chappellet fut trouvé pesant — (lacune) — et mis de rechief es garnisons de l'argenterie.

(F° 6, verso.) Pierre de Landes dessus dit, pour viii bons ballais, x escus la pièce, et une grosse perle de ii escus, tout baillé au dit Jehan le Braillier pour parfaire la garnison des dictes estoilles pour les diz seingneurs; xiii^{xx} ii escus, à xxxvi sous parisis l'escu. — vii^{xx} vii livres xii sous parisis.

Le dit Pierre de Landes, pour viii esterlins de perles bailliées au dit Jehan le Braillier pour faire iiii boutons mis en uns gans de chien pour le Roy; à xvi escus l'once et xxxvi sous l'escu. — xi livres x sous iiii deniers iii poitevines.

Guillaume de Van de Thax pour deniers à lui bailliéz comptans au trésor le xviiie jour de novembre, pour acheter demi marc d'or fin à faire un fermail pour le Roy. — li livres iiii sous parissis.

Jehan Adourné, marchant de Gennes, pour cxii grosses perles rondes achetées de lui iiii escus et demi la pièce, esquelles furent prinses et allouées iiii^{xx} xix grosses perles rondes, lesquelles du commandement des trésoriers furent bailliées et delivrées au dit Guillaume de Van de Thax, pour mettre en l'aumuce qui soustint la couronne du Roy à la feste de l'Estoille; et les autres xiii perles demourans des dites cxii perles furent mises es garnisons de l'argenterie. — v^c viiii escus.

...Les parties de xvi^c iiii^{xx} xii livres xii sous parisis, et aussi de xi mars ii onces viii esterlins ob. d'or fin et de xlix mars vii onces xix esterlins d'argent fin à ouvrer, contenues au compte de Jehan le Braillier dessus dit, dont mencion est faicte dessus, s'ensuient :

Pour le Roy : Premièrement, pour faire et forgier les charnières d'un tableau d'ivoyre et un crochès pour les fermer, renduz au Roy dedens l'ostel du Louvre lez Paris, pesant tout xxv esterlins d'or de touche, — pour déchié et façon, vi liv. ; pour faire et forgier par deux fois une coupe d'or pesant à Viermes au mois d'ottobre, et fu faicte d'une autre vieille couppe prinse au Louvre, en laquelle couppe il entra vii marc d'or de touche de croissance, — pour déchié et façon, xl liv. ; pour faire et forgier une estoille et un anel tout d'or à xxii caraz (F° 7, recto), ouquel annel estoit esmaillé le nom du Roy, et lui fu tout baillé en l'ostel messire Tristan de Chambelly, ce xx° jour d'ottobre dessus dit, pesant l'or de la dicte estoille et anel dessus dit iiii onces xv esterlins d'or à xxii caraz, comme dit est dessus. — Pour déchié et façon, xxiiii liv.

(F° 7, verso.) — *Pour monseigneur le Dauphin :* Pour faire et forger une estoille d'or toute plaine, sans perrerie, et un annel d'or à l'estoille que le Roy lui donna, ouquel annel son nom estoit esmaillié, rendu le dit annel estoillé à Pons-Saint-Maixance, la veille de Toussains, pesant tout iiii once x esterlins d'or à xxii caraz. — Pour déchié et façon, xxiiii liv.

(F° 8, recto.) ... Pour faire et forger une paire de boucletes d'argent dorées, bailliées à Estienne Castel pour uns soullers de broudeure qu'il fict pour le dit seingneur, pour cause de la feste de l'Estoille. — Pour l'argent, une once x esterlins, pour or à les dorer ; — déchié et façon, lx sous.

... Pour faire et forger une estoille garnie de vi ballais, de vi troches de perles, grosses chascune troche de vi perles et une grosse au millieu, lesquielx ballais et perles l'argentier me bailla de ses garnisons, rendu la veille de la Tiphaine, pesant vii onces ii esterlins ob. d'or à xxii caraz. — Pour déchié et façon, xlv livres.

Pour une autre estoille d'or garnie de III ballais et de VII rubis d'Oriant, et de IIII troches de perles, chascune troche de III perles, laquelle mon dit seigneur le Dauphin acheta pour donner à monseingneur d'Orliens. — III^c L liv.

Pour monseigneur d'Orliens.

(F° 8, verso.) ... Pour faire et forgier une estoille d'or sans perrerie, et un anel d'or à l'estoille, que le le Roy lui donna, ouquel annel son nom estoit esmaillié, tout rendu à Pons-Sainte-Maixance la veille de Toussains, tout pesant IIII onces x esterlins d'or à XXII caraz.— Pour déchié et façon, XXIIII liv.

(Mêmes objets pour le *comte d'Anjou*, *messeingneurs Jehan et Philippe de France.*)

Pour les dons du Roy.

(F° 9, recto.) ... Pour faire et forgier du commandement du Roy I anel d'or à l'estoille pour le vieil Dauphin, auquel anel estoit son nom esmaillié, pesant VII esterlins d'or de touche, et rendu environ Noël. — Pour déchié et façon, IIII liv. v sous.

... Pour faire et forgier du commandement du dit seingneur VI estoilles d'argent dorées pour ledit grant maistre d'ostel et les v chambellens, tout pesant III mars d'argent. — Pour or à les dorer, XVIII esterlins d'or fin, et pour déchié et façon, XXXVI liv.

Pour faire et forgier pour ledit grant maistre d'ostel et pour les v chambellens dessus diz VI anneaux d'or à l'estoille, par commandement du dit seingneur, pesans tous ensemble une once IIII esterlins d'or de touche. — Pour déchié et façon, XXVII livres.

Pour les dons le Dauphin: Premièrement, pour faire et forgier pour monseigneur de Saint-Venant et pour les IIII chambellens de monseigneur le Dauphin, et par son commandement, pour chascun un anel d'or à l'estoille, pesant, celui fait pour monseigneur de Saint-Venant, v esterlins d'or de touche, et les autres IIII pour les IIII chambellens, XVI esterlins d'or de touche. — Pour déchié et façon, XXII l. x sous.

Pour faire et forgier pour chascun d'iceuls IIII chambellens une estoille d'argent dorée, pesans ensemble I marc VI onces, et y entra XII esterlins d'or fin à dorer. — Pour déchié et façon, XXIIII liv.

(F° 10, verso.) ... *Madres et cailliers à boire vins nouveaux.*

... Le dit Jehan le Cler, pour IIII XII^{et} de cailliers achetéz de luy LX escus et délivrés en l'eschançonnerie du Roy à Saint-Ouin, en la Noble Maison, par mandement du dit seingneur donné à Paris le IIIe jour de janvier, pour servir à table les chevaliers de l'Estoille, à XXXVI sous l'escu. — CVIII liv. parisis.

Le dit Jehan le Clerc, pour VII autres fins cailliers, délivrés pardevers monseingneur le Dauphin, par son commandement donné au chasteau de Mail le XXIXe jour du dit mois de janvier ; c'est assavoir III pour servir de vins nouveaux ceuls qui font compaingnie au dit seigneur à sa table, en lieu de III autres qui furent perdus à la feste de Saint-Ouyn, et les autres IIII pour faire les essays devant messeingneurs Jehan et Philippe de France ; II escus la pièce, à XXXVI sous l'escu. — XII livres XII sous.

(F° 13, recto.) *Communes choses pour le Roy, etc.*

... Pour II^c XVIII perles de celles mesmes force et grosseur, XIX escus à XXXVI sous l'escu ; et pour III onces IIII esterlins ob. de perles menues, de XVI escus l'once et l'escu de XXXVI sous. — XII^{xx} livres XVII sous ob.

Tout baillié à Nicholas Waquier, armeurier du Roy, pour mettre et garnir uns soulliers de broudeure qu'il fist pour le Roy, pour cause de la feste de l'Estoille. — Pour ce, VI^{xx} VII livres II sous ob.

(F° 13, verso.) ... Estienne Castel, armeurier de monseigneur le Dauphin, pour uns soulers de broudeure fais et ouvréz à océans, dedens lesquiels océans avoit personnages en manière d'anges fais d'or de Chippre à

— 74 —

II broches le mielx et le plus richement que l'en y povoit, pour ce qu'il n'y ot perles ne autre pierrerie dont il fussent cointez, délivréz et bailléz à monseigneur le Dauphin la veille de la feste de l'Estoille à Saint-Ouyn ; pour or de Chippre, soie, pourtraiture et peine de faire et ouvrer yceuls solliers de la devise que dit est, XVI escus, à XXXVI sous l'escu. — XXVII l. XVI s. par.

Kathellot, la chappellière, pour une estoille de broudeure faicte et ouvrée en grant haste jour et nuit, et du commandement de monseigneur Robert de Lorris, fait à l'argentier de la volonté du Roy pour le vieil Danphin, patriarche de Jérusalem. — IIII liv...

Dons en ce terme...

(F° 18, verso.) ... Pour fourrer à chascun des diz (v) chambellanz (du Roy) I surcot I mantel à parer, et un autre mantel fendu à un costé, que le Roy leur donna pour cause de la feste de l'Estoille ; pour le dit surcot une feurreure de menuvair tenant XII^{xx} ventres, pour le mantel à parer, XVIII^{xx} ventres, pour le mantel fendu à un costé, IIII^c, et pour le chaperon C ; somme pour chascun, XI^c ventres, et pour les cinq, V^m V^c ventres. — VI^c III^{xx} VI livres X sous.

Item pennes et fourreures pour les dons de monseigneur le Dauphin...

(F° 20, recto.) ... Pour fourrer à chascun des IIII chambellans de monseigneur le Dauphin I surcot et II manteaux d'escarlate vermeille, l'un à parer, l'autre fendu à un costé, que mon dit seigneur le Dauphin leur donna pour cause de la feste de l'Estoille ; pour le dit surcot une fourre de menuvair, tenant XII ventres, pour le chaperon C, et pour le mantel à parer III^c LX, et pour le mantel fendu à un costé III^c ; somme pour chascun, XI^c ventres, et pour les IIII, IIII^m IIII^c. — IIII^c XXV livres (1).

(Orig. aux Arch. Nation., *Registre* KK, n° 8.)

---

(1) Suivent encore de très nombreuses fournitures de vêtements fourrés et autres choses aux chambellans et officiers. Mais comme

LIV.

Lettres de rémission en faveur de six bûcherons employés aux travaux de Saint-Ouen.

Paris, 27 décembre 1351.

Johannes, Dei gratia Francorum rex. Notum facimus universis presentibus et futuris quod, cum ex supplici insinuacione Radulphi, Davidis, Johannis Consanguinei, Johannis dicti Corbie, Johannis Fabri de Vanigoliis et Petri dicti de Touraine, cisorum bosci in hac parte consortum, perceperimus quod, ipsis sex in operibus nostris apud Sanctum Audoenum nuper de suo ministerio operantibus, Radulphus dictus Legendre, cisor bosci stans in dicto loco, motus odio et invidia quod et quam erga dictos insinuantes gerebat, quedam verba que in eorum contumeliam et vituperium vertebantur dixit eisdem, cum non potuisset tunc temporis eis alias injurias, quibusdam qui ibi ederant hoc perturbantibus, irrogare, et, cum, opere consummato, redirent Parisius, dictum Radulphum Legendre et unum alium suum complicem in couvina sua, quorum quilibet habebat unum martellum et qui, pensatis insidiis, ipsos in via expectabant, animo injuriandi ipsos obviam invenerunt, et, volentes eos occidere, unum aut duos ex dictis operariis graviter vulnerarunt, ipsi namque operarii qui nec gladium aut cutellum seu aliquid aliud de quo dictis Radulpho et complici suo forefacere possent habebant, non tendentes ad firmandam vindictam seu ad

---

il n'est pas dit expressément que ce fut pour la fête de l'Étoile, je ne crois pas utile de les reproduire. Quelque longs que soient les extraits que je viens de donner, il est certain qu'il y eut encore bien d'autres dépenses. Ce que l'on en connaît suffit pour juger du reste.

injuriam propulsandam et ut mortis periculum evitarent, eidem Radulpho martellum quem tenebat abstulerunt, et in ablacione hujusmodi martelli idem Radulphus fuisse dicitur vulneratus, qui, quia in sua convalescentia debitam non studuit adhibere medelam et cum quadam concubina quam habebat nocte sequenti occubuit et postmodum ad domum Dei Parisiensis se fecit adduci, ibi dicitur expirasse; unde dicti insinuantes nobis fecerunt humiliter supplicari ut eis dignemur super his de grosso remedio providere. — Nos, consideratione premissorum, si sit ita factum, hujusmodi ac omnem penam criminalem et civilem, quas erga nos dicti operarii premissorum occasione potuerunt aut debuerunt incurrisse, eisdem supplicantibus remisimus et quittavimus et de speciali gratia, auctoritate nostra regia ac nostre plenitudine potestatis tenore presentium remictimus et quictamus, ipsos supplicantes ad suam famam primam et bonam restituentes ad plenum, et mandantes per presentes preposito parisiensi ceterisque justiciariis nostris presentibus et futuris vel eorum locatenentibus et eorum cuilibet ut ad eum pertinuerit, quatinus dictos supplicantes vel eorum aliquem contra tenorem nostre presentis gratie non molestent seu molestari faciant aut permictant in corpore vel in bonis, sed ipsos eadem nostra gratia uti pacifice faciant et gaudere et bona sua omnia et singula propter hoc capta et saisita eisdem reddant seu reddi et restitui faciant absque alterius expectacione mandati. Quod ut firmum, etc... Datum Parisius die vicesima septima decembris, anno Domini millesimo CCC° quinquagesimo primo.

Per regem :

MELLON.

(Copie aux Arch. Nation., *Tr. des Chartes*, JJ, 81, pièce 333.)

LV.

Jean le Bon approuve le don fait par Henri de Culent du domaine de Lenginerie à l'église de la Noble-Maison.

Paris, mai 1352.

Johannes, Dei gracia Francorum rex. Notum facimus universis presentibus et futuris quod cum dilectus et fidelis consiliarius noster magister Henricus de Culento, habens singularem devocionem ad ecclesiam beate Marie virginis nostre Nobilis Domus per nos fundate in Sancto Audoeno prope Parisius, que domus est singulariter per nos fundata ad honorem, laudem et gloriam prefate Virginis gloriose, et ut specialiter preteritis devocius veneretur per societatem seu fraternitatem milicie per nos Sancto Spiritu annuente de novo ordinate, eidem ecclesie ex ipsius magistri Henrici spontanea voluntate pro suo suorumque predecessorum et successorum animarum remedio et salute donaverit et concesserit villam suam dictam de Lenginerie sitam in dyocesi Aurelianensi cum hominibus, juridictione, aquis, nemoribus, stagnis, terris, pratis, feudis, vineis, talliis, redditibus et cum universis aliis pertinenciis dicte ville in quibuscumque rebus et locis consistant, ut ea omnia et singula sint perpetuo et maneant pro proprio hereditagio seu proprium hereditagium dicte ecclesie, ad fundacionem videlicet unius aut plurium prebendarum in eadem ecclesia, prout duxerimus ordinandum, — nos dicti magistri Henrici laudabile propositum in hac parte commandantes et cultus divini specialiter in eadem ecclesia per nos ut predicitur fundata cupientes augmentum, et ut canonici qui in eadem ecclesia divinis insistent obsequiis libertatis integritate letentur, volumus de nostris speciali gracia, auctoritate regia et nostre plenitudine potestatis, ac ex certa sciencia, ut canonici seu alie persone ecclesiastice ejusdem ecclesie cui ecclesie seu quibus premissa hereditagia collata et assignata fuerint, et sui inibi successores eadem hereditagia teneant et possideant perpetuo pacifice et quiete, absque eo quod possent cogi ea vendere, alienare vel extra manus suas ponere, seu nobis aut successoribus nostris aliquam propter hoc financiam solvere teneantur nunc vel aliter quomodolibet in futurum. Quam financiam nobis exinde debitam eidem magistro Henrico de nostris gracia, auctoritate et sciencia supradictis, et quia ad augmentacionem jurium et reddituum ejusdem ecclesie, ut ex hoc in ea divinum propensius et laudabilius exequi valeat officium, libenter annuimus et favemus, non obstantibus donis aliis et gratiis per nos vel per predecessores nostros eidem magistro Henrico factis, donamus, quittamus et remittimus per presentes. Quibus, ut premissa robur perpetuo firmitatis obtineant, nostrum fecimus apponi sigillum, salvo in aliis jure nostro et in omnibus quolibet alieno. Datum Parisius anno Domini millesimo CCC° quinquagesimo secundo, mense maii.

Per regem :
MELLON.

(Copie aux Arch. Nation., *Tr. des Chartes*, registre JJ, 81, pièce 367.)

LVI.

1° Henri de Culent donne son domaine de Lenginerie à l'église de la Noble-Maison.

Paris, 18 mai 1352.

2° Confirmation de cette donation par le roi Jean, et abandon du droit de gruerie en faveur de la même église.

Conflans-les-Carrrières (1), juin 1352.

Johannes, Dei gratia Francorum rex. Notum facimus universis tam presentibus quam futuris nos

---

(1) Sans doute Conflans-l'Archevêque, près Charenton (Seine).

quasdam vidisse litteras sigillo Castelleti nostri Parisiensis sigillatas formam que sequitur continentes :

A touz ceulz qui ces présentes lettres verront, Alixandre de Crevecœur, garde de prévosté de Paris, salut. Savoir faisons que par devant nous vint en jugement nobles homs et honorables monseigneur Henry de Culent, arcediacre de Boulongnois en l'église de Tharouenne, et sengneur de son propre aquest, si comme il disoit, de la ville, terre et appartenances de Lenginerie assis au diocèse d'Orliens, lequel cognut et confessa par devant nous que il, meu de sa propre voulenté, sans aucune contrainte, fraude, barrat, circonvencion ou décevance, mais pour le salut de l'ame de lui, avoit donné et donna par devant nous, par pure et irrévocable donacion perpétuele faitte entre vis, à l'église de Notre-Dame de l'Estelle, fondée par notre seigneur le Roy de France en la Noble-Maison de Saint-Oyn, sa dite ville et terre de Lenginerie, avec ses hommes, juridiction, boys, yaues, estangs, terres, préz, vignes, fiés, tailles, rentes et toutes autres appartenances d'icelle comment que ce fust, sans réserve ou retenu, au dit monseigneur Henrry, en et sur les choses dessus dites et chacune d'icelles le usfruit (sic) et la possession et saisine des choses dessus dites à tenir et avoir tant comme il vivra seulement à cause du dit usfruit, et les dictes choses et chacune d'icelles et tout le droit que il y avoit et porroit avoir il cessa et délaissa à la dite église et transporta en icelle à toujours mais pour lui et pour ses successeurs ; et des dites choses se dessaisi et devesti et la dite église en revesti et saisi à tousjours mais, sauf tousjours et réservé à lui ledit usfruit et la possession et saisine des dites choses à tenir et posséder par lui tant comme il vivra à cause du dit usfruit tant seulement ; et ceste présente donacion fit ledit monseigneur Henrry à la dite église des choses dessus dites, si comme il disoit, afin que li Roys nostre sire en fondast et ordennast une provende ou plusieurs si comme mieulz lui plairoit en l'église devant dite, et voult et ordenna le dit monseigneur Henrry que les chanoines de la dite église, qui pour le temps avenir tendront et auront la provende ou les provendes qui seront fondées et assignées sur les dites choses, aient et tiennent icelles choses et chascune d'icelles après la mort du dit monseigneur Henrry, paisiblement et perpétuelment comme propre héritage de la dite église. Voult encore et ordenna le dit monseigneur Henrry que dores en avant à tousjours mais le premier jour de chascun moys, c'est assavoir du Saint Esprit tant comme le dit monseigneur Henrry vivra, et après son décès des trespasséz pour le salut de l'âme de lui, soit une messe célébrée solennelment en l'église devant dite, et promist le dit monseigneur Henrry par son loyal serement sur l'obligacion de touz ses biens que contre cest présent, don et transport il ne venra ne aler ne venir ne fera jamais à nul jour ou temps avenir par lui ne par autres, ainçois icelui don tendra et aura ferme et estable à tousjours sans rappel. En tesmoing de ce, nous avons mis à ces lettres le seel de la prévosté de Paris, passées et accordées du dit monseigneur Henrry, l'an de grâce mil CCC cinquante et deux, le vendredi xviiie jour du moys de may.

Quas quidem litteras et omnia in eis contenta nos approbantes, ea volumus, ratificamus et auctoritate nostra regia et certa scientia de speciali gracia confirmamus. Insuper dilecti .et fidelis consiliarii nostri predicti magistri Henricy considerantes intencionem sanctam quam affectu laudabili ad ecclesiam memoratam cum effectu se ostendit habere, nec non ejusdem ecclesie desiderantes augmentum, grueriam sive gruagium cum pleno jure ipsius gruerie sive gruagii omnium silvarum seu nemorum dicte ville seu terre de Ingineria et ejus pertinenciarum irrevocabili donacione perpetua damus et concedimus seu donamus ecclesie prelibate, ab ipsa grueria et jure gruerie sive gruagii silvas et nemora predicta liberantes ex nunc et penitus absolventes, et ut presens nostra concessio felicius amplietur nos omnes et singulas res predictas sepedicte ecclesie concessas eidem ecclesie perpetuis temporibus remanere volentes, ordinamus et concedimus quod dictus Henrricus, qui canonicus est ecclesie memorate, quamdiu vixerit dictarum rerum possessionem et saisinam retineat et habeat realiter ad causam usufructus, et tam ipse quamdiu vixerit quam post ejus obitum ceteri canonici dicte ecclesie qui successuis temporibus tenebunt et possidebunt ex collacione regia prebendam seu prebendas quas super et in dictis rebus sic per nos et ipsum Henrricum donatis assignabimus, res ipsas teneant et possideant libere et quiete tanquam res proprias ecclesiasticas et ad ecclesiam duntaxat perpetuis temporibus pertinentes, sine molestatione et subjectione cujuscumque judicis aut domini temporalis, hoc mediante et specialiter reservato quod omnibus super hiis jus dominii vel superioritatis habentibus de nostro proinde recompensabimus et satisfaciemus competenter salvis oneribus et denariis, si dicte res ad aliqua teneantur de quibus dictus Henrricus easdem tenebitur liberare; itaque dictus Henrricus deinceps suo tempore aut ejus successores canonici dicte ecclesie qui res predictas tenebunt ad eas extra manus suas ponendum vel ad prestandam nobis aut alicui successorum nostrorum proinde financiam nullatenus teneantur, de qua financia, quatenus ad alios superiores aut dominos nobis supradictos pertinet, de nostro satisfaciemus eisdem, volumus insuper et dicto concedimus Henrrico ut deinceps ipse quamdiu vixerit de silvis et nemoribus predictis quociens sibi placuerit vendere et alienare salvo tamen eorum fundo seu hereditagio usque ad valorum trecentarum librarum parisiensium anno quolibet possit pacifice et

— 82 —

libere sine alia licencia et domigerio quolibet et sine prestacione seu exaccione gruerie sive gruagii vel alterius cujuscumque redibencie ratione gruerie seu gruagii nobis jam sit super hiis aliquod jus quesitum, illud sibi remittimus penitus et quittamus. Amplius omnia et singula supradicta procurabimus nostris sumptibus et expensis et procurare promictimus bona fide per carissimum germanum nostrum Philippum ducem Aurelianensem ac per dilectum et fidelem nostrum episcopum aurelianensem et per Johannem de Sancto Bricio milite, de cujus feodo immediate res predicte existunt et per alias quascumque personas ecclesiasticas et seculares ducatus et episcopatus predictorum, quatenus eorum quemlibet tanget et tangere poterit, concedi fieri et confirmari ac inviolabiliter observari. Et hec omnia et singula facimus ac concedimus auctoritate nostra regia, ex certa scientia et speciali gracia supradictis. Que ut perpetui roboris cunctis probeant firmam fidem, nostrum presentibus litteris fecimus apponi sigillum. Actum et datum apud Conflancium prope Carrerias, anno Domini millesimo CCC° quinquagesimo secundo, mense junii.

Per regem in consilio suo :
Symon.

(Copie aux Arch. Nation., *Tr. des Chartes*, JJ, 81, pièce 362.)

LVII.

Le roi Jean autorise Robert de Lorris, son chambellan, à acquérir les maisons, terres et fiefs, confisqués pour forfaiture sur Gilles d'Acy, chevalier, à la charge de payer 284 livres tournois à la Noble-Maison.

Actes des 3 septembre et 9 novembre 1352,
1er juillet 1352, et avril 1354 (1353 a. s.).

Johannes, Dei gratia Francorum rex. Notum facimus universis tam presentibus quam futuris nos infrascriptas dilectis et fidelibus gentibus compotorum nostrorum Parisius nostras litteras alias direxisse formam que sequitur continentes :

Jehan, par la grâce de Dieu, Roys de France, à noz amés et féaulx gens de nos comptes à Paris, salut et dilection. Comme notre amé et féal chambellant Robert de Lorris nous ait supplié que la maison, terre et touz les fiéz et appartenances que Gilles d'Acy, chevalier, qui fu naguères justicié à Meaulx pour ses maléfices, tenoit, et qui nous sont confisquié pour sa forfaiture, laquelle confiscation appartient à la Noble-Maison de Saint-Ouyn par notre ordenance général, nous veulliens faire prisier combient tout vaut à argent à une foiz et le veulliens baillier à notre dit chambellant pour le pris qu'il seront prisiéz, lequel pris tournera au pourfit de la dicte Noble-Maison, — nous vous mandons que sanz delay vous faitez prisier et estimer loyaument et justement toutes les choses dessus dites et leurs apartenances combien ils valent vendre une foiz à touz jours, rabatu les charges et ce qui seroit à rabattre, et les bailliez et délivrez ainsin prisiez et extimées à notre dit chambellant pour lui et pour ses hoirs et successeurs à héritage, et li en donnez vos lettres telles comme il appartiendra en prenant de lui l'argent qu'il seront prisiez valoir à une foiz, et le dit argent faites délivrer à cellui qui gouverne ladite Noble-Maison pour convertir ou pourfit d'icelle. Donné à Paris le IXe jour de novembre, l'an de grace mil CCC cinquante et deux.

Facta igitur informatione legitima de mandato dictarum nostrarum gentium de et super vero valore omnium rerum predictarum videlicet domus et jardini contigui continentis circa tria arpenta terre cum alta, media et bassa justicia, item septem arpentorum terre in censiva abbatisse Jotrensis, nec non et trium feudorum pertinentium ad dictum militem dum viveret quondam, appreciamento et extimacione proborum virorum sequtis (?) eisdemque remissis dictis nostris gentibus compotorum, eedem gentes informacionem, appreciamentum et estimacionem hujus modi viderunt, deliberationemque et consilium super eis habuerunt diligenter, ex quibus eisdem apparuit valorem omnium rerum predictarum pro unica et perpetua venditione ascendere ad summam ducentarum et quatuor viginti quatuor librarum turonensium sine pluri. Et ideo dictarum nostrarum auctoritate litterarum prescriptarum res predictas omnes et singulas cum suis juribus, accionibus, peticionibusque et pertinenciis universis deliberaverunt et tradirerunt nostro nomine et pro nobis, nosque tenore presentis decreti confirmamus, cedimus irrevocabiliter, deliberamus et tradimus imperpetuum prefato cambellano nostro pro se et suis heredibus ac successoribus quibuscumque precio dicte summe liberate receptori forefacturarum regni nostri ad opus dicte Domûs Nobilis per dictas gentes compotorum nostrorum et per manus dilecti et fidelis Jacobi de Pacyaco, consiliaris nostri, in utilitate sive necessitatibus ejusdem Nobilis Domus convertendis prout per litteras dicti receptoris infrascriptas potest liquidius apparere, res ipsas cum suis pertinenciis, nobilitatibus, juribus, et pertinenciis universis in dictum cambellanum nostrum pro se et suis heredibus atque successoribus et causam ab eo habituris penitus transferentes, et ex eisdem ex nunc tenore presentium investientes eumdem, nichil omnino proprietatis vel possessionis in ipsis retinendo, nisi duntaxat hommagium, fidelitatem, superioritatem, ressortum et feudum in eis prout nos et predecessores nostri habebamus et consueveramus habere in predictis priusquam ad nos forisfactura prenominati quondam militis devenissent, volentes insuper ac presentis pagine tenore mandantes omnibus et singulis vassalibus, justiciabilibus, et subjectis terre predicte quatenus memoratum cambellanum nostrum in do-

minum terre ejusdem et aliarum predictarum rerum
admittant, eidemque tanquam dudum obediant, eciam
hommagia et alia deveria consueta prout tenentur
prestent, et faciant, quavis contradictione submota,
quod sic ab homagiis quibuz nobis ratione dicte terre
tenebantur astricti absolvimus et quittamus. Tenor
vero litterarum et potestatum dicti gubernatoris seu
receptoris dicte Nobilis Domûs et quittancie seu receptionis dicte summe secuntur sub his verbis :

Sachent tuit que nous Estienne Lepellier, bourgeois
de Paris, receveur général des forfaitures du royaume
de France pour et en nom de la Noble-Maison de
Saint-Ouyn empres Paris, — si comme plus à plain
puet apparoir par lettres à nous octroyées sur ce du
Roy nostre sire, contenant la fourme qui s'ensuyt :

Jehan, par la grâce de Dieu, Roys de France, à tous
ceulz qui ces lettres verront, salut. Comme à l'euvre et
nécessité de la fondation de la Noble-Maison Notre-
Dame de Saint-Ouyn empres Paris, nous avons ordené et ordenons par ces lettres que toutes les forfaitures qui escherront en notre royaume d'ores en avant
soient converties et appliquiées, jusques à tant que
les dictes euvres et fondations soient souffisanment
accomplies selonc ce que nous avons empris, savoir
faisons que nous, confianz du senz, diligence et loyauté
de nostre amé Estienne Lepellier, bourgeois de Paris,
ycellui avons establi, commis et député receveur
général à lever et recevoir les dictes forfaitures par
tout notre royaume et appliquer pour la dicte fondation celles qui sont pourfitables pour ce faire, et autrement les convertir et faire convertir loyaument à
l'euvre et nécessité dessusdites, selonc le commandement et ordenance de notre amé et féal clerc maistre Philippe Oger, secrétaire de notre très-cher et
féal filz le Dalphin de Viannois, senz lequel nous ne
voulons qu'il en puisse autre chose bailler et distrisbuer
comment que ce soit, si mandons et estroitement

commandons à touz les receveurs de notre Royaume et à chascun d'eulx que de toutes les forfaitures respondent audit receveur général et les moeubles ou le pourfit d'iceulz li aportent ou envoient, et de la valeur des héritages le certifient loyaument, si que ce qui sera pourfitable soit receu pour la dicte fondacion et les autres choses soient par les ditz receveurs vendues et distribuées à l'euvre et nécessité dessusdites selon ce que dessus est dit ; et défendons aux ditz receveurs que desdites forfaitures il ne baillent ou distribuent aucune chose autre part par quelque manière ou mandement que nous ou autres quel qu'il soit faciens au contraire, s'il ne faisoit expresse mencion du rapel de cest présente ordenance, mais obéissent en tout et pour tout audit receveur général aussi bien comme à noz amés et féaulx les genz de noz comptes et trésoriers à Paris, et par rapportant lettres de recongnoissance dudit receveur général de ce qui baillié li sera et délivré pour la dicte cause, les receveurs ou receveur qui baillié et délivré l'aura en demourra deschargié et délivré, ce li sera rabatu en sa recepte par nos dites genz des comptes sanz nul contredit, nonobstant quelconques dons et ottroys, se aucuns nous en faisons par aventure à quelque personne que ce feust. En tesmoing de ce, nous avons fait mettre nostre seel en ces lettres. Donné à Saint-Denis en France, le IIIe jour de septembre, l'an de grâce mil CCCLII ;

— avons heu et receu deux cents quatre vins et quatre livres tournois pour cause de la vente d'une maison si comme elle se comporte, sept arpens de terre, trois fiéz et autres choses séant à Trocy en Meu(r)cien et environ qui jadis furent feu messire Gile d'Acy, chevalier, acquis au Roy nostre sire par la forfaiture d'icellui chevalier, de noble homme et puissant monseigneur Robert de Lorris, sire d'Ermenonville, chevalier et chambellant du dit seigneur, par les mains de nosseigneurs les genz des comptes à Paris du Roy notre dit seigneur, pour ce que mandé leur avoit par ses lettres que la maison, terres et fiéz et autres choses dessus dites baillasse et délivrasse au profit de la dicte Noble-Maison pour juste et raisonnable pris audit messire Robert comptant par honorable et discrete personne sire Jacques de Pacy, conseiller dudit seigneur. De laquelle somme d'argent ainsi par nous receue en monnoie courant à présent et pour le temps que elle vaut, nous, ou nom dessus dit, nous tenons pour bien comptens et paiés, et en quittons et promettons à acquitter les dessus nomméz et touz autres à qui il appartient envers le Roy notre sire et touz ceulx à qui il appartiendra. Donné soubz notre seel le premier jour de juillet, l'an mil CCCLIII.

Ad quorum omnium memoriam et robur perpetuo valituram presentes facimus sigilli nostri impressione muniri, salvo in aliis jure nostro et quolibet in omnibus alieno. Datum Parisius anno Domini millesimo CCC° quinquagesimo tercio, mense aprilis. — Facta est collatio.

Per gentes compotorum virtute mandati regis eis facti per litteras suprascriptas.

ADAM.

(Copie aux Arch. Nation., *Tr. des Chartes*, JJ, 81, pièce 806.)

LVIII.

Le roi Jean échange des terres confisquées sur Jean Malet, sire de Graville, dans le comté d'Alençon, contre un manoir à Saint-Ouen appartenant à Marie d'Espagne, comtesse d'Alençon.

Saint-Clair (1), 5 juin 1356.
(Vidimus du 27 juin.)

A touz ceus qui ces lettres verront, Guillaume Staise, garde de la prévosté de Paris, salut. Savoir

---

(1) Aujourd'hui *Gometz-le-Chatel* (Seine-et-Oise).

faisons que nous, l'an de grace mil CCC cinquante-six, le lundi xxviie jour de juing, veismes unes lettres du roy nostre sire seellées du seel du Chastelet de Paris en l'absence du grant, en laz de soie et en cire vert, contenant ceste forme :

Johannes, Dei gracia Francorum rex. Quoniam ad honorem majestatis divine de cujus munere venit ut tam precelsi regni solio prosideamus, novum collegium ipsi domino famulantium in divinis ac principalem sedem inclite Stellifere Congregationis nostre militaris apud Sanctum Audoenum in Domo Nobili per nos cum suis pertinenciis assumpta tanquam in loco amenissimo ac edificio eleganti duximus statuendum, dignum est ut carissime amice nostre comitisse Alenconii et Pertici pro dilectis consanguineis nostris liberis suis ad quos ex successione carissimi patrui nostri comitis quondam Alenconii, patris eorum, dictus locus hereditarie spectabat, qui perutilis et necessarius erat et esse poterat tam ipsis quam posteritati ipsorum, compencensionem congruam faciamus, et cum inter ceteras terras ad jus nostrum regium devolutas, quas Johannes Maleti miles, propter crimen lese majestatis ab eo dampnabiliter commissum ultimi corporalis supplicii penam passus, tenere solebat, certa porcio in, sub et de feodo, parria et pertinenciis comitatus Alenconii situari noscitur, in et de qua propter integrationem et utilitatem ipsius comitatus compensationem hujusmodi complacentius quam alibi estimavimus faciendam ; — notum igitur facimus universis tam presentibus quam futuris quod nos totam illam terram quam idem Johannes in, sub et de comite, parria, feodis et pertinenciis ipsius Alenconii comitatus tenebat tempore mortis sue, cum universis et singulis juribus et pertinenciis suis, de cujus terre valore plenarie nos pro informatis tenemus, cum omni jure ad nos propter hoc devoluto, prefatis comitisse et liberis suis ad opus et utilitatem comitis et comitatus predictorum tradimus, cedimus, donamus et quittamus, et in eos transferimus, et in comitatu predicto tanquam purum proprium domanium atque membrum perpetuo consolidamus et consolidatum volumus reputari absque novi homagii, onerii aut servicii exactione aut prestatione qualicumque; ac si semper in corpore ipsius comitatus ab inicio et indivisibiliter permansisset ac in omnibus et per omnia ejusdem nature et condicionis eandem terram esse volumus cujus cetera terra predicti comitatus esse noscitur. Si vero contigerit in futurum propter gratiam, dispositionemve aut aliquod factum nostram hujusmodi terram in toto vel in parte a comitatus predicti domanio separari, nolumus tamen quod jus homagii, jurisdictionis et superioritatis quod et que dicto comiti ante confiscationem predictam competebant pro quocumque vassallo alio subtrahatur, faciemus que et tenebimur facere de hoc quod ex hoc restitutionem subtraheretur condignam. Promittentes nosque et successores nostros obligantes ad garandisandum et solvandum ipsam terram dictis de Alenconio et successoribus suis et causam ab eis habituris in judicio et extra, erga et contra omnes, nostris propriis sumptibus et expensis, et de dicta recompensatione remanebimus etiam quitti in quocumque valore sive magno sive parvo reperiatur dicta terra. Quod sic volumus et concedimus de nostra certa scientia, auctoritate regia et gracia speciali, si sit opus, non obstante quod dicta domus et dicta terra non fuerit appreciate seu estimate, ac non obstantibus donis, graciis, ordinacionibus aut aliis quibuscumque que in contrarium possent obici quoquo modo que pro expressatis haberi volumus ac si de hiis fieret in presentibus mencio specialis. Quod ut firmum et stabile perpetuo perseveret, presentes litteras sigilli Castelleti nostri Parisensis in absencia magni fecimus appensione muniri, salvo in aliis jure nostro et in omnibus alieno. Actum apud Sanctum Clarum de

Gometio, anno Domini millesimo trecentesimo quinquagesimo sexto, quinta die mensis junii, sub sigillo Castelleti Parisiensis in absencia magni. (Ainsi signé) : Per regem, presente marescallo Dodenelli. Verriere. Et nous à ce transcript avons mis le seel de la prévosté de Paris l'an et le lundi dessus diz.

(Orig. aux Arch. Nation., *Tr. des Chartes*, J, 169, n° 32.)

LIX.

Confirmation du précédent échange par Marie d'Espagne, comtesse d'Alençon, et son fils.

Dourdan, 8 juin 1356.

Nous, Marie d'Espaigne, contesse d'Alençon et d'Estampes, et nous, Charles, conte d'Alençon et du Perche, son filz, faisons assavoir que comme à nostre très redoublé seigneur monseigneur le Roy naguaires soit avenue entre autres choses à cause de confiscation pour crime de lese maiesté commise par messire Jehan Malet, jadis seigneur de Grarville, derrenièrement mort, la terre assise en nostre conté d'Alençon, laquelle terre ledit de Grarville souloit tenir de nous, en foy et hommage et laquele terre le dit monseigneur le Roy a transporté en nous à cause de la récompensacion de nostre manoir et appartenances de Saint-Oyn, si comme par les lettres du dit transport pourra plus à plain apparoir,—nous la dicte maison et appartenances avons delaissié et delaissons au dit monseigneur le Roy pour cause dessus dicte, et avons renoncié et renonçons parmi la recompensation de la terre dessus dicte à tout tel droit comme nous avions et povions avoir en la dicte maison et es appartenances d'icelle, tant en saisine comme en propriété, et promettons que contre les dessus diz délaissement et renonciation nous ne yrons ne venir ne ferons jamais à nul jour ou temps à venir, et nous faisons fors en ce et prenons en main pour les autres enfans de nous contesse, frères de nous conte. Et pour que ce soit ferme chose et estable à perpétuité, nous avons seellé ces présentes lettres de nos propres seaulx, qui furent faites à Dourden le viii° jour de juin, l'an de grâce CCC cinquante sis.

(Orig. aux Arch. Nation., *Tr. des Charles*, J, 169, n° 33.)

LX.

Ordre du dauphin Charles de rendre à Jacques le Flament 232 florins d'or.

La Noble-Maison, 3 mai 1361.

Charles, ainsné filz du Roy de France, duc de Normandie et dauphin de Viennois, à nostre amé et féal trésorier Jehan d'Orbec, salut et dilection. Nous vous mandons et commandons que la somme de deux cenz trente deux florins d'or au mouton, laquelle nostre ami Jaques le Flament, conseiller de Monseigneur et maistre de ses comptes, nous a prestée à notre grand besoing pour en faire nostre volenté, vous lui paiez, ces lettres veues, ou lui en faites tele assignacion que promptement il en puist estre paiéz : et par rapportant ces présentes et quittance sur ce la dicte somme sera alloée en voz comptes et rabatue de vostre recepte par nos améz et féaulx les gens de noz comptes sans contredit, nonobstant ordenance, mandement ou deffenses à ce contraires. Donné à la Noble-Maison, le iii° jour de may, l'an de grace M CCC LX et un, souz le seel de nostre secret, en l'absence du grant.

Par monseigneur le Duc :

OGIER.

(Orig. à la Biblioth. Nation., cabinet des titres, *Quittances*, au mot LE FLAMENT.)

LXI.

Lettres de Charles V relatives au droit de justice du chapitre de Saint-Benoît à Paris, Saint-Ouen, Clichy et Lymeil.

Paris, juin 1364.

Karolus, Dei gratia Francorum rex. Notum facimus universis tam presentibus quam futuris, quod, cum pro parte capituli ecclesie collegiate Sancti-Benedicti Parisiensis nobis extiterit supplicatum ut, attentis dampnis et deperditis que ob factum guerrarum et ipsis guerris durantibus habuerunt sustinere ad parcendum laboribus et expensis que de bonis ipsius ecclesie haberent fieri et suportari, si in quolibet loco, in quo juridictionem habent altam, mediam et bassam, videlicet in certis locis ville Parisiensis, apud Sanctum Marcellum juxta Parisius, apud Sanctum Audoenum juxta Sanctum Dyonisium vel dictum Nobilem Domum, apud Clichiacum, et apud Lymolum, haberent sustinere furcas patibulares, piloria et alia ad executiones faciendas corporum seu membrorum, que pro factis criminalibus fieri contingunt seu contingent, eisdem concedere dignaremur ut predictorum locorum executiones corporum seu membrorum in uno predictorum locorum fieri valeant et exerceri, — nos, premissis consideratis, et ut nos participes eficiamur bonorum que in ipsa ecclesia fient, deinceps eisdem supplicantibus tenore presentium concedimus de gratia speciali et auctoritate nostra regia, ut de cetero executiones corporum seu membrorum, que causa alterius juridictionum predictarum et pro factis que in ipsis juridictionibus seu earum altera obvenient, in loco et juridictione ipsius capituli apud Lymolum valeant exerceri, absque offensa seu emenda quacumque nunc aut in posterum exsolvenda ; dantes in mandatis dilectis et fidelibus gentibus nostri parlamenti, preposito Parisiensi, baillivo de Corbolio ceteris que justiciariis nostris modernis et futuris eorumque loca tenentibus, ut dictos supplicantes et eorum successores in dicta ecclesia nostra presenti gratia uti et gaudere permittant et contra ipsius tenorem nullatenus molestent in corpore sive bonis. Quod ut firmum et stabile perpetuo perseveret, sigillum nostrum presentibus litteris duximus apponendum, salvo in aliis jure nostro et in omnibus quolibet alieno. Datum Parisus anno Domini millesimo trecentesimo sexagesimo quarto, mense junii.

(Au revers :)   Per Regem :

P. Michiel.

(Orig. aux Arch. Nation., K, 49, n° 2.)

LXII.

Renvoi fait au Parlement par le prévost de Paris d'un procès relatif aux droits que l'abbaye de Saint-Denis avait sur le vin à Saint-Ouen.

Paris, mardi 11 octobre 1384.

A mes très chiers seigneurs et maistres les gens qui tendront le prochain venant parlement du Roy notre sire à Paris, Audouin Chauveron, chevalier, conseiller du Roy notre sire et garde de la prévosté de Paris, honneur et révérence avecques toute obéissance. Mes chiers seigneurs, plaise vous savoir que, par vertu de certaines lettres royaulx empétrées par religieuses personnes et honnestes les religieux abbé et couvent de Saint-Denis en France, à moy aujourdui présentées en jugement ou Chastelet de Paris par Pierre Belle, huissier dudit Parlement, desquelles la teneur s'ensuit : « Charles, par la grace de Dieu, roy de
» France, au premier huissier de notre parlement qui
» sur ce sera requis, salut. De la partie de nos améz les
» religieux, abbé et couvent de l'église monseigneur
» Saint-Denys en France nous a esté exposé en grief-

» ment complaingnant que, pour la grant et singulière
» affection que nos prédécesseurs roiz de France ont
» eu de tout temps envers la dite église et les glo-
» rieux martirs qui reposent en ycelle, il leur ont
» donné et ottroié ou temps passé plusieurs beaux
» droiz, noblesses, franchises, libertéz, justices,
» seigneuries et domaines en faveur et augmentation
» du divin service qui continuelment est fait et célé-
» bré en la dite église, et par espécial leur ont donné
» la haulte justice moienne et basse et congnoissance
» de tous cas en la ville et banlieue de Saint-Denis,
» ou champ du Lendit qui siet dedens la ditte ban-
» lieue, laquelle s'extent jusques au lieu que l'on dit
» la Pointe-Lisiart, en la ville de Saint-Oyn et en
» plusieurs autres lieux, esquels les diz religieux ont
» toute justice et congnoissance de tous cas seulz et
» pour le tout dont plus à plain est faite mencion en
» leurs lettres et previllèges sur ce fais, et tant à ceste
» cause comme autrement deuement aient esté et
» soient les diz complaingnans en possession et saisine
» des choses dessus dites, et en ont jouy et usé paisi-
» blement par tel et si lonc temps qu'il n'est mémoire
» du contraire, et pour ce que, non obstant les diz
» previllèges et possessions, nostre prévost de Paris,
» soy disant commissaire en ceste partie, sous umbre
» de certaine aide que nous avons ordené estre levée
» en la ville, fourbours et banlieue de Paris sur les
» vins vendus en gros et à détail, pour tourner et con-
» vertir en la fortiffication et réparation de la ditte
» ville de Paris, et s'efforçoit de faire lever le dit aide
» en certains lieux dedens la ville de Saint-Denys, en
» la haulte justice et banlieue des diz complaingnanz
» en entreprenant contre leurs previllèges, droiz,
» usages et possessions dessus dites, les diz com-
» plaingnanz eussent nagueres obtenu de nous cer-
» taines nos lettres adrestans à noz améz et féaulx
» conseilliers les présidens de nostre parlement, par

» lesquelles nous leur mandions et commettions entre
» les autres choses ou à l'un d'euls, adjoint avecques
» lui un de noz autres conseilliers de nostre dit parle-
» ment, que, appelé nostre procureur général, ils
» visitassent diligemment les lettres et previllèges des
» diz complaingnanz, et s'il leur apparoit des choses
» dessus dittes, ils feissent inhibition et deffense à
» nostre diz prévost et autres ses commis que contre
» la teneur des diz previllèges, droiz, noblesses, fran-
» chises et possessions dessus dittes ils ne les moles-
» tassent doresenavant en aucune manière ; et com-
» bien que, par vertu de noz dittes lettres, nostre amé
» et féal conseillier et premier président en nostre par-
» lement Arnault de Corbie et nostre amé et féal con-
» seillier en ycelui parlement maistre Jehan de Pacy,
» comme son adjoint, aient commencié eulz entre-
» mettre de la ditte besongne et donné leurs lettres de
» commission et adjournement sur ce, et que, par vertu
» d'ycelles, inhibition et deffense eust esté faite au dit
» prévost, ses lieutenants et commis, qu'ils cessassent
» de faire lever le dit aide en la ditte ville de Saint-
» Denys, jusques à ce que autrement en eust esté par
» euls ordené, si comme par la commission, relacion et
» explois sur ce fais puet apparoir ; néanmoins le dit
» prévost et ses commis pour traveillier plus que
» devant les diz complaingnanz en leurs dittes fran-
» chises, previllèges, usages, noblesses et possessions
» dessus dittes, ont de fait et par contrainte levé le dit
» aide en la ditte ville de Saint-Oyn, et encores s'effor-
» cent de lever chascun jour, combien que ils contri-
» buent aus repparacions de la ville forteresse de
» Saint-Denys, où ils ont leur reffuge, touttefois que
» ils en ont mestier ; et pour ce que aucuns des habi-
» tans de la ditte ville de Saint-Oyn ont reffusé et
» contredit à paier le dit aide, le dit prévost et ses
» commis les ont tenu et tiennent en procès par
» devant eulz, à la requeste de Jehan Brulé, qui se

» dit fermier du dit aide en la ditte ville de Saint-Oyn,
» et meesmement Hommede le Musnier, Guillaume
» de Grégy, Robin de la Chartre, et Adenet Bureau
» demourant en la dite ville de Saint-Oyn, laquelle
» chose pourrait reddunder ou très grant préjudice
» et dommage des diz complaingnanz, se par nous ne
» leur estoit sur ce pourveu, si comme ils dient; si
» nous ont humblement supplié, comme, par previl-
» lèges à eulz octroiéz par nos prédécesseurs, ils ne
» soient tenuz de plaidier à cause des choses que ils
» ont en la prévosté et viconté de Paris et ou bail-
» liage de Senliz et ailleurs que en nostre cour de
» parlement se il ne leur plait, et aussi soient exemps
» en tous cas de nostre dit prévost de Paris, que sur
» ce leur veullions pourveoir de remède convenable ;
» pour quoy nous, considéré ce qui dit est, te man-
» dons et commettons que tu te transportes par
» devers le dit prévost ou son lieutenant, et lui fay
» commandement de par nous que les diz complain-
» gnanz il reçoive à opposicion à l'encontre des choses
» dessus dittes ; et ou cas que de ce faire il sera reffu-
» sant ou trop délayant reçoy les à la ditte opposition,
» et, ce fait, attendu que la besongne désire célérité,
» adjourne les dittes parties aus jours du bailliage de
» Vermendois de nostre prouchain parlement avenir,
» non obstant que les parties n'en soient pas, pour
» veoir sur ce ordener par nostre court de qarlement
» et pour procéder et aler avant en ycelle comme de
» raison sera ; et de ce que fait auras en ceste partie
» certifie souffisament nos améz et féaulx gens qui ten-
» dront notre prouchain parlement avenir, ausquelx
» nous mandons que entre les parties ycelles oyes
» facent bon et brief accomplissement de justice, car
» ainsi nous plaist-il estre fait; et aus diz complain-
» gnanz l'avons ottroié et ottroions de grace espécial
» par ces présentes, non obstant quelconques lettres
» subreptices empétrées ou à empétrer au contraire.

» Donné à Paris, le derrenier jour de septembre, l'an
» de grâce mil trois cens quatre vinz et quatre, et de
» nostre regne le quint. » Je ay reçu les diz religieux à
opposition contre la poursuite, contrainte et explois
qui ont esté et sont fais par mon autorité comme
commissaire en ceste partie en la ville de Saint-Oyn,
à la requeste de Jehan Brulé, soy disant fermier de
l'aide derrenierement octroié par le Roy notre sire
sur les vins vendus en gros et à détail en la ville et banlieue de Paris, pour tourner en la fortifficacion de la
ville de Paris, sur certains des habitans de la ditte ville
de Saint-Oyn et mesmement sur Hommede le Musnier, Guillaume de Grégy, Robin de la Chartre et
Adenet Bureau, demourans en la ditte ville de Saint-
Oyn, pour le fait du dit aide, dont mencion est faite
plus à plain ès dittes lettres royaulx cy dessus trans-
criptes. Et, ce fait, j'ay renvoié et renvoie la cause
meue et pendant entre les dittes parties avecques
ycelles parties adjournées par devant vous aus jours de
Vermendois du dit prochain venant Parlement, pour
procéder et aler avant en la dicte cause devant vous ou
point et en l'estat qu'elle est devant moy, comme de
raison sera et tout selon la fourme et teneur des dictes lettres royaulx. En tesmoing de ce, j'ay fait mettre à ces lettres le seel de la prévosté de Paris. Ce fu
fait en jugement ou dit Chastellet en la présence du
procureur du Roy qui a pris l'adveu et deffense de la
ditte cause pour le dit fermier d'une part, et de frère
Gilles le Duc, religieux et procureur de la ditte église
de Saint-Denys, et de Jehan Duchesne, procureur
des diz Hommede le Musnier, Guillaume de Grégy,
Robin le Chartier et Adenet Bureau d'autre part, le
mardi xie jour d'ottobre, l'an de grace mil CCC IIII^{xx} et
quatre.

(Orig. aux Arch. Nation., K, 53, n° 35.)

LXIII.

Lettres royaux pour renvoier au Parlement une instance pendante par devant le prévot des marchands de Paris, lequel vouloit obliger les habitants de Saint-Ouën de payer certains droits d'aide imposés sur les vins vendus en gros et détail pour la fortification de la ville de Paris dont les dits habitants ne sont point tenus, attendu qu'ils ne sont point de la banlieue de Paris mais de celle de Saint-Denis.

7 janvier 1402 (a. s. 1401).

(Arch. Nation., LL, 1192, p. 309) [1].

LXIV.

Sentence du garde de la juridiction de la cuisine par laquelle le religieux cuisinier de l'abbaye de Saint-Denis est maintenu en toute justice et droit de défendre la pêche en la rivière de Seine, et saisir et arrester les engins servants à la dicte pêche, prohibés par les ordonnances à l'encontre de Michel de Liencourt, qui prétendoit avoir droit de pêche en deux gords à lui appartenans devant Saint-Ouën.

Dimanche 24 août 1421.

(Arch. Nation., LL, 1192, p. 610) [2].

LXV.

Vente au roi Charles VI, par Jean Blondel et sa femme Marie, d'un quartier de vigne « au vigno de Saint-

---

[1] C'est dans l'inventaire des titres de Saint-Denis fait au XVII° siècle que se trouve la cote reproduite ici textuellement. L'original sur lequel cette cote avait été prise n'a pu être retrouvé.

[2] Même observation que pour la pièce précédente. (*Voir la note ci-dessus.*)

Oyn, tenant d'une part aux jardins de l'ostel du Roi, et d'autre part à la vigne qui fu Jehan le Musnier; » censive de Saint-Benoît.

Paris, samedi 29 décembre 1397.

(Orig. aux Arch. Nation., *Tr. des Chartes*, J, 169, n° 37.)

LXVI.

Vente au roi Charles VI par Gille de Clamecy et Catherine, sa femme, d'un hôtel, avec manoir, cour, grange, étables, bergeries, pressoir, colombier, jardins, pourpris, île, vignes et nombreuses terres et redevances, le tout situé à Saint-Ouen et Clichy, vente faite pour le prix de 4,000 écus d'or.

Paris, mercredi 16 janvier 1393 (a. s. 1397).

A tous ceulx qui ces présentes lettres verront, Jehan, seigneur de Foleville, chevalier, conseiller du Roy nostre sire, garde de la prévosté de Paris, salut. Savoir faisons que par devant Jehan Manessier et Guillaume Piedur, clers notaires jurez du Roy nostre dit seigneur, de par lui establis en son Chastellet de Paris, furent présens Giles de Clamecy, marchant et bourgois de Paris, et Katherine, sa femme, à laquelle il donna et ottroya, et elle, ce requérant en grant instance, print, recupt et accepta en elle agréablement povoir, congié, licence et auttorité de faire, passer et accorder avecques lui ce qui s'en suit; et affermèrent et distrent en bonne vérité yceuls mariéz que ilz avoient, tenoient, joissoient paisiblement sans aucun contredit, débat ou empeschement, et à eulx seuls et pour le tout et non à autre appartenoient et appartiennent de leur conquest fait ensemble durant leur mariage, les hostels, manoir, jardins, terres, vignes, héritages, biens et professions cy après déclarez, séans en la ville, terrouoir de Saint-Oyn et environ près de Saint-Denis en France, ès lieux, pièces et en la manière qui s'ensuit : Premièrement, un hostel, court, granche, estables, bergeries, pressouoir, coulombier, jardins et tout le pourpris, si comme tout se comporte et extent de toutes pars, séans en la ditte ville de Saint-Oin, avecques quinze arpens de terre ou environ, en une pièce, appartenans et aboutissans au dit hostel, en la censive de l'ausmonier de Saint-Denis, chargé tout en sept deniers de cens par an, paiéz au dit aumosnier le jour Saint-Denis, et en sept chappons à lui paiéz par an le jour de Noel, pour toute la charge dudit lieu ; item ung quartier et demi de terre en une pièce, tenant d'une part à la granche à la disme en la censive du prieur de Saint-Denis de l'Estrée, chargé en douze deniers de chief cens par an, paiéz aus ottaves Saint-Denis pour toutes charges ; item ung quartier et demi de terre en une pièce, tenant d'une part au Roy nostre sire, et d'autre part à Jehan Delacroix, ou lieu dit les Ouches, en la dicte censive dudit aumosnier de Saint-Denis, chargé en sept deniers et poitevine de cens par an, paiéz aux ottaves Saint-Denis ; item sept quartiers de terre ou environ ou lieu dit Mauveil, tenant à Homme de le Musnier d'une part, et tenant d'autre part à Jehan Blondeau de Saint-Denis, en la dicte censive dudict aumosnier de Saint-Denis, chargé en dix deniers et maille de cens pour toutes charges paiéz par an le jour des ottaves Saint-Denis ; item demi arpent de terre séant ou terrouoir de Clichy ou lieu dit aus Carriaux, tenant d'une part au curé de Clichy et d'autre part aus hoirs ou aians cause de feu Pierre de Prouvins en la censive du seigneur de Clichi, chargé en deux deniers de cens paiéz par an pour toutes charges le landemain des ottaves Saint-Denis ; item sept quartiers de terre ou environ ou dit terrouoir au dessus du pressouoir, tenant d'une part à Jehan d'Auton en la censive dudit seigneur de Clichi, chargé en dix huit deniers de cens pour toutes charges paiéz par an le jour Saint-Denis ; item trois quartiers de terre ou environ ou dit terrouoir au pressouoir, tenant d'une part à Huet Allorge, et d'autre part à Yvain le Paumier, en la censive dudit seigneur de Clichi, chargé en neuf deniers de cens paiéz par an le jour des ottaves Saint-Denis ; item un quartier de terre ou environ ou dit lieu, tenant d'une part à Andriet Alorge et d'autre part à Jehan de la Ruelle, en la dicte censive dudit seigneur de Clichi, chargé en quatre deniers de cens paiéz le jour des ottaves Saint-Denis ; item un arpent et demi quartier de terre ou dit terrouoir de Clichi, ou lieu dit la Cousture-Marie, tenant d'une part aus hoirs ou aians cause de feu Jehan Arrode, et d'autre part aux hoirs de feu Jehan de Montatere, en la dite censive du dit seigneur de Clichi, chargé en deus sols et six deniers de cens paiéz par an le jour des ottaves Saint-Denis ; item trois quartiers de terre ou environ ou dit terrouer ou lieu dit à la Voye-de-Saint-Oyn, tenans à Robert de la Chartre, en la censive du seigneur des Porcherons, chargé en trois deniers de cens paiéz par an le jour des ottaves Saint-Denis ;

Cy aprés s'ensuivent autres terres, séans oudit terrouoir, achetées par les diz mariéz de messire Philippe des Essars, chevalier :

Premièrement, trois arpens de terre, ou lieu dit les Dix-Sept-Villes, tenans d'une part à Robert de Mane, et d'autre part au chemin des dictes Dix-Sept-Villes ; item six arpens en une pièce séans sur le chemin par où l'en va du dit lieu de Saint-Oyn à La Chapelle, tenans d'une part à Robert de la Chartre, et d'autre part aus hoirs ou aians cause de feu Marie de Villeneuve ; idem unze arpens en une pièce en ce mesme lieu, tenans d'une part à Guillaume Saillembien, et d'autre part à Guillaume Frappelle, aboutissant oudit Robin de la Chartre ; item cinq quartiers en ce mesme lieu, tenant d'une part à Philippe Villet, et d'autre part à Lignon de Lestre ; item un arpent ou lieu dit Mongibert, tenant d'une part à Robin Saillembien, et d'autre part à Guillaume Grégy ; item ung arpent sur le chemin par où l'on va de Saint-Oyn à Clichy, tenant d'une part à Perrin Buriau ; item deux arpens en une pièce sur le chemin par où l'en va dudit lieu de Saint-Oyn à Montmartre, tenant d'une part à Adenin Buriau, et d'autre part au curé de Saint-Oyn ; item ung arpent ou lieu dit Chante alloe, tenant d'une part à Jehan Blondeau, et d'autre part à Jaquet de Villeneuve ; item ung arpent et demi ou lieu dit Trières, tenant d'une part à Jehan le Flament ; item six arpens en une pièce ou dit terrouoir, tenant d'une part à Philipote de Saint-Yon, et d'autre part aus religieux de Sainte-Katherine ; item deux arpens et demi ou lieu dit Pont-Hersant, tenant à la femme feu Estienne Bracque ; item cinq quartiers ou environ ou lieu dit de Monseux, tenans aus terres du Roulle ; item six arpens de terre ou environ, tenant à Colin le Charron ; item ung arpent d'isle où jadiz ot terre, séant ou lieu dit les Asjonx, tenant d'une part au Roy nostre sire, et d'autre part aus hoirs Malaquin, — les héritages ci dessus declairéz achetéz dudit messire Philippe des Essars comme dit est, chargiéz de telles charges anciennes comme ilz peuvent devoir aus seigneurs dont ilz meuvent et sont tenuz.

Item avoient encores les diz Gilles et sa femme les vignes et héritages cy après devisiéz : C'est assavoir demi arpent d'isle tenant d'une part à Vincent le Munier et d'autre part à maistre Pierre Waroppel, chargié en neuf deniers et maille de cens paiéz par an aus ottaves Saint-Denis au cuisinier de la dicte église de Saint-Denis ; item trois quartiers de vigne ou dit terrouoir, ou lieu dit à la Croix, tenant d'une part à Maumonté, orfèvre, et d'autre part à Perrin le Fournier, en la censive dudit maistre Pierre Waroppel ; item ung quartier de vigne ou dit terrouoir de Saint-Oyn, tenant à Perrin Clergon, en la censive dudit maistre Pierre Waroppel, — chargées toutes ycelles deux pièces en dix huit sols parisis de rente par an paiéz audit Waroppel ou terme acoustumé ; item ung quartier de vigne ou lieu dit Courteseux, tenant d'une part et d'autre au Roy nostre sire, en la censive dudit aumosnier de la dicte eglise de Saint-Denis, chargé en un tournois de cens paié aux ottaves Saint-Denis, et un minot d'avaine et le quart d'une geline, paiéz par an à la Nostre-Dame en mars pour toutes charges ; item ung arpent de vigne en une pièce ou lieu dit les Carreaulx, tenant d'une part au Roy nostre sire, et d'autre part aus hoirs ou aians cause de feu Martin d'Archières, en la dicte censive dudit aumosnier, chargié en six sols parisis de rente paiéz chacun an le jour Saint-Martin d'iver audit maistre Pierre Waroppel pour toutes charges ; item ung arpent de vigne en une pièce, ou lieu dit la Mote, tenant d'une part audit nostre sire le Roy et d'autre part à Guillot du Trou, aboutissant d'un bout à la Mallaquine en la censive de Migneaux, chargé en six deniers de cens pour toutes charges ; item demi arpent de vigne ou lieu dit la Croix Courte, tenant d'une part à Ligon de l'Estre et d'autre part à Perrin le Soumelier, aboutissant audit Perrin en la censive de Saint-Pol de Saint-Denis, chargé en ung denier de cens paié le jour des ottaves Saint-Denis et chargé es deux pars d'un chappon et es deus pars d'un minot d'avaine, tout deu le landemain de Noel audit lieu de Saint-Pol ; item trois quartiers de vigne, ou lieu dit Courtezeux, tenans d'une part à Jaquet de Villeneuve, et d'autre part à Jehan Beguin et à Ligon de l'Estre, en la censive dudit aumosnier de Saint-Denis, chargiés en sept deniers et poitevine de cens paiéz par an pour touttes charges aus dittes ottaves Saint-Denis; item ung quartier de vigne ou lieu dit la Cousture, tenant d'une part à Jehan Piquart, et d'autre part au filz d'un appelé le Bon Ouvrier en la censive dudit aumosnier dudit lieu de Saint-Denis, chargé en quatre sols et six deniers

par an tant de cens comme de rente paiéz au jour de la
Saint-Martin d'iver audit aumosnier pour toutes charges ; item demi arpent de vignes, ou lieu dit à la Voye
de Paris, tenant d'une part à Jehan Pillon, et d'autre
part aus hoirs ou aians cause de feu messire Jaques de
Langres, aboutissant d'un bout à Robin de Chartre
en la censive dudit aumosnier, chargé par an pour
toutes charges en douze sols parisis tant de cens comme
de rente paiéz audit aumosnier au terme acoustumé ;

Lesquels hostel, court, granche, estables, bergeries,
pressouoir, coulombier, jardins, pourpris, terres,
vignes, ysles, héritages, biens et possessions ci dessus
déclairéz, et généralement tous les autres héritages,
terres et possessions que les diz mariéz avoient et
povoient avoir et qui leur povoient competer et appartenir en la dicte ville et terrouoir de Saint-Oyn et environ, ensemble tous les drois de propriété, de possession, fons, saisine, seigneurie, et toutes les actions
réelles, personnelles, mixtes, directes, teues, expresses,
et autres quelconques qu'ilz avoient ou povoient avoir,
demander ou réclamer en quelque maniere que ce soit
es dis héritages, biens et possessions, et envers quelsconques personnes et biens à cause de ce, avecques
deux cens beste à lainne, trois vaches, toutes les
cuves et cuviers à faire vendanges, estans ou dit hostel,
quatre chevaulx pour charroy, les charrettes, tumbereaux, charrues, herces et autres harnois pour les dis
chevaulx, tout le merrien qui est en la granche dudit
hostel et la tuille, tables, fourmes, tresteaulx, aumoires, dressouoirs et tous autres biens meubles estans en
ycelui hostel et pourpris, excepté lis, chambres tendues, blé et avaine que les diz mariéz réservent et
retiennent devers eulx tant seulement, yceuls Gilles
de Clamecy et Katherine, sa femme, auttorisée souffisamment de lui, comme dit est, de leurs bons gréz,
bonnes volentéz, propre mouvement, certaine science,
sans aucune force, fraude, erreur, contrainte, ou dece-

vance, mais pour leur cler et évident prouffit et leur dommaige greigneur en autres choses eschever, sur ce bien advisiés, pourveuz et conseilléz par grant espace et intervalle de temps, si comme ils disoient, recongnurent et confesserent pardevant les diz notaires juréz comme en droit par devant nous, avoir vendu, cédé, quittié, ottroyé, transporté, delaissié et par la teneur de ces présentes lettres vendent, cedent, quittent, ottroyent, transportent et délessent dès maintenant à toujours par tittre de pure et irrévocable vente, et ont promis et encore promettent, chascun pour le tout sans faire aucune division l'un de l'autre, garantir, délivrer et deffendre à tousjours à leurs coux et despens envers tous et contre tous en jugement et hors, touttefois et quantes que mestiers et requis en seront de tous troubles, lettres, debtes, obligacions, ypothèques, arrerages, et autres empeschements quelconques, au dit nostre sire le Roy pour lui et ses aians cause ou temps avenir ; — ceste vente, transport et delaissement fais pour et parmi le pris et somme de quatre mil escus d'or à la couronne du coing du Roy nostre sire, de vint deux sols et six deniers tournois pièce, que les dis Giles et sa femme en confessèrent avoir eus et receus du Roy nostre dit seigneur ; et pour ce dudit pris et vente yceuls vendeurs se tindrent à bien contans et agréés, et en quitterent et quittes clamerent bonnement, purement et absolument à tousjours par ces présentes le Roy nostre dit seigneur, ses aians cause et tous autres à qui quittance en peut ou doit appartenir ores ou pour le temps à venir ; et des dis hostels, court, pressouoir, coulombier, jardins, estables, bergeries, pourpris, terres, vignes, biens et possessions ci-dessus venduz et déclairéz, les dis Giles de Clamecy et sa femme se dessaisirent et dévestirent es mains des diz notaires jurés, voulans et consentans ledit nostre sire le Roy ou ses aians cause en estre saisis vestus et mis en possession et saisine partout et en la maniere qu'il appartendra sans aucun contredit, débat ou empeschement par le bail et ostencion de ces présentes, et d'abondant, se mestiers est, pour euls en dessaisir et dévestir et pour en faire saisir, vestir et mettre en possession et saisine ledit nostre sire le Roy par tout où besoing sera, yceuls Giles et sa femme firent et constituerent, et par ces présentes font, constituent et ordonnent leurs procureurs et certains messaiges espéciaulx sans aucun rappel, Hémon Raguier, Jehan de Bouville, Jehan le Blanc, Colin Fougue et Thevenin Lenfant, auxquels ensemble et à chascun d'euls par soy et pour le tout ilz donnerent et ottroyerent plain povoir, auttorité et mandement espécial de ce faire et tout ce qui en tel cas appartient tout aussi et en la forme et maniere que ils feroient et faire pourroient, se présens en leurs personnes y estoient, ja soit ce que aucunes des choses dessus dites désirassent aucun mandement plus espécial ; laquele vente, transport, quittances, promesses, convenances et toutes les choses et chascune en ces lettres escriptes et contenues les dis Giles et Katherine sa femme promistrent par leur foy et serement pour ce baillées corporelment es mains des diz notaires à avoir et tenir fermes, estables et agréables à tousjours sans rappel et à non venir ou faire venir contre par euls ne par autres jamais à nul jour ou temps avenir pour raison de décevance, d'erreur, d'ignorance, ne pour quelconque autre cause, droit ou raison que ce soit ; avecques ce promistrent rendre et paier à plain et sans aucun plait tous coux, despens, salaires, frais, missions, dommaiges et interez qui faiz ou soustenus seroient tant par défaut de la dicte garantie comme par défaut d'aucunes des choses dessus dictes non accomplies ; et quant à tout ce que dit est enteriner les dis Giles de Clamecy et Katherine sa femme ont obligié et obligent, chascun pour le tout, sans faire aucune division l'un de l'autre, tous leurs biens et les biens de leurs hoirs, meubles et immeubles, présens et advenir, quelx et où qu'ilz soient, qu'ils ont soubzmis et soubzmettent à justicier, vendre et expletter par nous, noz successeurs prévosts de Paris et par tous autres justiciers soulz qui juridicion ils seront et pourront estre trouvéz ; et renoncerent en ce fait expressément les diz vendeurs, par leur dicte foy et seremens pour ce baillées es mains desdiz notaires, à toutes exceptions de deception, de mal, de fraude, d'erreur, d'ignorance, à tous prévileges, grâces, franchises, libertéz, lettres d'estat, respis, dilacions donnéz et à donner, accion en fait, à convention de lieu et de juge, à condicion sans cause ou de non juste et indeue cause, à tout droit escript et non escript, canon et civil, à la dispensation et absolution de leur prélat et de tous autres, au bénéfice de division et de restitucion en enterin, et la déception d'oultre la moitié de juste pris ou autrement, à l'exception des diz quatre mil escus d'or à la couronne du dit coing non avoir euz et receuz comme dit est, à tous bénéfices de croix prinse ou à prendre, et au saint voyage d'oultre mer, au sauf conduit du Roy nostre sire et de son parlement, à toutes oppositions, allégacions frivolles et décevantes, à tout ce qu'ilz pourroient dire ou proposer plus et autres choses avoir esté escript en ces présentes que accordé ou accordé que escript, et généralement à toutes autres choses quelconques qui, tant de fait comme de droit, de us ou coustumes, aidier et valoir leur pourroient ou à l'un d'euls à dire ou faire venir dire contre ces lettres ou aucunes des choses dedans contenues, et au droit disant générale renonciation non valoir ; mesmement la dicte Katherine, o l'auttorité de son dit mary à elle donnée, renonca et renonce au bénéfice du senat-consult Velleyan, à l'eppitre du Divi Adrian, et à tous autres drois fais et introduis en la faveur des femmes. En tesmoing de ce nous, à la relacion des dis notaires juréz avons mis à ces lettres le seel de la dicte prévosté de Paris. Ce fu fait et passé l'an de grâce mil trois cens quatre vins et dix sept, le mercredi seiziesme jour du mois de janvier.

(Orig. aux Arch. Nation., *Tr. des Chartes*, J, 169, n° 34.)

LXVII.

Vente au même, par Pierre Varropel et Isabel, sa femme, de deux hôtels avec leurs dépendances et de nombreux prés, vignes, terres, cens, rentes, fiefs, droits et revenus, à Saint-Ouen et à Aubervilliers, pour 4,000 florins d'or.

Paris, mercredi 16 janvier 1398 (a. s. 1397).

A tous ceuls, etc., savoir faisons que par devant Jehan Manessier et Guillaume Piedur, clers notaires juréz du Roy nostre dit seigneur, de par lui establis en son Chastellet de Paris, furent présens honnorable homme Pierre Varropel, marchant, bourgois de Paris, et Ysabel, sa femme, etc., et affermèrent en bonne verité yceuls mariéz, que de leur conquest ils avoient, tenoient, joissoient, possidoient paisiblement, et à euls et non à autres appartenoient, sans aucun contredit, débat ou empeschement, les maisons, terres, préz, vignes, cens, rentes, fiefs, drois, revenus et possessions ci après déclaréz, séans en la ville, terrouoir de Saint-Oin et environ, es lieux, pièces et par la manière qui s'ensuit : premierement deux hostels, cours, jardins, granches, estables et un clos de vigne contenant deux arpens et demi ou environ et tout le pourpris tous entretenans, séans audit lieu de Saint-Oin, si comme tout se comporte et extent de toutes pars hault, bas, devant, derrière, en long, en lé, en front et em perfont, tenans d'une part à la court et granche de la disme de la dite ville, et d'autre part tenant à Jehan Petit Benart; item trois arpens de terre, au lieu dit les Couches, tenans d'une part à Perrin Bourdin, et d'autre part à Jehan Blondel ; item trois quartiers ou lieu de la Sauçoye, tenans d'une part à Guillot Alais, et d'autre part à Jehan Bernart; item demi arpent sur le chemin qui va de Saint-Oyn à Clichy, tenant d'une part à Perrin Bureau; item un arpent et demi quartier ou lieu dit Monguibert, tenant d'une part aus hoirs feu maistre Thomas de Trie, et d'autre part à Jaquet de Villeneuve; item demi arpent et demi quartier en ce même lieu, tenant d'une part audit Jaquet de Villeneuve; item trois quartiers et demi, tenant d'une part audit Jaquet et d'autre part audit Varopel; item quatre arpens ou lieu dit en Chante aloe, tenant d'une part à Jehan le Flament et d'autre part à Jehan du Chesne; item un arpent et demi de terre en Maulvain, tenant d'une part aus enffans André Giffart; item deux arpens de terre en ce lieu et tiennent à ladite pièce; item unze arpens de terre sur la chaucée qui va de Saint-Denis à Paris, aboutissans sur le chemin des Poissonniers, les sept arpens tenans d'une part à Colin Trote, et d'autre part à Robert de Varennes, et les quatre arpens tenans à Thomas de Moucy d'une part, et tenans d'autre part à la terre de la chappelle du Roy nostre sire; item douze arpens de terre en une pièce ou lieu dit les Adjonx, dont les six sont tenus en fié de Jehan de Haix, escuier, et les autres six arpens sont en la censive dudit escuier, chargié de six deniers parisis paiéz aux ottaves Saint-Denis, et ne doivent point de disme, tenans d'une part à Jehan Alorge, et d'autre part à Jehan le Boulengier; item un arpent de terre tenant à la dicte pièce, et fut à Jehan Giffart; item un autre arpent de terre tenant à la dicte pièce, et fut à Jaques de Villeneuve le jeune; item sept quartiers de terre audit lieu des Adjonx, tenant d'une part au pasturage de la ville, et d'autre part à la sauçoye Thomas Guillepin, et aboutissans à la saussoie Christhofle Vilet et à la terre Jehan Blondel; item cinq quartiers ou lieu dit Maulvain, tenans d'une part à Adam Bureau; item un arpent et demi ou dit lieu, tenant à Guillaume Gregy; item un arpent ou dit lieu, tenant audit Guillaume et à l'Ostel Dieu de Saint-Denis; item demi arpent ou lieu dit la Haie-Trocart, tenant aux eschemurées du chemin qui va de Saint-Oin à Clignencourt; item un arpent ou dit lieu, tenant à Rogier Aubert; item demi arpent et demi quartier ou lieu dit Chante aloe, tenans audit Rogier Aubert; item demi arpent en ce lieu, tenant à Perrin Bourdin; item cinq arpens es Vaux, tenans aux hoirs feu Rogier Bouchier; item trois arpens en dit terrouoir de Saint-Ouen ou lieu dit les Noes, tenans aux hoirs feu Robert de Mente, chargiés de douze deniers parisis de cens au fief de Mignaux; item trois quartiers assis au bout des murs de Saint-Oin, tenans à Giles de Clamecy, chargiés de cinq deniers à paier comme dessus; item deux arpens et treize perches à l'Epine Bouchart, tenans à Jehan Blondel, chargiés de quatorze deniers à paier comme dessus; item trois arpens et sept perches ou Val de Cormont, tenans au chemin du Lendit, à Jehan de Rueil et à Jehan Blondel, chargiés de quatre deniers et maille à paier comme dessus; item cinq arpens trois quartiers et trois perches ou dit Val de Cormont, tenans d'une part à Colin Clouet, chargiés en xxxiii mailles à paier comme dessus; item un arpent ou dit lieu, tenant au dit Colin et à Thomas Clouet, à trois deniers de cens à paier comme dessus; item quatre arpens trois quartiers et demi de terre séans ou terrouoir de Haubervillier, ou lieu dit le Pillier, tenans à Thomas Clouet et à Pierre le Roy, chargiés de quinze deniers paiéz au maire de Haubervillier aux ottaves de Saint-Denis; — item un fief ainsi comme il se comporte assis ou terrouoir de Saint-Oin, sur le chemin de La Chapelle, ouquel fief appartient ce qui s'ensuit : c'est asavoir quatre arpens de terre tenans d'une part aux hoirs feu Pierre Aubert, et d'autre part à Guillaume le Flamant ; item quatre arpens tenans d'une part au dit Guillaume le Flamant, et d'autre part aus hoirs de feu maistre Gilles le Roy ; item deux arpens tenans d'une part aus dis hoirs d'icelui maistre Giles, et d'autre part aus hoirs de feu Audouin Roussel ; tout tenu en fief à une seule foy et hommage de Marie de Boulongne, jadiz femme de feu Jehan Arrode de Chailliau ; item trois arpens de terre assis ou dit terrouoir, tenans aus enfans Simon de Richebourc d'une part, qui furent à messire Jaques de Langres et par avant à Thomas de Langres, en la censive dudit fief ; item un arpent ou dit terrouoir en la censive d'icelui fief portans los et ventes et aussi de demi disme envers ledit fief ; item deux arpens qui furent à Jehan Giffart, tenans aus dites pièces ; item un arpent et demi de terre ou dit terrouoir de Saint-Oin, ou lieu dit les Carreaulx, tenant d'une part à Jehan le Flament et d'autre à Jehan Blondeau ; item cinq quartiers de terre ou chemin de La Chappelle de Saint-Denis, tenans d'une part aux religieuses de Montmartre et d'autre part à Jaquet de Villeneuve, aboutissans aus dictes religieuses ; item deus arpens de terre ou lieu dit Mauvain, tenans d'une part à maistre Aubery de Trie et d'autre part à Jehan Pinçon ; item trois arpens de terre aux Carreaulx, tenans d'une part à Jehan du Fossé et d'autre part à Jaquet de Villeneuve ; item demi arpent à la voye de La Chappelle, tenant d'une part à Collin de Calais, etc.

Lesquels hostels, court, granche, etc., yceuls Pierre Varopel et Ysabel, sa femme, recongnurent et confesserent par devant les diz notaires comme par devant nous en droit, avoir vendu, etc., etc .... au Roy nostre sire pour lui et ses aians cause ; ceste vente, transport et delaissement fais pour et parmi le pris et la somme de quatre mille florins d'or à la couronne du coing dudit nostre sire le Roy, de vint deux sols et dix deniers tournois pièce, francs et quittes au dit

Pierre Varopel et sa femme, que yceuls Pierre Varopel et sa femme en confesserent avoir eu et receuz dudit seigneur, et pour ce dudit pris et vente ils se tendrent a bien paiéz, contens et agréez à plain et en quitterent et quittes clamerent bonnement et absoluement à tousjours par ces présentes le Roy nostre sire et tous autres à qui quittance en peut et doit appartenir, etc.

En tesmoing de ce nous, à la relacion desdis notaires juréz avons mis à ces lettres le seel de la prévosté de Paris. Ce fu fait et passé l'an de grace mil trois cens quatre vins et dix sept, le mercredi seize jours du mois de janvier.

(Orig., *ibid.*, n° 42.)

LXVIII.

Gui, abbé de Saint-Denis, autorise Guillaume le Lambalais, administrateur de l'Hôtel-Dieu du monastère, à vendre au Roi une maison et un jardin.

Saint-Denis, 8 mars 1398 (a. s. 1397).

(Orig. aux Arch. Nation., *Tr. des Chartes*, J, 169, n° 35.)

LXIX.

Guillaume le Lambalais vend au Roi une maison et un jardin « tenant d'une part à l'ostel du Roy, et d'autre part à la chapelle d'icelluy hostel. » Censive de Saint-Benoît.

Paris, dimanche 10 mars 1398 (a. s. 1397).

(Orig., *ibid.*, 36.)

LXX.

Vente au Roi par Jean le Munier, maçon, et Jehannelle, sa femme, de deux maisons avec cour, eau, cellier, étables, etc., « joignant à l'ostel du Roy, et tenant d'une part au cimetière de l'église du dit Saint-Oyn, aboutissant sur la rivière de Sayne. » Même censive.

Paris, mercredi 20 mars 1398 (a. s. 1397).

(Orig., *ibid.*, n° 41.)

LXXI.

Vente au même par Jehan Blondeau, laboureur, et Marie, sa femme : 1° d'une masure et d'un jardin, « tenant à maistre Hervy Rousseau, chappellain de l'ostel du Roi, et d'autre part à Rogier Aubert, aboutissant à Jehan le Musnier, maçon ; » 2° d'une maison, cour et puits et de deux parts d'un jardin, tenant à Jean le Munier et au cimetière de l'église paroissiale, aboutissant à la ruelle « par où l'en va à la dite église parrochial. » Le tout dans la même censive.

Paris, dimanche 30 juin 1398.

(Orig., *ibid.*, n° 38.)

LXXII.

Vente au même, par Jean le Munier, d'un quartier de vigne « au vigno du dit lieu de Saint-Oyn, tenant au chemin aboutissant au jardin du Roy, et d'autre part à Jehan Blondeau. » Même censive.

(Orig., *ibid.*, n° 39.)

LXXIII.

Vente au même, par Rogier Aubert, d'un jardin touchant d'une part à l'hôtel du dit Rogier, d'autre à Jean le Munier et à Jean Blondeau. Même censive.

Paris, dimanche 30 juin 1398.

(Orig., *ibid.*, n° 40.)

8

LXXIV.

Vente au même, par Pierre le Musnier et Perrette, sa femme, de sept quartiers de terre tenant d'une part au Roi, et d'autre part à Christophe Villet, « près du chemin qui va de Saint-Oyn à Saint-Denis. » Censive de Migneaux.

Paris, mercredi 9 avril 1399.

(Orig., *ibid.*, n° 44.)

LXXV.

Vente au même, par Robin Beguin, tissérant à Saint-Denis, et Guillemette, sa femme, de deux arpents et demi de terre au même lieu, tenant d'une part au Roi, et d'autre part à Henri de Mustre. Même censive.

Paris, même date.

(Orig., *ibid.*, n° 46.)

LXXVI.

Vente au même, par Guillemin Alorge, d'un quartier de terre, « tenant d'une part à Christophe Villete et à Jaquet de Villeneuve d'autre. » Même censive.

Paris, même date.

(Orig., *ibid.*, n° 51.)

LXXVII.

Vente au même, par Adenet Bureau, d'une pièce de terre « tenant d'une part à Marion la Saillembienne, et d'autre part à Jehan Blondeau. » Même censive.

Paris, même date.

(Orig., *ibid.*, n° 52.)

LXXVIII.

Vente au même, par Jaquet de Villeneuve, l'aîné, de deux arpents et demi de terre, « tenans d'une part à Guillaume Ogier, et d'autre part à Christophe Villete et Guillaume Alorge. » Même censive.

Paris, même date.

(Orig., *ibid.*, n° 53.)

LXXIX.

Vente au même, par Perrenelle la Quarelle, de Saint-Denis, 1° d'une pièce de terre « tenant aux hoirs Guerin de Giffosse par hault et par long, et d'autre part aboutissant aux terres du seigneur de Migneaux, » censive de Migneaux ; 2° d'un arpent et demi de terre « tenant d'une part à Jehan à l'Espée, et d'autre part au chemin du Viex-Port, qui va de Saint-Denis à Saine, en la censive du seigneur de Clichy. »

Paris, jeudi 10 avril 1399.

(Orig., *ibid.*, n° 48.)

LXXX.

Vente au même, par Henri de Mustre, orfèvre et bourgeois de Paris, et Orsine, sa femme, 1° de quatre arpents de terre, « sur le Port Saint-Denis, tenant d'une part à l'Ostel-Dieu de Saint-Denis, et d'autre part à Jehan Blondeau, » censive de Migneaux ; 2° de deux arpents et un quartier de terre « assis au bout des murs, tenant d'une part à Robin Begin, et d'autre part au chemin de Saint-Denis, » même censive.

Paris, mardi 13 mai 1399.

(Orig., *ibid.*, n° 54.)

LXXXI.

Vente au même, par Jean du Fossé, de la moitié d'un arpent de terre « ou lieu dit à la Pointe, tenant

d'une part au Roy..., et d'autre part à Rogier Aubert.»
Censive de Migneaux.

Paris, même date.

(Orig., *ibid.*, n° 55.)

LXXXII.

Vente au même, par Christophe Villet : 1° d'un arpent de terre « au chemin de Saint-Denis, tenant d'une part à Pierre le Musnier, et d'autre part à Henry de Mustre ; » 2° d'un quartier de terre « au cloz de Mineaux, tenant d'une part à Guillemin Alorge, et d'autre part à Jaquet de Villeneuve l'aisné ; » 3° d'un quartier de terre « en l'avalée de Saint-Denis, tenant d'une part au Roy, et d'autre part à Robin de la Charte. » Le tout dans la censive de Migneaux.

Paris, même date.

(Orig., *ibid.*, n° 56.)

LXXXIII.

Vente au même par Jehan Blondeau et sa femme Marion de diverses pièces de terre, dans les censives de Migneaux et de l'Hôtel-Dieu de Saint-Denis (1).

Paris, mardi 13 mai 1399.

A tous ceuls qui ces présentes lettres verront, Jehan, seigneur de Foleville, chevalier, conseiller du Roy nostre sire et garde de la prévosté de Paris, salut. Savoir faisons que par devant Jehan Roichois et Jehan Manessier, clercs notaires du Roy nostre sire en son Chastelet de Paris, furent présens en leurs propres personnes Jehan Blondeau, demourant à Saint-Oyn si

---

(1) Si je ne me contente pas de donner les cotes de cette charte et de la suivante, comme pour les précédentes, c'est d'abord pour en publier deux comme exemples dans cette longue série, et aussi parce qu'elles fournissent des détails sur les diverses censives, l'époque et le lieu où elles se payaient, et qu'elles peuvent enfin servir de terme de comparaison pour établir le prix de la terre à cette époque dans notre village.

comme il disoit, et Marion, sa femme, à laquele Marion ledit Jehan son mary donna, bailla et ottroya et elle de lui en soy print et accepta agréablement povoir, congié, licence et auttorité de faire, passer et accorder de et par elle avecques sondit mary ce qui ci après s'ensuit, lesquieulx mariéz... recongnurent avoir vendu au Roy nostre sire, pour lui et ceuls qui de lui auront cause ou temps avenir, deux arpens de terre en une pièce que les diz mariéz disoient avoir et paisiblement posséder dudit héritage de ladite Marion, assis au terrouoir dudit lieu de Saint-Oyn, ou lieu dit au Grés, tenant d'une part à Jaquet de Villeneuve et d'autre part à Marion la Saillembienne, en la censive du cens commun de Migneaux, chargiéz de quinze deniers et maille de cens chascun an paié aus ottieves Saint-Denys ou cimetière Saint-Marcel sens autre charge; item deux arpens et quinze perches de terre en une pièce assise oudit terrouoir, que les diz marriéz disoient avoir de leur conquest, ou lieu dit à la Valée de Saint-Oyn, tenans d'un part aux terres qui furent à maistre Pierre Varopel et d'autre part à Adenet Bureau, en la censive dessus dicte, chargiéz par chascun an en unze deniers parisis et un tournois de cens paié au jour et lieu dessus dis sens autre charge; item cinq arpens de terre assis oudit terrouoir en la dicte Valée de Saint-Oyn, du conquest des diz vendeurs, tenant d'une part et aboutissant d'un bout à Jehan le Flament et d'autre part à Jehan Piquemenu, en la censive de l'Hostel Dieu de Saint Denis, chargiéz en deux deniers de cens par chascun an paiéz audit Hostel Dieu aus ottaves Saint-Denis; item et trois quartiers et dix-huit perches de terre assis oudit terrouoir sur le Port Saint-Denis, du propre héritage de ladite Marion, tenant d'une part au chapelain de Saint-Quentin, et d'autre part à la Malaquine, en la censive du cens propre de Mineaux, chargiéz en douze deniers parisis de cens par chascun an paié aus dittes ottaves Saint-Denis ou cimetière dessus dit sens autre charge; — ceste vente faite pour le pris et la somme de cinquante trois livres treze souls huit deniers parisis: c'est assavoir, ladite premiere pièce contenant deux arpens pour XVI livres X sous VI deniers parisis, la seconde pièce pour XIX livres XVII sous parisis, la tierce pièce pour dix livres XVIII sous parisis, et la quarte et dernière pièce pour VI livres VIII sous IV deniers parisis, que les dis vendeurs en confesserent avoir eu et receu du Roy nostre seigneur par la main de maistre Jehan Amyot, clerc et paieur les œuvres du Roy nostre seigneur, et de la dicte somme, etc.

En tesmoing de ce, nous, Jehan de Rouvres, secrettaire du Roy nostre sire, garde du seel de la prévosté de Paris, pour ce que par un arrest escript en papier signé des seings manuelz des dis notaires nous est apparu les choses dessus dictes avoir esté ainsi passées par devant les dis notaires, avons mis à ces lettres, grossoyées de nostre consentement et mises en forme deue par ledit Manessier en absence dudit Jehan Roichois qui au temps dudit grossoiement estoit trespassé, le seel de ladite prévosté de Paris, faictes et passées le mardi treze jour du mois de may, l'an de grâce mil trois cens quatre vins et dix neuf.

(Orig., *ibid.*, n° 57.)

LXXXIV.

Vente au même par Rogier Aubert et sa femme Héloys de diverses pièces de terre au même lieu.

Paris, mardi 13 mai 1399.

A tous ceuls, etc., Savoir faisons que par devant Jehan Roichois et Jehan Manessier, clers notaires du Roy nostre dit seigneur, en son Chastellet de Paris, furent personnelment establiz Rogier Aubert, demourant à Saint-Oyn, et Heloys, sa femme, à laquelle, etc.:

lesquieulx mariéz recongnurent et confesserent avoir vendu... au Roy nostre sire, pour lui et ceuls qui de lui auront cause ou temps advenir, deux arpens et demi de terre en une pièce que lesdis mariéz disoient avoir et paisiblement posséder du propre héritage de ladicte Heloys, assis ou terrouoir dudit lieu de Saint-Oyn, derrière l'ostel du Roy nostre dit seigneur au dit lieu de Saint-Oyn, tenans d'une part et d'autre aus terres dudit hostel d'icellui seigneur, en la censive de l'ostellier de Saint-Denis, chargié tout ce que dit est pour toutes charges par chascun an en sept sous cinq deniers parisis audit hostellier paiéz aux ottaves Saint-Denis soulz la volte; item cinq arpens oudit lieu, à la Pointe, de l'éritage de ladite Heloys, tenant d'une part à Jehan du Fossé et d'autre part à Marion la Saillembienne, en la censive du cens commun de Migneaux, chargié de douze deniers maille pour fons de terre paiéz aux dittes ottaves en l'aitre de Saint-Marcel; item cinq quartiers de terre de l'éritage de ladite Heloys, assis au terrouoir dudit lieu de Saint-Oyn ou lieu dit le Port Saint-Denys, tenant d'une part à Jehan Allegrin et d'autre part à Marion la Saillambienne, aboutissans sur Saine en la censive de Pierre Ogier, chargiéz de douze deniers maille pour fons de terre paiéz aus dittes ottaves Saint-Denys à la Panthere; — ceste vente faitte pour le pris et somme de trente deux livres quatorze sous six deniers parisis: c'est assavoir, les deux arpens et demi qui sont en la censive dudit hostellier XIV livres X sous parisis, l'arpent qui est en la censive du cens commun VII livres XII sous parisis, et les cinq quartiers après déclairéz X livres XII sous VI deniers parisis, que les diz vendeurs en confesserent avoir eu et receu du Roy nostre dit seigneur par la main de maistre Jehan Amyot, clerc et paieur des œuvres du Roy nostre seigneur; de laquelle somme, etc.

En tesmoing de ce, nous, Jehan de Rouvres, secretaire du Roy nostre sire et garde du seel de la prévosté de Paris..... avons mis à ces lettres.. .. le seel de la prévosté de Paris. Ce fut fait et passé le mardi treze jour de may, l'an de grâce mil trois cens quatre vins et dix neuf.

(Orig., *ibid.*, n° 58.)

LXXXV.

Vente au même par Marion la Saillembienne : 1° d'une pièce de terre « derrière l'ostel du Roy, tenant d'une part au Roi et d'autre part à Adam Bureau, » censive de l'hôtelier de Saint-Denis ; 2° d'une autre pièce « au lieu dit à la Pointe, tenant d'une part à Henry de Mustre, orfevre, et d'autre à Rogier Aubert, » censive de Migneaux ; 3° de cinq quartiers de terre « au Port Saint-Denis, tenant d'une part au dit Rogier Aubert et d'autre part au curé de Saint-Quentin, en la censive de Pierre Ogier, chargiéz en douze deniers maille parisis de cens paié chascun an à la Panthère, sens autre charge. »

Paris, même date.

(Orig., *ibid.*, n° 59.)

LXXXVI.

Vente au même par Jean à l'Espée, de Saint-Denis : 1° d'un arpent et demi de terre « tenant d'une part à Jehan Blondeau par le bout dessoulz et d'autre part au clos de Migneaux, en la censive de Pierre Ogier ; » 2° de trois arpents et demi, « tenant d'une part au Roy, et d'autre part à Perrenelle la Carelle, aboutissant au chemin aux Poissonniers, » censive de Migneaux.

Paris, lundi 30 juin 1399.

(Orig., *ibid.*, n° 60.)

LXXXVII.

Vente au même par Perrin Allegrin, fils de sire Jean Allegrin, de Saint-Denis : 1° de trois arpents de terre « au lieu dit le viéz Port Saint-Denys, tenant d'une part à Guillaume Ogier et d'autre part à Rogier Aubert ; » 2° un autre arpent au même lieu « aboutissant d'un bout à certaine terre qui est à la Royne et d'autre bout à Jehan Blondeau, » censive de l'hôtelier de Saint-Denis.

Paris, mardi 1er juillet 1399.

(Orig., *ibid.*, n° 43.)

LXXXVIII.

Vente au même par Perrenelle la Portière, « femme de feu Pierre le Portier, et dans ce moment femme de feu *(sic)* Giraut Myot, bourgeois de Saint-Denys : » 1° d'une pièce de cinq arpents et demi « tenans d'une part aux hoirs Robert Bougis, et d'autre part à la terre aux Flamens, qui est à présent à Jehan Allegrin, » censive de l'hôtelier ; 2° une autre pièce de terre au même lieu, aboutissant sur le chemin aux Poissonniers, censive de Pierre Ogier.

Paris, samedi 12 juillet 1399.

(Orig., *ibid.*, n° 45.)

LXXXIX.

Vente au même par Guillaume Ogier, bourgeois de Saint-Denis, et Perrenelle, sa femme, de deux arpents de terre en deux pièces : « l'un d'iceulx deux arpents tenant à Jehan Allegrin d'une part, et d'autre part à Rogier Aubert, » censive du sire de Migneaux ; et « l'autre arpent assis au lieu dit le clos de Migneaux, tenant d'une part à Jaquet de Villeneuve et d'autre part à Guillaume Piqmenu, en la censive des Hospitaliers de Saint-Jehan de Jérusalem. »

Paris, samedi 19 juillet 1399.

(Orig., *ibid.*, n° 49.)

XC.

Vente au même par Guillot Picque-Menu, de Saint-Denis, d'un arpent de terre « tenant d'une part à Guillaume Ogier et d'autre part à Jehan Blondeau, en la censive de Jehan le Flament. »

Paris, mardi 22 juillet 1399.

(Orig., *ibid.*, n° 61.)

XCI.

Vente au même par Guérin Bisson, de Saint-Denis, d'une pièce de terre tenant d'une part « à Jehan Blondel et d'autre part à Guillon de la Chapelle. » Censive de Jehan Ogier.

Paris, samedi 8 août 1399.

(Orig., *ibid.*, n° 50.)

XCII.

Vente au même par Jean Jouvente, de Saint-Denis, d'un arpent de terre tenant « d'une part à Jehan le Parenz, et d'autre part à feu Giraut Myot, aboutissant au chemin des Poissonniers. » Censive de Pierre Ogier.

Paris, mercredi 27 août 1399.

(Orig., *ibid.*, n° 62.)

XCIII.

Vente au même par Guillaume le Lambalais, prêtre, administrateur de la Maison-Dieu de Saint-Denis, de deux arpents de terre, assis « sur la rivière de Seine, lez le chauffour de la chaulx, tenant d'une part à Henri de Mustre et d'autre part à Robin Saillembien. » Censive de Migneaux.

Paris, mercredi 3 septembre 1399.

(Orig., *ibid.*, n° 47) (1).

XCIV.

Jean le Flament vend au dauphin Louis de Guyenne un grand hôtel et ses dépendances, ainsi que des terres, prés, maisons, vignes et rentes à Saint-Ouen.

Paris, mardi 29 avril 1410.

A tous ceuls qui ces présentes lettres verront, Pierre des Essars, chevalier, conseillier, maistre d'ostel du Roy nostre sire, et garde de la prévosté de Paris, salut. Savoir faisons que par devant Girard Perot et Jehan de la Mote, clers notaires du Roy nostre dit seigneur en son Chastellet de Paris, fut présent en sa propre personne honnorable homme et sage Jehan le Flament, conseiller d'icelui seigneur, et afferma en bonne vérité en la présence des diz notaires, que, de son conquest par lui fait, il avoit, tenoit et possidoit paisiblement et à lui seul et non à autre compétoient et appartenoient les hostels, terres, prés, vignes, fief, rentes, revenues, héritages et possessions immeubles cy après déclairéz, assiz et situéz en la ville et terroir de Saint-Oyn et environ ès lieux et places qui s'ensuient : c'est assavoir, ung grant hostel, court, granche, estables, jardin et un clos de vigne contenant environ deux arpens, tout entretenant, ainsi comme tout se comporte et extend de toutes pars, avecques toutes leurs appartenances et appendances quelconques, assis

---

(1) A cette charte est jointe l'autorisation d'aliéner de Guillaume, abbé de Saint-Denis.

en la dite ville de Saint-Oyn, tenant d'une part au chemin par où l'on va du dit Saint-Oyn à Clichy la Garenne, et d'autre part par où l'on va aux Maraiz, aboutissans par hault à la vigne de l'aumosnier de Saint-Denys, et par bas aux hoirs de feu Gencian Tristan, jadis bourgeois de Paris, en la censive dudit lieu de Saint-Denis, chargés de quinze sols parisis de cens ou rente paiéz par an aux octaves Saint-Denis à monseigneur l'abbé du dit Saint-Denis; item, sept arpens de terre assiz au lieu dit les Quarreaux, tenans d'une part à la Maison-Dieu de Saint-Denis, et d'autre part à Guillot de la Chapelle, chargés en trois sols six deniers parisis de cens par an; item, audit lieu des Quarreaux, ung arpent de terre tenant d'une part à la dite Maison-Dieu de Saint-Denis et d'autre part à Jehan le Clerc d'Autheuil, chargé de six deniers parisis de cens par an; item, quatre arpens de terre séans au lieu dit Trières, en trois pièces : l'une d'icelle tenant à Guillaume Prieur d'une part, et d'autre à Jehan Alart; et la tierce des dictes pièces tenant d'une part à Jehanne de Champions, et d'autre à Guillot Percheron, aboutissant sur les deux autres pièces, chargées en deux sols parisis de cens par an; item, ung arpent de terre à la voye de Vaulx, tenant d'une part à maistre Audry le Mareschal, et d'autre part aux hoirs feu Laurens Malaquin, jadis orfevre, bourgeois de Paris, chargié en six deniers parisis de cens; item, un quartier de terre à la voye de Montmartre, tenant d'une part à Jehan Blondeau, et d'autre part à messire Philippe des Essart, chargé en trois deniers parisis de cens par an; item, trois arpens de terre en une pièce au lieu que on dit Chenevieres, tenant d'une part à Jacquet Villeneuve, et d'autre part au chemin de la Croix au Comte, du costé par lequel on va à Clichy, chargé en trois sols parisis de cens par an ; item, sept quartiers de terrre en une pièce, au lieu que l'en dit Eppinel, tenant d'une part à Colin Saillembien (1), et d'autre part à Noel de la Ruelle, chargiés en dix deniers maille parisis de cens par an ; item, en ce même lieu trois quartiers de terre, tenant d'une part à la terre de l'Hostel-Dieu de Saint-Denis, et d'autre part audit Colin Saillembien, chargiés en quatre deniers maille parisis de cens par an ; item, quatre arpens de terre en une pièce, au lieu que l'on dit l'Epinay, à la longue Raye, tenant d'une part aux terres du Roy nostre sire, et d'autre part à maistre Adam de la Ruelle, aboutissant au curé du dit Saint-Oyn, chargés en quatre sols parisis de cens par an ; item, trois quartiers de terre, au lieu dit Acheres, tenant d'une part à la Maison-Dieu de Saint-Denis, et d'autre aux fils Jehan Alorge, chargés de tels charges que ce doit ; item, six arpens de terre en une pièce, au lieu dit les Adjons (2) tenant d'une part aux terres du Roy notre sire, et d'autre part aux diz hoirs feu Laurent Malaquin, aboutissant à la riviere de Seine, chargés en quatre sols parisis de cens par an ; item, deux arpens de terre en deux pièces, au lieu dit les Quarreaux, l'une pièce contenant cinq quartiers, tenant d'une part à Guillot de la Chapelle, et d'autre part à Marion la Villette et à Basin, et l'autre pièce contenant trois quartiers, tenant d'une part aux diz hoirs feu Laurent Malaquin, et d'autre part à Jehan Caille de Clichy, chargiés en douze deniers parisis de cens par an ; — toutes lesquelles pièces de terre dessus déclairées, faisant en somme trente un arpens et demi, tout mouvans et tenues de la censive et seignorie de l'aumosnier de Saint-Denis aux charges dessus dictes, qui se paient par an audit aumosnier aux octaves Saint-Denis ; desquels trente un arpens et demi de terre, deux arpens sont bailliés à tousjours aux personnes cy après nommées pour vingt quatre sols parisis de rente ou crois de cens, deuz et paiéz chascun an

---

(1) Le texte porte *Sage en bien*, qui est évidemment une faute.
(2) Le texte porte *les Adroust*.

au terme de Saint-Martin d'yver au seigneur et propriétaire de l'ostel dessus dit : c'est assavoir, à Guillaume du Puis le jeune, demourant audit Clichy, un arpent au terroir dudit Clichy ou lieu dit Trieres, tenant d'une part à Geffroy Pierre, et d'autre part à Jehan Ruelle pour douze sols parisis; item, à Jehan Alart dudit Clichy, demi arpent audit lieu de Trieres, tenant à Jehan du Puys et à Guillot Alart, pour six solz parisis, et à Jehan de la Ruelle demi arpent audit lieu de Trieres, tenant à maistre Thomas Brochart et à Jehan du Puys, pour six solz parisis (qui font les diz vint quatre solz parisis de rente ou croix de cens), esquels est comprins tel font de terre que ce peut devoir audit aumosnier de Saint-Denis en la censive duquel iceuls deux arpens sont comme dit est ; — item, une grant pièce d'isle, contenant deux arpens, assise sur la rivière de Seine, entre Saint-Oyn et Clichy, et et demi arpent d'eaue assiz au plus près de la dicte grant pièce d'isle, laquelle grant pièce fut jadis à maistre Pierre le Recouvreur, chanoine de Paris, tenant d'une part au bout par devers Clichy à Hue Alorge, et par le bout devers Saint-Oyn et Saint-Denis à Jehan Beguin, tisserant, demeurant audit Saint-Denis, et à Jehan le Devéz de Jeneviller, et encore par devers le dit Clichy tout au long des fossés, et par devers la rivière tout au long d'icelle rivière, et ledit demy arpent d'eaue tenant comme dessus à la dite grande pièce, tout en la censive de la cuisine de l'Eglise Saint-Denis, chargée ladite grande pièce en trois sols parisis de cens, paiés aux ottaves Saint-Denis à la dite censive, et en trente sols parisis de rente par an, aux charités dudit Saint-Denis également par les quatre termes à Paris accoustumé, et ledit demy arpent d'eaue, chargé par an en quatre deniers parisis de cens, paiéz à ladite censive audit jour des octaves Saint-Denis ; — item, dix sols parisis de rente ou crois de cens annuel et perpetuel, prins et perceus chascun an au terme Saint-Remy, tantost après le cens dû au seigneur de Clichy en et sur une maison, vigne et terre entretenant qui sont audit Jehan Caille de Clichy, séant audit Clichy; item, quatre arpens et demy de terre ou environ, séant au terroir dudit Saint-Oyn, en deux pièces, l'une contenant sept quartiers, ou lieu dit l'Espine Bouchart, tenant d'une part aux hoirs de feu Jehan Seignet, aboutissant sur le chemin aux Poissonniers, en la censive de l'ostellerie de Saint-Denis, chargiés en cinq deniers maille parisis de cens, paiéz chascun au lendemain des octaves Saint-Denis, et l'autre pièce contenant onze quartiers, ou lieu dit les Ferrons, tenant d'une part aux hoirs feu Drouet Nacquart, et d'autre part à Denisot le Sueur, aboutissant sur le chemin par où l'en va de Paris à Saint-Denis, en la censive du maistre des charitéz de Saint-Denis, chargiés en quinze deniers parisis de cens, paiéz chascun an aux dites octaves Saint-Denis; item, un fief que l'en dit le fief de Le Mineaulx, assiz es dites villes de Saint-Denis et de Saint-Oyn, et environ, contenant ce qui s'ensuit : c'est assavoir: quatre livres de menuz cens, ou environ, portans ventes, saisines et amendes, receuz chascun an audit Saint-Denis en l'Estrée Saint-Marcel, aux octaves Saint-Denis, et se reçoivent en communaulté avecques l'abbé dudit Saint-Denis, et les doivent plusieurs personnes à cause de leurs héritages ; item, vint huit sols parisis de rente ou crois de cens annuel et perpétuel, prins par chascun an aux quatre termes à Paris accoustuméz sur l'ostel et appartenances du Cheval-Rouge, assiz à la Panterre Saint-Denis ; item, quatorze sols parisis de rente ou crois de cens annuel et perpétuel prins chascun an par les termes accoustuméz en et sur trois maisons assises en la tannerie dudit Saint-Denis, l'une desquelles est à présent à Jehan de la Table, et à Thierry de la Porte, et doivent icelles maisons dix-huit deniers parisis de cens à l'aumosnier et hostellier dudit Saint-Denis, ou à l'un d'eulx, au terme accoustumé pour le fons de terre d'icelles maisons; item, quatre arpens et un quartier de terre ou environ au clos des Mineaux, entre Saint-Denis et Saint-Oyn, sur la rivière de Seine, tenant d'une part à Guillot de la Chappelle et d'autre part à Jehan Allegrin; item, quatre arpens ou environ de vielles vignes, demourées en friche, demourées par deffault de cens non paiéz (et souloient devoir sept sols parisis de cens par an), tenant d'une part à la rivière de Seine, et d'autre part au Roy notre sire; item, quartier et demi de pré sur la rivière, près du moulin de Ramaincourt, tenant d'une part au Roy nostre dit seigneur, et d'autre part au pannetier de Saint-Denis; item, un arpent de vigne en deux pièces qui fut Philippot Alorge, assiz ou terroir dudit Saint-Oyn, l'une pièce contenant demi arpent, tenant d'une part à Pierre Bernart et d'autre part à Jaquet de Paris, et l'autre pièce séant ou lieu dit les Quarreaux, tenant d'une part à Asselin Seignart et d'autre part à Hannequin de la Fontaine, tout ce en la censive dudit aumosnier de Saint-Denis, chargée en deux deniers parisis de cens, paiéz par an aux octaves Saint-Denis sans autre charge; item, un arpent de vigne ou environ, oudit terroir de Saint-Oyn, ou lieu dit les Quarreaux, qui fut à messire Jehan Chignart dit de Clichy, tenant d'une part audit Jehan le Flament, et d'autre part à Jehan Moreau, aboutissant par en bas au chemin de Saint-Cloud, en la dite censive dudit aumosnier de Saint-Denis, chargée en trois deniers parisis et un tournois de cens, paiéz par an aux octaves Saint-Denis, et en dix-huit sols huit deniers parisis de rente annuelle et perpétuelle, deuz par an aux quatre termes acoustuméz, à Jehanne, femme de Jehan Alorge de Clichy, sans autre charge quelconque; item, un quartier de vigne ou environ ou dit terroir, qui fut Jehan Moreau de Clichy, Jehan qui tient terre et Robinette, sa femme, assiz ou lieu dit les Quarreaux, tenant d'une part et d'autre audit Jehan le Flament, aboutissant d'un bout au chemin de Saint-Cloud, en ladite censive dudit aumosnier de Saint-Denis, chargée d'un denier parisis de cens paié par an aux dites octaves Saint-Denis, sanz autre charge; item, un arpent de vigne qui fut Marion la Jolie, veuve de feu Lambert Joliz, et à ses enfants, assiz ou vigno dudit Saint-Oyn ou lieu dit la Quarrière, tenant d'une part à Jehan le Musnier, maçon, et d'autre part à homme de Liencourt, aboutissant d'un bout à Erart Alorge, chargés en quatorze sols parisis de rente, deuz par an c'est assavoir huit sols parisis à Jaquet de Villeneuve l'aisné, et six sols parisis à l'Ostel-Dieu de Saint-Denis, sans autre charge; item, cinq quartiers de vigne qui furent audit Jaquet de Villeneuve l'aisné et Regnault Cholet, et une masure, contenant environ demi arpent, assiz oudit Saint-Oyn, chargé en une mine d'avoine, un chappon, et quatre sols un denier parisis, deuz par an audit aumosnier de Saint-Denis; item, une maison et court, joignant du grant jardin dudit hostel, avecques le dit grand jardin, près du grand hostel dudit Saint-Oyn dessus nommé et déclairé, en tele censive dont se meut, et chargées des charges que ce peut devoir; — tout lesquels hostels, maisons, manoirs, terres, prés, vignes, fief, cens, rentes, revenues, héritages et possessions immeubles cy dessus déclairéz ainsi audit Jehan le Flament appartenans..... ycellui Jehan le Flament..... recongnut et confessa par devant lesdiz notaires comme par devant nous en droit avoir vendu... à très hault, puissant et excellent prince monseigneur Loys, duc de Guyenne et dalphin de Vyennois, ainsné fils du Roy nostre seigneur, acheteur pour lui, pour ses hoirs et pour ceuls qui cause de lui auront ou temps advenir, — ceste vente, cession et transport faictes pour et parmy le pris et la somme de quatre mille livres tournois monnoie courant à présent que

9

ledit Jehan le Flament, vendeur, en confessa avoir eu et receu de mon dit seigneur de Guyenne, acheteur; duquel pris et somme de quatre mille livres tournois dessus dit icellui Jehan le Flament vendeur se tint et tient à très bien paié content, agréé et satisfait à plain, et en quitta et quitte bonnement et absoluement à tousjours sens rappel ledit monseigneur ledit acheteur, ses biens, ses hoirs et tous autres à qui quittance en peut et pourroit appartenir, etc. En tesmoing de ce nous, à la relacion des diz notaires, avons mis à ces présentes lettres le seel de la dicte prévosté de Paris. Ce fu fait et passé le mardi XXIXe et penultième jour du mois d'avril, l'an de grace mil quatre cens et dix.

(Orig. aux Arch. Nation., *Trés. des Ch.*, J, 169, n° 63.)

XCV.

Lettre attestant l'hommage rendu par le dauphin Louis à Philippe, abbé de Saint-Denis, pour les biens meubles et immeubles acquis de Jean le Flament, et détaillés dans la précédente charte.

Saint-Denis, 18 mai 1410.

A tous ceuls qui ces présentes lettres verront, Philippe, par la permission divine, humble abbé de l'église monseigneur Saint-Denys en France, salut. Savoir faisons que nous avons mis et receu, et encores mettons et recepvons par ces présentes, tant pour nous comme pour tous les autres religieux beneficiers et officiers de nostre ditte église à qui ceste chose touche et puet toucher, en foy et hommaige, saisine et possession, noble homme monseigneur Jehan de Nyelles, chevalier, chancellier de très noble et puissant seigneur monseigneur le duc de Guienne, dalphin de Viennois, ou nom et pour ledit seigneur, de toute la seignorie, maisons, jardins, terres, prés, bois, cens, rentes, fiefs, arrière fiefs et choses quelconques que

— 131 —

ledit seigneur a de nouvel aquestées et achetées de sire Jehan le Flament en la ville et territouoir de Saint-Oyn, tenues et mouvans de nostre ditte église tant en fief comme en censive, et en tant que à nous et aus aultres religieux beneficiers et officiers de ladite église de qui aucunes les choses dessus dites à cause de leurs bénéfices ou offices et seroient et pourroient estre mouvans et tenues touche, nous nous sommes tenus et tenons pour paiéz contemps et agréés des ventes, saisines, droiz, rachaz, quinz deniers et aultres prouffiz qui pour raison dudit achat à nous et aus diz religieux seroient et pourroient estre deubz et en quittons mon dit seigneur, son dit chancelier et tous aultres à qui quittance en appartendra à tousjours mes. En tesmoing de ce, nous avons fait mettre nostre seel à ces lettres, données le xviii° jour de may, l'an de grace mil quatre cens et dix.

(Orig., *ibid.*, n° 64.)

XCVI.

Contrat de vente faite au profit de l'aumonier de Saint-Denis, par Jean Trochereau, d'un arpent et demy de terre sis au terroir de Saint-Ouen-sur-Seine, lieu dit le Four-à-Chaux, tenant d'une part à l'Hôtel-Dieu de Saint-Denis, d'autre au long de la rivière de Seine, d'un bout sur le chemin de la Marchandise, et d'autre à la rivière de Seine, chargé vers le dit aumonier d'un denier parisis de chief-cens, par devant Philippe Chollet, tabellion à Saint-Denis.

27 août 1475.

(Arch. Nation., LL, 1193, p. 97 [1].)

XCVII.

Contrat d'échange par lequel frère Nicole de la Grippière, aumonier de Saint-Denis, délaisse à Pierre

---

(1) Même observation que pour la pièce n° LXIII. *Voir la note.*

De la Croix trois quartiers de terre sis au terroir de Clichy, lieu dit l'Epinette, tenant d'une part à Pierre Emery, d'autre aux hoirs Jehan L'Oie, tenant d'un bout à Thomas Gometz, d'autre à Jacques Sallembien, chargié vers le dit aumonier de trois deniers parisis de chief-cens ; et en contre échange le dit De la Croix délaisse au dit aumonier trois quartiers sis au terroir de Saint-Ouen sur le chemin de la Chapelle, tenant d'une part à Guillaume Cointerel, d'autre à Jacques Salembien, d'un bout à Pierre Emery, et d'autre sur le grand chemin aux Bœufs, chargé vers le dit aumonier de trois deniers parisis de chief-cens, par devant Pierre Gossier, tabellion de Saint-Denis.

1ᵉʳ août 1484.

(Arch. Nation., LL, 1193, p. 193 [1].)

XCVIII.

Lettres de Louis XII confirmant le privilége d'exemption de prises accordé aux habitants de Saint-Ouen.

Paris, août 1498.

Loys, etc. Savoir faisons, etc., nous avoir receu humble supplication de noz bien améz les maieurs et habitans de Saint-Ouyn que nos prédécesseurs Roys de France pour bonne considération leur ont donné et octroyé par privilége que leurs chevaulx, charriots, charrettes, bléz, vins, foins et avoynes, feurrez, fourrages, coestes, coessins, draps à lict, couvertures, nappes, tables, tresteaulx, voulailles, ne quelzconques autres leurs biens ne leur peussent estre prins pour quelzconques affaires, feust par provision des hostelz de nos dits prédécesseurs, des Roynes de France et leurs enffans, ne quelzconques autres princes, connestables, mareschaulx de France,

---

(1) Même observation que pour la pièce LXIII. *Voir la note.*

fourriers, chevaulcheurs ne quelzconques autres, excepté touttefoiz quant nos dits prédécesseurs, les Roynes de France et leurs enfans, seroient au dit lieu de Saint-Ouyn, auquel cas tous et chacun les dits habitans et leurs dits biens seroient prins au plaisir et volenté de nos dits prédécesseurs, ainsi qu'il est contenu et déclairé es dites lettres de don, octroy et confirmation de nos dits prédécesseurs, cy atachéz soubz le rond seel de nostre dit chancelleur, nous humblement requerant iceulx leur confermer et approuver et sur ce impartir nostre grace, — pourquoy nous, ces choses considérées, inclinant libérallement à la supplication et requeste des dits supplians, désirant ensuivre le bon plaisir et vouloir de nos dits prédécesseurs, les dits priviiléges, franchises, libertéz et tout le contenu es dites lettres leur avons tous confermèz, grééz, ratifflèz et approuvéz et par la teneur de ces présentes de notre grace espécial, plaine puissance et autorité royal, louons, gréons, confermons, ratiffions et approuvons pour en joyr et user par les dits suppléans et leurs successeurs tant et si avant que eulx et leurs prédécesseurs en ont par cy devant justement joy et usé, et qu'ilz en joyssent et usent; si donnons en mandement a noz améz et feaulx les ministres des hostelz, preneurs, chevaulcheurs, et autres quelzconques officiers de nous, de nostre très chère et très amée compaygne la Royne et de quelzconques autres princes de nostre sang, du connestable, des mareschaulx de France, et d'autres quelconques ayans droit de prinse en notre royaume, que de noz présens grace, confirmacion, ratifflcation et de tout le contenu es dites lettres, ils facent, seuffrent et laissent les dits suppliants et chascun d'eulx joyr et user plainement et paisiblement sans en ce les molester, troubler ne empescher en quelconque manière que ce soit, et voulons qu'au vidimus de ces présentes fait soubz seel royal, affin que les dits suppliants et chascun d'eulx s'en puissent mieulx aider, foy soit adjoustée comme à ce présent original. Et afin que ce soit chose ferme et estable à tousjours, nous avons fait mettre notre seel à ces dites présentes, sauf entre autres notre droit et l'autruy en toutes. Donné à Paris, au moys d'aoust, l'an de grâce mil IIII^c IIII^{xx} dix huit, et de notre règne le premier.

(Copie aux Arch. Nation., *Tr. des Chartes*, reg. JJ, 230, fol° 117, verso.)

FIN DES PIÈCES JUSTIFICATIVES.

ADDITIONS ET CORRECTIONS

Page 29, note 1, ligne 7, au lieu de *Carton*, lisez *Cartons*.

Page 40, note 3, dernière ligne, au lieu de *moriebatur*, lisez *moriabatur*.

Page 70, ligne 15, au lieu de *eschanconnerie*, lisez *eschançonnerie*.

Page 73, note 3; page 74, notes 3, 4 et 5, et page 75, notes 1 et 2, au lieu de *D. Bouquet*, lisez *Rec. des hist. de France*.

Page 74, note 3, lisez t. xxi.

Page 74, note 5, après *id. id.*, ajoutez : 3 pièces.

Page 79, ligne 21, au lieu de *dont dépendait la paroisse*, lisez *qui avait la collation de la paroisse*.

Page 82, ligne 2, supprimez : *que nous connaissons déjà*.

Page 96, ligne 2, avant *et quatre chambellans du dauphin*, ajoutez : *Robert de Lorris, chambellan du roi* (voir page 120), *et Robert de Saint-Venant, conseiller du roi* (voir page 134).

Page 96, note 3, dernière ligne, ajoutez : *page 103, note 1* (voir aussi l'addition suivante).

Page 103, note 1, ajoutez : *Les* Demandes *de Geoffroy de Charni se trouvent analysées, d'après un manuscrit de la bibliothèque royale de Bruxelles, dans la* Chevalerie ancienne et moderne *du P. Ménétrier, réimp. par Leber,* Dissertations, *t.* xii, *p. 126.*

Page 118, ligne 17, au lieu de *chevalier de la Ferté-Habert*, lisez *seigneur de la Ferté-Habert*.

Page 123, ligne 22, au lieu de 1352, lisez 1353.

Page 125, ligne 2, ajoutez : *Le roi Jean habita cette année-là Saint-Ouen dès le mois de mars. On a un ordre de lui au vicomte du Pont-de-l'Arche pour qu'on paye les peintures du château du Val-de-Rueil, daté de la Noble-Maison, 29 mars 1355.* — Voir *Cab. Hist.*, vii, 263.

Page 134, note 1, ligne 2, au lieu de 4ᵉ *série*, lisez 5ᵉ *série*.

Page 138, ligne 16, au lieu de *plus assurés*, lisez *mieux payés*.

Page 141, note 1, c'est 459 qu'il faut lire.

Pages 147, ligne 20, et 148, ligne 6, au lieu de *de Lendit*, lisez *du Lendit*.

Page 151, ligne 6, au lieu de *Vienre*, lisez *Vienne*.
Page 151, ligne 26, au lieu de *prin*, lisez *prins*.
Page 158, titre, ligne 2, ici et dans la suite, partout où il y a *Guienne*, lisez *Guyenne*.
Page 164, note 2, dernière ligne, au lieu de *Mémoires*, lisez *Mémoriaux*.
Page 166, ligne 1, au lieu de *Poissonnières*, lisez *Poissonniers*.
Page 166, lignes 13-14, au lieu de *quelques-unes*, lisez *unes*.
Page 174, ligne 15, transportez le mot *toutefois* au commencement de la phrase suivante, avant *Louis de Guyenne*.
Page 177, ligne 17, effacez *ne*.
Page 183, ligne 4, mettez un point-virgule après *extraordinaire*, et remplacez le premier mot de la ligne suivante par *il*.
Page 188, ligne 15, au lieu de *nottes*, lisez *note*.
Page 188, note 2, ligne 3, transportez les mots *et Peignot* après III, 556.
Page 190, ligne 16, au lieu de *mais quelque chose*, lisez *quelque chose mais*.
Page 193, ligne 1, supprimez *dise amenée*.
Page 196, ligne 14, effacez les mots *elles témoignent d'une certaine indépendance municipale. En outre...* La phrase commence à *ce sont*.

PIÈCES JUSTIFICATIVES.

Page 48, ligne 12, au lieu de *besoigee*, lisez *besoigne*.
Page 49, ligne 19, au lieu de *Charles d'Anjou*, lisez *Charles de Valois*.
Page 56, ligne 4, au lieu de *tira de partir*, lisez *tira de partie*.
Page 69, ligne 33, mettez après : le mot *garnisons*.
Page 74, ligne 12, au lieu de *danphin*, lisez *dauphin*.
Pages 77, ligne 3, et 78, ligne 26, au lieu de *Lenginerie*, lisez *Langennerie*.
Page 82, ligne 33, au lieu de 1er *juillet* 1352, lisez 1er *juillet* 1353.

TABLE DES MATIÈRES

	Pages.
Préface.	1

La Noble-Maison de Saint-Ouen.

Chapitre Ier. — De l'emplacement de la villa mérovingienne, ou palais de Dagobert, appelée *Clippiacum*.	1
Chapitre II. — Histoire de Clippiacum (Saint-Ouen) sous Dagobert et les derniers Mérovingiens.	21
Chapitre III. — Formation du village de Saint-Ouen du IXe au XIIIe siècle. Le chapitre de Saint-Benoît et l'abbaye de Saint-Denis.	45
Chapitre IV. — Origine de la *Noble-Maison*. Le manoir de Guillaume de Crespy et de Charles de Valois (1285-1350).	63
Chapitre V. — Institution de l'*Ordre de l'Étoile*. La fête des 5 et 6 janvier 1352.	84
Chapitre VI. — Dissolution de l'Ordre de l'Étoile. Le roi Jean attribue les forfaitures et les épaves à la Noble-Maison et à la chapelle de l'Ordre (1352-1356).	107
Chapitre VII. — La Noble-Maison et les ordonnances relatives aux forfaitures (suite) [1357-1367].	128
Chapitre VIII. — Histoire du village pendant la seconde moitié du XIVe siècle.	147

	Pages.
CHAPITRE IX. — Les hôtels de Charles VI, d'Isabeau de Bavière et du duc de Guyenne (1380-1410).	158
CHAPITRE X (suite du chapitre précédent). — Pillage et destruction de Saint-Ouen pendant les règnes de Charles VI et de Charles VII.	175
CHAPITRE XI. — Saint-Ouen et la foire du Lendit au xve siècle. Fin de l'histoire de la Noble-Maison.	191

PIÈCES JUSTIFICATIVES.	1
ADDITIONS ET CORRECTIONS.	135
TABLE DES MATIÈRES.	137

Poitiers. — Typ. A. DUPRÉ.

www.ingramcontent.com/pod-product-compliance
Lightning Source LLC
Chambersburg PA
CBHW050802170426
43202CB00013B/2527